JN194995

戦後青森県議会議員選挙と正副議長

―地方政治の“名望家たち”―

藤本一美

序文

一般に、「名望家」といえば、特定の地域社会で影響力を備えている人々のことを指し、かつては、名士、徳望家、素封家、および旧家などと呼ばれていた。その活動は、政治、経済、および文化など多方面にわたっており、そのため、厳密に定義することは難しい。ただ、彼等に共通している要素は、村役人、区長、および戸長(こちょう)などの政治上の公職・名誉職を兼務し、一定の行政能力と地域社会をまとめる才覚を持っていること、また十分な経済力を有し地域産業の発展に寄与する一方で、常に地域社会への慈恵的行為を怠らないこと、さらに高い教養を身につけ地域文化の担い手になっている点などを挙げることができる(「横浜の地方名望家―横浜開港資料館」www.kaikou.city.yokohama.jp/journal/106/02.html)。

そこで本書では、「名望家」とは、さし当り財産と教養を有し、特定の地域社会内で声望を得ている人々のことをいい、その声望の権威により服従を求めることができる、と定義しておきたい。戦前までは、地主や地方産業家などが名望家を中心とする政党を組織し、それは「名望家政党」と称されていた(五十嵐暁郎「名望家」『社会学事典』〔弘文堂、1988年〕、864頁)。

今日でも、県議会議員(以下、県議と略す)のほとんどが、いわゆる「名望家」によって占められている。実際、県議は教養と財産を有し、市町村長や市町村議会議員の出身者が少なくなく、地域社会で重要な政治的、経済的、および文化的役割を担っている。

それでは、本書で論議の対象にしている県議とは如何なる存在であるのか?彼らは県民を代表して4年ごとに選挙で選ばれ、県の予算や業務について審議し、県政の方針を決定する。そのため、大きな権限が与えられている。その主なものを挙げれば、次の通りである。

1. 議決(①条例の制定・改正・廃止、②予算の決定、③法律や条令で定められた重要事項の決定)。
2. 認定、決算の審査。
3. 調査・検査・監査請求、県業務の監視。
4. 請願・陳情受理。

5．意見書の提出。
6．選挙（正副議長、選挙管理委員など）。
7．同意（副知事、行政委員の選任・任命）。

県議になるには学歴も経歴も不問であり、県議会議員選挙（以下、県議選と略す）への立候補の条件さえ満たせれば、だれでも出馬できる。立候補の条件は３つある。すなわち、①満25歳以上の日本国民であること、②その都道府県の選挙権を有していること、③供託金60万円を（選挙管理委員会に）提出できること。供託金とは、出馬時に預けるお金のことで、一定の得票数を得ていれば選挙後に戻される。なお、県議の兼業は基本的に禁止されている。

今日でも、県議は地方におけるいわゆる「名望家」的存在である、といってよい。先に述べたように、名望家とは、特定の地域社会において名声や人望を兼ね備えた人々のことを指し、実際、県議は県レベルで政治的に重要な位置を占めており、社会的に大きな威信を有している。県議は議会において、県内で生じたあらゆる政治的問題を取り上げ、県執行部を質し、県民生活の向上に努める。県議の任期は４年間で再選は何回でも可能で、与党議員の場合には、４回ないし５回連続して当選すれば、正副議長に就任するのが一般的である。ちなみに、2019年５月現在、青森県議会の議長は自民党所属で当選６回の森内之保留であり、副議長は同じく自民党所属で当選４回の櫛引ユキ子である。

県議の生活は、大きく議会の会期中（＝開会中）と会期外（＝閉会中）とに分けられる。また４年に１度の県議選の際には、選挙運動中心の生活となる。１年間に開会される県議会の日数は、365日のうちの約３分の１以下で、県議の職場である議会は、定例会や臨時会を含めて年間平均５、６回程度招集され、その平均会期日数は約98日に過ぎない。

県議会は午前と午後、１日に２度開会した場合、開会時間は、通常、午前は10時～11時、また午後は１時に開かれ、午後５時には終了する。議会に提出されている議案にもよるものの、県議１人当たりの議会での質問・質疑時間は、平均すると１時間程度である。県議はまた、議会において、自身が所属している常設の「委員会」、また、そのつど設けられる「特別委員会」、さらに所属する会派の「議員総会」にも出席しなければならない。

県議会の年間スケジュール表だけ拝見すると、「県議はかなりヒマな業務」だと見えないわけでもない。だが、実際には、県議は限られた質疑時間内に質問や発言を行い、県議会として適切な議決をする。そのため、議会開会の準備に備えて、多くの時間と労力をつぎ込んでいるのが現実で、閉会中も議会の再開に備えて、調査や準備を怠らない。

このように、県議は議会で取り上げる県の各種計画や活動、自らの政策などについて、会期中外を問わず、県職員から話を聞き、専門家からレクチャーを受けたりなどして調査・研究に専念しているのが普通で、また会派が主催する会議にも出席する。

県議の場合は、同じ地方議員である市町村議会議員とは異なり、県全体という極めて広い地域を扱うため、勢い調査範囲が広くかつ問題も複雑化する傾向にある。そのため、市町村議会議員と比べると、調査・研究に長い時間をかける傾向にある。

県議となる者には、市長選での敗退者や市町村議会議員出身者が多い一方で、逆に、県議の経験を積んだ上で、市長に鞍替えするケースもある。もちろん、県議としての実績を踏まえて、衆議院議員、参議院議員、および知事に立候補することも可能だ（巻末の付属資料を参照）。

2019年5月現在、青森県の場合、選挙区は16、また定数が48人で、保守系議員が圧倒的多数を占めている。議員の報酬は、月額78万円（議長91万円・副議長81万円）で、この他に期末手当が年間で3.1ヵ月分、また政務活動費が月31万円支給されている。現在の県議会の会派別議員は、図表①の通りで、自民党が定数の過半数を優に超え、正副議長職や委員会の正副委員長職も独占している。

<図表①>　青森県議会の会派別議員：定数48

会　派　名	議員数	所属議員の党派別内訳
自由民主党	28人	自由民主党28人
国民民主党	3人	国民民主党3人
日本共産党	3人	日本共産党3人
公明党	2人	公明党2人
立憲民主党	1人	立憲民主党1人
無所属	11人	

＊2019年4月、県議選の時点での数字。
＊党派別内訳は前回選挙時の公認・推薦状況に基づくもの。
＊所属議員5人以上の会派は交渉団体として、代表質問権および議会運営委員選出権が認められている。

出典：『青森県選挙管理委員会』
https://www.pref.aomori.lg.jp/soshiki/senkan

戦後最初の青森県議選は、1947年4月30日に行われた。それまでは、戦前の1942年に選出された県議が戦争中だという特殊な事情もあって任期を延長し、そのまま居座っていたのだ。しかし、敗戦を契機に、新しい地方自治法が制定され、県議選が行われる運びとなったのである。

本書では、地方政治の名望家的存在である県議を分析の対象にしている。具体的には、第一部において、戦後青森県の都合19回にわたる県議選の概要と課題を検討する。その上で、第二部では、歴代正副議長の経歴（プロフィール）、県議選での得票数を紹介する。これらの資料を活用することで、戦後青森県の政治を研究する際の「参考書」として利用できれば幸いである。なお、巻末には付属資料として、戦後県議選の投票率、県議選での党派別当選者数、無投票当選者数、定数および選挙区の改定、並びに正副議長の各種データなどを付記した。記述にあたり、十分に調べたつもりであるが、もし誤りがあれば、ご指摘をいただき、訂正してより良い内容にしていきたい。

出典：「青森県議会定例会での三村申吾知事の議案提出説明」

（『青森県議会ＨＰ』〔青森県議会事務局調査課〕）

https://www.pref.aomori.lg.jp/soshiki/gikai/index_1.html

＜総目次＞

序文

第一部、県議会議員選挙—概要と課題

第二部、歴代正副議長—経歴・得票数

<付属資料>

第 一 部

県議会議員選挙—概要と課題

第1章、1947年の県議会議員選挙

<目次>

青森県議会本会議場
出展：『青森県議会事務局総務課』資料

1、はじめに

戦後日本は、米軍主導の連合国軍による占領の下で体制刷新を図った。新しい政党がタケノコのように出現、戦後改革が進行、民主的な選挙を実施し、旧体制的要因は崩壊した。新憲法の制定、公職追放、および女性への参政権付与は、当然のことながら、青森県の各種選挙結果にも反映された。

1947年に本県では、知事選、衆議院総選挙、および参議院通常選挙など多くの選挙が実施され、結果は保守勢力が勝利、それは、県議選や青森、弘前、八戸の3市長選でも通底していた。

第2次世界大戦終了以降、青森県における最初の県議選は1947年4月30日に行われた。その結果は、党派別でいうと、自由党19人、民主党16人、社会党5人、国協党2人、および無所属5人の内訳で定数47人がうまった。今回の県議選の特色は、①新人が3分の2を占めたこと、②西津軽郡からの初の女性県議として森田キヨが当選したこと[(1)]、そして③社会党が初めて議席を保有したことなどである[(2)]。

総じていえば、今回の県議選では斬新な政治感覚に富む多くの新人議員たちが当選し、その意味で、戦後の"民主的県議会"の第1歩を飾るのに相応しい陣容となった。なお、投票率の方も県平均で86.12%に達し、県議選に対する県民の関心の高さが窺われた[(3)]。

招集された臨時県議会の「組織会」において、問題となったのが正副議長の選出である。当初、議長候補には、清藤唯一（民主党）の氏名が挙げられていた。しかし、清藤は落選。新人は問題外であったので、前議長の金澤慶蔵（民主党）や前副議長の櫻田清芽（国協党）らが候補に上った。結局、自由党と民主党の両党が提携することで話がつき、最初に、自由党に鞍替えした櫻田が議長に就任した。

２、1947 年県議選の概要

上で述べたように、新しい県議会の分野は、予想に反して自由党が第１党となった。ただ、自由党の当選者は定数 47 中 19 人に過ぎず、第２党の民主党は 16 人で、その差は僅かに３人であった。その他は、社会党５人、国協党２人、無所属５人であった。新旧別では、前議員が４人、元議員が２人で、残りの 41 人（87.2%）は新人によって占められた[4]。

新議会の分野は、自由党が第１党となったものの、多数派の 24 人には５人足りなかった。仮に自由、民主の両党が決戦を覚悟で無所属の抱え込みに成功したとしても、絶対過半数を得ることは難しく、そこで５人の当選者を出した社会党の動向が注目された[5]。

戦後初の県議選には、定数 47 に対して 150 人が立候補、当選者の最高得点者は北津軽郡選挙区の三和精一（民）で 9,588 票を獲得。また当選者の最低得票者は、東津軽郡選挙区の木村貴三郎（民）で僅か 2,524 票を獲得しただけで当選した。新人では、西津軽郡選挙区の森田キヨ（無）が 6,895 票を獲得し最高であった。図表①は、1947 年の県議選の当選者、所属会派、および得票数である。

＜図表①＞　1947 年の県議選の当選者、所属会派、得票数

＊青森市（定数３）	
松尾常助（自）	4,969
淡谷清藏（民）	3,630
佐藤義男（社）	3,541

＊弘前市（定数３）	
櫻田清芽（国）	7,453
島口重次郎（社）	3,453
相馬五郎（無）	3,309

＊八戸市（定数４）	
鈴木惣吉（民）	5,015
近藤喜一（自）	4,752
西村菊次朗（社）	3,970
高谷金五郎（民）	3,797

＊東津軽郡（定数５）	
東正義（自）	3,281
三上兼四郎（無）	2,705
田中助藏（自）	2,608
伊香善吉（自）	2,600
木村貴三郎（民）	2,524

＊西津軽郡（定数４）	
森田キヨ（無）	6,895
中村清次郎（民）	6,584
福士繁喜（民）	5,442
岩渕謙二郎（社）	3,925

＊中津軽郡（定数３）	
対馬竹五郎（無）	6,445
木村亨貞（民）	4,229
兼平慶治（自）	3,779

＊南津軽郡（定数７）

氏名	得票数
田澤吉郎（民）	5,984
櫻田佐平衛（自）	5,477
木村文男（自）	5,456
高樋竹次郎（自）	5,446
藤本豊作（民）	5,035
相馬謙次（国）	4,945
柴田久次郎（社）	4,721

＊北津軽郡（定数４）

氏名	得票数
三和精一（民）	9,588
伊藤正逸（民）	9,073
阿部敏雄（自）	6,660
館山米蔵（自）	5,552

＊上北郡（定数６）

氏名	得票数
菅原光珀（民）	7,282
三村泰右（自）	6,898
斉下興助（自）	6,600
中野吉太郎（民）	5,684
工藤徳三（民）	5,513
鈴木穠（自）	4,352

＊下北郡（定数３）

氏名	得票数
山内啓助（無）	6,766
山本八三郎（自）	5,047
中島清助（自）	4,848

＊三戸郡（定数５）

氏名	得票数
松尾節三（自）	5,975
坂本正夫（自）	4,231
柳沢豊吉（民）	4,178
三浦久次郎（民）	3,906
四戸徳蔵（自）	3,411

出典：「青森県議会議員選挙」『青森県選挙管理委員会』

https://www.pref.aomori.lg.jp/soshiki/senkan

『陸奥新報』（本社・弘前市）は、今回の県議選で社会党の新人ながら、保守陣営が最も強いとされる弘前市選挙区で当選した島口重次郎について、当選の喜びを次のように報道している。

「私としては今日あるのを確信していた、但し保守性の強い弘前市で当選したことは全く時代に目ざめた市民各位の御協力に他ならない。この感激の気持ちを県政に反映せしめ公僕としての役割を果たすべく粉骨砕身を捧げる努力を誓います」[(6)]。

なお、県議選に先立って４月５日には、初めての「民選」による知事選挙が行われており、初代民選知事には、民主党の津島文治が当選していた。だから、県執行部としては、民主党が議長職を獲得し、津島県政の安定を望んでいた。そこで、５月に入るや、県議会が招集される直前に、他の会派の切り崩し工作が行われた。その結果、民主党 24 人、自由党 18 人、社会党５人という色分けとなり、民主党が議会で過半数を制覇することに成功した。

しかし、今度は、民主党内で議長候補として、櫻田清芽にするのかまたは中野吉太郎にするのかが問題となり、結局、議長と副議長を2年毎に交代させることにした。つまり、最初の2年間は櫻田が議長を務め、そして残りの2年間を中野が継承することで決着がついた。しかし、実際には、櫻田が4年間議長職をまっとうした[(7)]。

このように、新しい県議会では、議会組織を前にして、早々と華々しい多数派工作が展開され、しかも議長の職をめぐって与党内部が紛糾するなど、波乱含みのスタートとなった[(8)]。

3、1947年県議選の課題

今回の県議選を回顧した『東奥日報』（本社・青森市）は、「穏健派の勝利、好機を掴んだ社」と題し、次のように報道している。

最初に、「地方議会だけに“政党よりも人”という本県民の焦点が強く反映していた感が深く、無所属の5名当選はあながち少ない数ではなかった。しかも唯一の婦人議員森田女史（西郡）、対馬（中郡）、山内（下北）氏らはいずれも最高当選であった」と概説した。

その上で、「ボス政治を排し、新しい時代に生きるいわゆる清新な人物を求めんとした傾向がハッキリ看取される。保守的な弘前市はそのよい例で、議長候補の1人清藤氏の落選に代わって新人島口（社）、相馬（無）両氏が当選している。しかもこの選挙は実に昭和14年以来8年ぶりのもので、旧政党の地盤も大体一変し、この間婦人青年らの参政の結果の三バン戦術（地盤、鞄、看板）は通用しなかった」、と分析した。

さらに、「各党派別の得票数はまだ集計が出来ぬが知事選挙、衆、参両院議員選挙と相次いで勝ち乗りをあげて来た民主党は今度の選挙で予想を裏切ってわずかに16名しか獲得出来ず、民主党は3名とはいえ第2党に転落した。……戦線整理に統率力のきかなかった幹部の責任追及があとに残された問題となっている」、と批判した。

そして最後に、「結論として今回の選挙は政党よりも人、しかも政党員であっても党色の比較的少ないそして革新意欲に燃えつつも穏健妥当な人物が選ばれている。封建性で反動的といわれつつある本県の保守性がこうした右せず左せざる中庸の道をとるところに本県の健在なる保守性が看取されるではなかろうか」、と結んだ[(9)]。

4、おわりに

今回の県議選を振り返り、注目すべき点は、第1に、後に衆議院議員として活躍する、南津軽郡の田澤吉郎（民主党)、および弘前市の島口重次郎（社会党）らが県議として初登場したことだ。戦後2年を経過して、新しいタイプの政治家が出現してきたのである。

第2に、社会党が5議席を獲得し、革新勢力の台頭が目を引いた。しかし、その一方で、保守勢力が圧倒的議席数を誇り、議会で多数派を占めており、戦前からの「保守王国」は安泰であった。

第3に、新人議員が大量に進出したことである。それは、いわゆる「公職追放（1946年11月8日)」により、旧勢力が一掃されたことと無関係ではない。新しい人材が活躍できる機会が到来したといえる[(10)]。

第4に、女性に参政権が付与され、選挙に出馬することになった。だが、候補者は少なく、当選者は森田キヨ1人に留まった。女性が政治参加できる環境づくりが大切であることを痛感する。

今回の県議選について、『東奥日報』は「社説：新たな地方政治に期待」を掲載しているので、最後にその内容を紹介しておく。

最初に、「今回の選挙を顧みるに随所に番狂わせを演じた無名の新人の台頭が目立っている。金城湯池と頼む既成政党の地盤がその威厳を失い次第に新興勢力に侵食されているのは一体何を物語るのであろうか」と問う。

その上で、「それはひとつ今回の地方選挙のみに示されたことではなく、前回の衆議院選挙にも自、民の期待を裏切って社会党が第1党を勝ち得たごとく地方選挙に於ける新人の台頭も既成人の政治感覚に対する選挙民のきびしい批判とみて差しつかえないであろう」と分析した。

そして最後に、「地方自治体が過去において常に中央権力に服従し、議員はさらなる榮譽職のごとき観があった。しかし今や地方の問題については中央の指示と指導を要することは極めて少なくなった。それだけに健全な思想と、大衆的な見地からの指導が絶対的に必要であり、誤った行過ぎ的政治には選挙民は厳しい目をはなしてはいけない」、と結んだ[(11)]。

いずれにせよ、戦後初めての県議選を経験した青森県は、新しく選出された県議のもとで、再出発することになった。民選知事の誕生と相まって、議会において新しい議員たちにとっては今後、県民生活の向上、ことに経済再建が至上課題となるであろう。

≪注≫

(1)森田キヨは、吉川直太朗の長女として1910年、深浦町で出生。1926年、弘前高等女学校卒後、1931年に帝国女子医学薬学専門学校医学部を卒業。1932年に木造町で医院を開業、1935年森田安雄と結婚。森田キヨは1945年、県内で最初の木造保育所を開設、婦人の労働軽減、母体保護、および幼児教育の充実をめざした。1947年4月、女性として初の県議会議員に当選した(『青森県人名事典』〔東奥日報社、2002年〕、690頁)。
(2)『陸奥新報』1947年5月2日。
(3)『東奥日報』1947年5月2日。
(4)同上。
(5)同上、5月6日、金澤慶蔵は議員を辞退、理由は戦前の1942年翼賛総選挙の際、翼政政治体制協議会県支部の構成員に該当、公職追放の可能性が大であり、次点の三浦久次郎（民）が繰り上げ当選。また同郡の大島勇太朗も東方会関係で追放令に該当するとして辞退。次点2位の四戸徳蔵が繰り上げ当選した(『青森県議会史　自昭和21年～至昭和27年』〔青森県議会、1959年〕、34頁)。こうして、議長候補金澤の辞任で櫻田清芽が浮上してきた。
(6)『陸奥新報』、1947年5月7日。
(7)櫻田は「それで2年やって、正式に辞表を提出したが県会が認めなかった。そこで現状維持ということになり、私が4年やったわけだ」、と語っている(付録「新旧議長の県政回顧座談会」前掲書『青森県議会史　自昭和21年～至昭和27年』、645頁)。
(8)同上、34～35頁。
(9)『東奥日報』1947年5月3日。
(10)県議会では、14人に上る多数の県議が公職追放の対象となり、定数36中残りは22人で、機能不全に陥った(藤本一美『戦後青森県政治史　1945年～2015年』〔志學社、2016年〕、15頁)。
(11)「社説：新たな地方政治に期待」『東奥日報』1947年5月2日。

第2章、1951年の県議会議員選挙

＜目次＞

１、はじめに

1947年の県議選から４年経過、その間に、我が国は1951年「対日平和条約」に調印し、念願の独立を達成するとともに、日米安保条約を締結して、西側自由陣営の一員として再出発した。こうした状況の中で、県内の政党は分裂した一方で、衆参院選では保守勢力が勝利した。また、1950年には、知事選を実施、自由党を離れた津島文治が、無所属で出馬して再選された。1951年４月に行われた統一地方選挙でも、保守勢力が健闘したといえる。

戦後２回目の県議選は、1951年４月30日に行われた。その結果は、新しい定数50人の内で[1]、新人28人、元議員２人、および前議員20人が当選し、実に３分の２の議員が更迭された。党派別では、自由党22、民主党12、社会党右派３、社会党左派２、社会民主党１、および無所属10議席という配置となった。ただ、中央政界において民主党が改進党に移行したのに伴い、民主党の県支部も改進党に移行、また３人の議員が自由党に入党した。その結果、県議会の構成は、自由党25、改進党11、社会党６、および無所属８議席という配置となり、自由党が議会で過半数を制することになった。立候補者の数は140人に達し、競争率は2.8倍であった。なお、投票率も前回と同様に83.24％と高かった。ただ、市部ほど投票率は悪かった[2]。

２、1951年県議選の概要

上で述べたように、新しい県議を決める選挙は1951年４月30日に実施され、これまで、県議会の色分けは、定数50中、自由党28、民主党10、社会党２、共産党１、および無所属２議席であった。

しかし、選挙の結果、新しい県議会は自由党22、民主党12、社会党５、社会民主党１、および無所属10議席という配置となり、自由党は定数の過半数を制することができなかった。ただその後、自由党は5月10日までに、無所属から三星実と工藤弥八を、また、民主党から太田堯を加えて25議席とし、かろうじて過半数を維持するのに成功した。

自由党は今回の県議選で、公認および党友を含めて50人という大量の候補者を擁立したものの、乱立が響いて当選率は40%にも達せず、従前の議席を下回った。これに対して、民主党は候補者を23人に絞り、当選者を12人出して当選率は50%を超えた。一方、社会党は各郡市に候補者を整然と配置した結果、５人の当選者を出して躍進。ただ、共産党は当選者ゼロに終わった[3]。

今回の県議選では、前議員の立候補は37人で、当選したのは20人に留まった。また、各郡市とも現役強しとの声とは裏腹に、新人に上位を奪れたりあるいは現職が落選するなど、28人の新議員を迎えて、県議会は一新されることになった。先に述べたように、投票率の方も83.24%と極めて高く、全国平均を上回り、県民の地方選挙に対する関心は並々ならぬものだったことが窺われる[4]。

図表①は、1951年の県議選における当選者の氏名、所属会派、および得票数を示したものである。最高得票者は、弘前市選挙区の工藤浩（無）で9,261票を獲得、一方、最低得票者は東津軽郡選挙区の櫻田一義（民）で3,829票に留まった。

＜図表①＞　1951年の県議選の当選者、所属会派、得票数

＊青森市（定数４）		＊弘前市（定数３）		＊八戸市（定数４）	
山田寅三（無）	6,228	工藤浩（無）	9,261	高谷金五郎（自）	7,514
佐藤義男（社）	5,539	島口重次郎（社）	6,648	中村拓道（民）	6,785
監谷直吉（民）	5,492	成田要次郎（自）	4,793	月舘彦太郎（自）	6,563
淡谷清蔵（民）	4,363			寺下岩蔵（民）	6,092
＊東津軽郡（定数４）		**＊西津軽郡（定数４）**		**＊中津軽郡（定数４）**	
白鳥大八（自）	4,550	鈴木泰治（民）	5,980	兼平慶治（自）	5,924
太田堯（民）	4,108	中村清次郎（自）	5,100	工藤弥七（無）	5,575
田中助蔵（自）	4,091	福士繁喜（自）	4,942	木村亨貞（自）	5,427
櫻田一義（民）	3,829	毛内豊吉（自）	4,661	土屋雅夫（社）	4,990

＊南津軽郡（定数７）		**＊北津軽郡（定数４）**		**＊上北郡（定数７）**	
佐藤興三郎（自）	7,871	珍田福伍郎（自）	7,972	小山田茂（無）	5,579
高樋竹次郎（自）	6,204	木村慶蔵（自）	7,904	米内山義一郎（社）	5,381
山谷清作（無）	6,098	外川鶴松（社民）	6,839	中野吉十郎（自）	5,112
清藤勇吉（民）	5,778	伊藤正逸（民）	5,757	三星實（無）	4,608
田澤吉郎（自）	5,553			本田浩治（自）	4,282
小倉豊（無）	5,340			沼山吉助（無）	3,960
櫻田佐兵衛（自）	4,866			鈴木穠（自）	3,920
＊下北郡（定数４）		＊三戸郡（定数５）			
杉山勝雄（社）	6,986	大島勇太朗（無）	6,329		
山内啓助（自）	6,065	三浦道雄（民）	5,973		
古瀬兵次（無）	5,776	柳沢豊吉（民）	5,332		
中島清助（自）	5,245	小坂甚義（自）	5,200		
		四戸徳蔵（自）	4,609		

出典：「青森県議会議員選挙」『青森県選挙管理委員会』
https://www.pref.aomori.lg.jp/soshiki/senkan

次に、1951年に選出された県議の特性を『東奥日報』の報道に依りながら述べておきたい。まず年齢別では、最高年齢が69歳で中津軽郡の工藤弥七（無）、一方、最低年齢は31歳で三戸郡の小坂甚義（自）であり、その内訳は60代が６人、50代15人、40代20人、および30代９人で、40代が最も多かった。また、当選者の平均年齢は50歳であった。職業別では、農業15人、水産関係４人、土建業５人、製材関係５人、酒造業２人、商業３人、製造業１人、会社役員５人、医師１人、歯科医１人、その他が５人で、農業従事者が15人と圧倒的に多く、また同じ姓が６組も存在した(5)。

３、1951年県議選の課題

1951年の県議選の結果を踏まえて、『東奥日報』は「社説：新県議に望む」の中で、今後の議会活動について、次のように注文をつけている。

最初に、「選出された50名について個々の批判は避けたいが、総体的に見て県民はこの顔ぶれに安んじて県政の審議を託し得るかどうかということになるとおそらく否定的な答えが多く出てくることになろう」と懸念を表明。

しかし、今回の選挙に過去4年間の県政に対する批判が全然現われぬというのでないとして、以下のように評価している。

「立候補した前議員のほぼ半数が落選し、このなかには当選確実視されていた者が数名含まれていたこと。そしてこれに代わって新顔が相当数進出し最高点をこれら新顔によって占められた地区が大部分であるといういわゆる大番狂わせという結果に終わったことがその一つ。次に自由党が幾分しゅう落し、これに代わって僅かではあるが、社会、民主の両党が進出、また無所属が相当数当選していることなどをあげることが出来よう」。

ただその一方で、「選ばれた新顔は必ずしも全部が全部新人という名に値しているだろうか。県民の多くはおそらく相当数の新人当選によって県政の刷新の気を注入せんことを期待していたと思うが、選出された顔ぶれではおそらくこの期待は無理であろう」と悲観的である。

最後に、「4年間という年月は決して短いものではないが、全議員に望んでおきたいことはこの間有権者に約束した政治的立場を変更しないということである」と結んだ(6)。

また同じく『デーリー東北』(本社・八戸市)も今回の県議選について、「県議選挙の跡を顧みて」の中で、“ボス政治への不信”、“古豪が枕を並べて敗る”、と見出しをつけて、総括を試みている。

いわく「混とんたる終戦第1回の県議選挙以来、民主主義の普及徹底と共に漸次政治的関心を深めて来た県民は、過去4年にわたりこれら議員の動静をつぶさに眺めて来たが、この批判が如何なる形で今次選挙に反映されるかは各方面の注目するところであった」と概観した。

その上で、「リンゴ振興会社問題、青森競馬設置にからむ作料問題、リンゴ税問題、衆議院議員選挙問題にからむ違反事件、大義名分を失した自民合同問題など幾多批判されるべき素材を県民の前に提供したのである」と批判した。

最後に、「これらの諸問題は一つとして批判の対象外に置かれるべきものではなく、ある者はこれをもって県民を毒するものといい、ある者はボスの操り策にもてあそばれる自主性なきかいらいと罵倒し県議会の再編成を要望する案は可成り強いものがあった。こうした県民の苛烈な批判の中に行われた選挙の結果については、すでに選挙前より予定されていた通り、ほとんど一分の狂いもないままに明瞭に現れており、俗にいう番狂わせは全地区におしなべて見られている」と結んだ[7]。

4、おわりに

『陸奥新報』は新しい県議たちに対して「新県議素描（下)」の中で、次のように要望しているので、最後に紹介しておく。

「さて平均年齢50歳の50名の県議が生まれ、10日は組織会だという。名利に自己を没入することなく正々堂々と健闘を祈るとともに、1億5千万円の青森県りんご振興会社と畜産会社を一体どうして維持発展させるか。そこには多くの県費と市町村費が投入されているにも拘わらず政略的要素が多分にあり、然も半分不随となっている。徒に大言壮語することなく、地に足をつけて解決することも忘れてはならない。これは特に28名の新顔議員にトクと頼む」[8]。

新しい県議たちに対しては、同じく『東奥日報』も、コラムの「天地人」の中で、次のように要望している。

「今回は政党よりも個々の人物如何という点を重視して投票した有権者が多いと思われるが、しかし人物よりも政党を重視した有権者も沢山あろう。……それが当選するや否や牛を馬に乗り換えられては困る。前の選挙で民主党で当選した連中が大勢御大津島知事にくっついて自由党に鞍替えした事実の如き理由はどうあろうと有権者を裏切るものだ。なかにはご丁寧に2度も3度も鞍替えしている者もある」[9]。

以上で紹介したように、新しい顔ぶれの県議を迎えた県議会では、議員たちに県政の重大懸案である、県リンゴ振興会社への対応ぶりと党派への帰属替えを戒めている記事が目を引く。

県議会は、臨時会―「組織会」までの間に、安定勢力への多数派工作に加えて、議会運営の鍵を握ると思われる「無所属」議員の帰趨が政治問題として浮上してきた[10]。5月10日に開催された組織会は、若干もめたものの、新しい議長に自由党で三戸郡選出の当選3回の中島清助（53歳）を、また副議長には、同じく自由党で西津軽郡選出の当選3回の中村清次郎（52歳）を選出した[11]。

≪注≫

(1) 県議会議員の定数は、1950年の国政調査の結果を踏まえ、青森県の人口は128万2,670人、地方自治法の定めで、47人から3人増えて50人となった(『青森県議会史　自昭和21年～至昭和27年』

〔青森県議会、1959年〕、426頁）。
(2)同上、387頁。
(3)『東奥日報』1951年5月3日。
(4)同上。
(5)同上。
(6)同上、1951年5月4日。
(7)『デーリー東北』1951年5月2日。
(8)『陸奥新報』1951年5月4日。
(9)『東奥日報』1951年5月1日。
(10)同上、1951年5月2日。
(11)前掲書『青森県議会史　自昭和21年～至昭和27年』、397頁。

第3章、1955年の県議会議員選挙

<目次>

１、はじめに

1951年から1955年までの5年の間に、政党政治は様変わりした。その集大成が、1955年に生じた社会党の統一と保守合同（自民党の誕生）に他ならない。いわゆる「55年体制」の下で、自民党１党支配が継続した。本県でも、その直前の衆参両院選挙で保守勢力が勝利し、政治の実権を掌握したが、今回の県議選は「55年体制」成立の直前に実施された。

戦後３回目の県議選は、1955年４月23日に行われた。その結果、定数50人の中で過半数を占める政党は存在せず、多数派工作もあり、最終的な議席配分は、民主党21、自由党15、左派社会党４、右派社会党２、および県政クラブ８議席に落ち着いた。なお、投票率は、80.01％とかなり高かった(1)。

新議会では、多数派が存在しなかった。そのため、正副議長の選出は困難を極めた。しかし、最終的に正副議長は、比較第１党である民主党の大島勇太朗と阿部敏雄に決まった(2)。問題は、津島文治知事が自由党を与党として県政を運営してきた一方、県議会は野党の民主党に主導権を握られていたので、津島知事の立場は非常に微妙なものとなり、民主党への政策面での妥協、譲歩を余儀なくされ、県政運営の険悪化が懸念された(3)。

２、1955年県議選の概要

上で述べたように、戦後３回目の県議選は、1955年４月23日に実施、その結果は、定数50人に対して114人が立候補、競争率は2.28倍であった。これを前回の選挙と比べると、候補者が26人減少している。中央政界での政党の離合集散を受けた形で、県内にも影響が見られた。当選者は当初、民主党17人、自由党14人、左派社会党４人、右派社会党２人、および無所属12人であった。

多数派を制する政党は存在せず、民主党が第１党となり、自由党とはその立場を異にした。また、社会党は左右両派で６議席を獲得した。全体を通じて、新人は26人と過半数を占め、保守両党の幹部が枕を並べて落選するなど、県議会も時代の大きな変化を受けた、といえる[(4)]。

この点に関して、『東奥日報』は「これらの議会新分野によって目下自由党が占めている正副議長の交代が必至であるとみられ、また自由党をバックとする津島知事にも大きな影響を生じるものとみられている」と懸念を表明した[(5)]。

実際、第１に問題となったのは、議長の選出で、各党の多数派工作の結果、無所属が草刈り場となり、議席は民主党21、自由党15、県政クラブ８、左派社会党４、右派社会党２議席の色分けとなった。正副議長には、民主党の大島勇太朗と阿部敏雄が選ばれた[(6)]。一方、津島文治知事は、翌年５月の臨時会で県職員給与条例案が修正されたため、その責任をとって、辞表提出に追い込まれることになる。

図表①に今回の県議選で当選した議員、所属会派、および得票数を示しておいた。ちなみに、最高得票者は北津軽郡選挙区の珍田福伍郎（自）で１万1,539票を獲得した一方、最低得票者は、弘前市選挙区の相馬五郎（民）で4,352票に留まった。

＜図表①＞　1955年の県議選の当選者、所属会派、得票数

＊青森市（定数６）

当選者	得票数
松尾常助（無）	9,196
山田寅三（無）	8,133
白鳥大八（民）	8,047
佐藤義男（左社）	7,971
米沢鉄五郎（自）	7,291
千葉民蔵（左社）	7,187

＊弘前市（定数３）

当選者	得票数
島口重次郎（右社）	6,252
中村富士夫（無）	4,919
相馬五郎（無）	4,352

＊八戸市（定数４）

当選者	得票数
中村拓道（民）	11,370
佐々木秀文（左社）	9,105
寺下岩蔵（民）	6,829
高谷金五郎（自）	6,730

＊黒石市（定数１）

当選者	得票数
伊藤貞文（無）	5,907

＊五所川原市（定数１）

当選者	得票数
山内久次郎（自）	9,594

＊東津軽郡（定数３）

当選者	得票数
小野清七（無）	6,835
丸山元三郎（無）	6,353
三上兼四郎（民）	5,105

＊西津軽郡（定数４）

中村清次郎（自）	5, 921
鈴木泰治（民）	5, 742
三橋儀郎（民）	5, 608
福士繁喜（自）	5, 580

＊中津軽郡（定数４）

対馬得一（民）	7, 810
秋元岩五郎（無）	7, 676
藤田重雄（無）	5, 923
斉藤篤意（無）	4, 860

＊南津軽郡（定数５）

田澤吉郎（自）	8, 479
山谷清作（自）	7, 357
松岡儀助（民）	6, 983
浅利崇（無）	6, 561
小倉豊（民）	6, 443

＊北津軽郡（定数３）

珍田福伍郎（自）	11, 539
外川鶴松（自）	7, 989
阿部敏雄（民）	7, 148

＊下北郡（定数４）

中島清助（自）	8, 522
杉山勝雄（右社）	7, 764
山内啓助（自）	7, 616
古瀬兵次（民）	6, 227

＊上北郡（定数７）

菅原光珀（民）	7, 975
三村泰右（民）	7, 705
米内山義一郎（左社）	7, 680
工藤正六（民）	7, 355
小比類巻富雄（無）	6, 319
三星実（自）	6, 236
北村正武（民）	5, 425

＊三戸郡（定数５）

沢田操（自）	6, 701
大島勇太朗（民）	5, 574
小坂甚義（自）	4, 827
茨島豊蔵（民）	4, 733
三浦道雄（民）	4, 470

出典：「青森県議会議員選挙」『青森県選挙管理委員会』
https://www.pref.aomori.lg.jp/soshiki/senkan

戦後直後の場合とは異なり、『東奥日報』は紙面に余裕ができたのか「県議選・勝因と敗因」の中で、選挙区ごとの選挙結果を詳細に報じているので、紹介しておこう。

- **青森市**……前回３位で当選した塩谷直吉（次点第２位、6, 086票）について、“浜の票がアテ外れ一塩谷氏”と、また今回、最下位の６位で当選した千葉民蔵（7, 187票）については、“千葉氏に労組関係動く”。
- **弘前市**……第２位で当選した中村富士夫（4, 919票）について、“顔がものをいった中村氏”と、また次点第３位（2, 353票）で落選した成田要次郎（前回、

4, 793票で第３位当選）について、“自由党の退潮が響く”。

・**八戸市**……第２位で当選した新人の佐々木秀文(9, 105票）について、“固まった組織票”と、次点で落選した月舘彦太郎（6, 345票）については、“街頭演説よりも運動員不足による”。

・**黒石市**……初出陣でトップ当選した伊藤貞文（5, 907票）について、“市議会野党派が応援”したことが功を奏した。

・**五所川原市**……前県議の木村慶蔵(6, 486票）を押さえて、トップ当選を果たした山内久次郎(9, 594票）について、前回の市長選で落選(295票差）したので“同情票が勝因”。

・**東津軽郡**……第２位で当選した丸山元三郎(6, 353票）は、蟹田町以北で唯一人という“地の利を得た”。

・**西津軽郡**……次点第２位の島川四朗について、“立遅れ祟った島川氏”と、またトップ当選の中村清次郎(5, 921票）については、“地元の熱意で栄冠”。

・**南津軽郡**……当選と思われた清藤勇吉（5, 386票）が落選したことについて、田澤、山谷、浅利、須々田の“挟み撃ちにあった”。

・**中津軽郡**……第２位で当選した秋元岩五郎（7, 676票）について、“リンゴが勝たせた”と、分析。

・**上北郡**……第３位で当選した左派社会党の米内山義一郎(7, 680票)について、“２万円の公明選挙”だったと報じ、次点第４位で落選した本多浩治(3, 787票)について、“小笠原系がソッポ”。

・**下北郡**……トップ当選の中島清助(8, 522票）について、“現職議長の強み”と、分析し４度目の当選を報じている。

・**三戸郡**……前回第４位で当選、今回、次点第５位で落選した自由党幹事長の四戸徳蔵(1, 012票）について、“手痛かった乱立”。

1955 年の県議選の代表的事例として、五所川原市選挙区で初当選した山内久次郎の当選の喜びと選挙区事情を紹介しておく。当選した山内は、次のように述べた。

「私への投票は皆さんの同情票以外のなにものでもないが、しかし、私はこんどの選挙で公明選挙を行って当選ができるものだという自信を持った」(7)。

五所川原市選挙区では、現職の木村慶蔵を破って山内が当選。当初、木村に分があると見られていたものの、予想を裏切って山内が当選した。その背景には、外崎千代吉・市長の市政運営に不満を抱いた人達がこぞって山内に投票したからだ、と見られた。なお、前年10月の市長選では、山内は外崎に惜敗している。山内に同情票が集まったのだ[8]。

3、1955年県議選の課題

1955年の県議選が終わった段階で、『陸奥新報』は「社説：県議選当選者にのぞむ」の中で、新しい当選者に次のように注文をつけている。

「当選者各位にたいしてまず1番に要望したいことは、公約を果たすためにベストをつくせ、ということである。（中略）第2に要望するところは、県議会としての活動、運営については、できるだけ党派的闘争をしりぞけるようにしてもらいたいことである。（中略）第3は、県議会の在り方を刷新してもらいたいことである。（中略）最後にいっておきたいことは、県財政の赤字を現在以上にふやすことなく、現在赤字は県の自力で解消することとし、まちがっても、近く制定されるであろうところの、地方財政再建促進特別措置法（以下、地方財政再建法と略す）の厄介になるようなことはしないでくれということである」[9]。

財政赤字については、同じく『東奥日報』も懸念を表明しており、「社説：新県議諸氏に」の中で、「まっさきにとりあげるべき問題として県財政の緊迫がある。地方財政再建法の適用を受ける前に立ち上がりがあるまいと先の県議会で県知事自身が述べるほどの青森県の赤字財政をどう切り抜けるか、これが県政当面の課題である」、と指摘していた[10]。

『東奥日報』はまた、コラム「天地人」の中で、激しい選挙戦を戦い抜いてきた新しい県議員たちに、次のような注文を突きつけており、それは、かなり厳しい提言である。

最初に、「こんどの県議選挙では、金を使った順に当選している郡があるらしいという。またある地区は足を運んだ順に当選していると聞く。そこで人物や政見によるよりもいわゆる実弾や戸別訪問で勝負がきまっているといううわさが流布されることになる」と懸念を示した。

その上で、「地方議会では党も無視できないが、人物いかんにも関心が払われる。その人物をくらべるとかなり問題のあるいかがわしい議員が登場しているのが気になる。現況では県政の前途にあまり希望を持てないのが残念」、と結んだ[11]。

４、おわりに

今回の県議選の結果、青森市を除いて新人18人が進出した一方で、現職17人が敗れ去った。新人は30代の議員が全議員を含めて８人で、30代で全くの新人は、上北郡の工藤正六（38歳）、北村正武（38歳）、八戸市の佐々木秀文（35歳）、および中津軽郡の斉藤篤意（39歳）の４人である。その他に、新人ではないものの、30代の県議としては、南津軽郡の田澤吉郎（37歳）、北津軽郡の珍田福伍郎（39歳）らがいる。県政に新しい風を吹き込む、若い県議員たちの活動に期待したい[(12)]。

県議会を保守系、革新系で区別すれば、革新系の当選者は前回とほぼ変わりなく、保守系が圧倒的な議席を占めている「保守王国」である。終戦以後、これまで、革新系から１人も県議を出していないのは、三戸郡、北津軽郡、および東津軽郡の３選挙区のみである。ただ、1951年の県議選での社会民主党系の外川鶴松（北津軽郡）を革新系に加えれば、三戸郡と東津軽郡だけである[(13)]。

留意すべきは、県議選での選挙違反の記事が目につくことだ。実際、青森市選挙区では、民主党公認候補の杉浦清太郎（4, 278票・落選）には供応容疑で逮捕状が出された[(14)]。その他にも、県議選違反の摘発が進み、８派20人が逮捕されている。

より詳しく述べるなら、４月25日の段階で、青森署が杉浦清太郎派（青森、落選）を、黒石署と大鰐署が山谷清作派（南津軽郡、当選）、松岡儀助派（南津軽郡、当選）を、五所川原署が山内久次郎派（五所川原、当選）、木村慶蔵派（五所川原、落選）を、木造署が三橋儀郎派（西津軽郡、当選）を、弘前署が斉藤篤意派（中津軽郡、当選）を、浪岡署が田澤吉郎派（南津軽郡、当選）を摘発しており、逮捕者の容疑はいずれも、買収・供応であり、事件が候補者に及ぶと思われるのが３、４件あるとのことで、各派の逮捕者の氏名が掲載されている[(15)]。いわゆる“津軽選挙”が再び横行し始めたのであろうか。また無効投票や不在者投票が多数見られたことも遺憾であった[(16)]。

いずれにせよ、県議選によって県政に新たな軌道がしかれた、といってよい。しかし、県の行政は課題だらけである。たとえ、党派や信条が違っていたとしても、選出されてきた議員たちは斬新な構想力をもって、本県発展の土台を築きあげて欲しい。

≪注≫

(1)『東奥年鑑　昭和30年版』〔東奥日報社、1955年〕、85頁。
(2)「県正副議長誕生の瞬間―野党の策戦奏功す」『デーリー東北』1955年5月14日
(3)同上、1955年4月25日。
(4)『青森県議会史　自昭和28年～至昭和34年』〔青森県議会、1960年〕、265頁。
(5)『東奥日報』1955年4月24日(夕)。
(6)『東奥年鑑　昭和31年版』〔東奥日報社、1956年〕、32頁。
(7)『東奥日報』1955年4月24日。
(8)同上、1955年4月24日、25日、26日(夕)。
(9)『陸奥新報』1955年4月24日、「地方財政再建法」とは、地方財政の健全化の措置として1955年に実施された法律で、戦後の復興期には、財政需要の急増と財源不足という基本的背景に朝鮮戦争後の不況の影響が加わり、1954年度には全国の地方公共団体の約40%、2,281団体が赤字団体に転落。地方公共団体の財政が多額の赤字を生み、自力再建が困難となった場合、地方財政再建法の適用により、一定条件のもとで国からの援助を得ることができた(『平凡社百科事典　第9巻』〔平凡社、1985年〕、719頁)。
(10)『東奥日報』1955年4月24日。
(11)「天地人」同上、1955年4月25日。
(12)「天地人」同上、1955年4月24日、『デーリー東北』1955年4月25日。
(13)「天地人」『東奥日報』1955年4月25日。
(14)『陸奥新報』1955年4月24日。
(15)『東奥日報』1955年4月26日。
(16)『陸奥新報』1955年4月25日。

第4章、1959年の県議会議員選挙

＜目次＞

１、はじめに

1959年は、革新陣営の運動にとって忘れられない年である。何故なら、「日米安保条約」の改定問題が大きな社会運動＝うねりとなって、政治体制をゆさぶったからだ。本県でも、この年は県議選をはじめ、市長選挙が実施されたものの、保守勢力が勝利した。

戦後４回目の県議選は、1959年４月23日に実施された。1958年、新たに定められた定数は51人で、最終的に何と40議席が自民党によって占められた。その他には、社会党４、無所属クラブ５、および無所属２議席の配置となった。結果的に、自民党寄りの山崎岩男知事は議会で絶対多数派を背景に政策を遂行できることになった。ただ、自民党は県議選で絶対多数を制したといっても、その顔ぶれを見ると、長老格の“古手議員”が相次いで落選、それに代わり新人議員が約半数を占めるなど、特に、旧自由党系につらなる長老議員の落選が目立った(1)。

1959年の県議選では、定数51人に対して101人が立候補した。ただ、投票率は思いのほか高く、81.56%で、最高は黒石市の91.03%、最低は十和田市の62.78%であった。総じて、津軽地方が高く、南部地方は低かった(2)。当選した県議の平均年齢は49歳弱で、本県では初めて平均年齢が50歳を割り込み、県議の若返りが実現した(3)。

２、1959年県議選の概要

上で述べたように、戦後４回目の県議選は1959年４月８日に告示、４月23日に投開票が行われた。選挙対策について、保守勢力および革新勢力の各陣営は、既に決定している６月２日の参議院通常選挙を視野にいれた上で、早くから準備を進めていた[4]。

自民党県連は、1月14日に定期大会を開催、党組織の拡大を強化、地方選挙および参議院選挙に対する対策を講じて、夏堀源三郎を会長に再選、その他の役員を決め、幹事長には田澤吉郎を据えた。しかし、田澤は現職の県議会議長であり、超党派的性格を有する議長職との兼任は好ましくないと判断され、辞職を認め空席にした[5]。その他、総務会長に県議最古参の大島勇太朗を、また政調会長には、若手で政策面に強い北村正武県議を充てた[6]。

一方、社会党県連は1月9日、執行委員会を開催、地方選挙と参議院選挙対策を協議し、選挙対策本部を設けて、挙党一致体制を確立した。その上で、県労会議などの協力団体と協力しながら選挙戦に取り組む体制を決めた[7]。

こうして、県内の保守勢力と革新勢力はその陣容と選挙準備を整え、選挙戦の幕が切って落とされた。選挙の結果、県議会議員51人の当選者が決定、当選直後の色分けは、当初自民党35、社会党4、および無所属12議席（保守系10、革新系2）であった。だが、県議会の招集当日までに会派間の移動があり、無所属新人の石田喜一郎、秋山皐二郎、原田正司、佐藤誠治、および花田一の5人が自民党に入党、また佐々木栄造、岩岡三夫、および盛豊秀が無所属クラブに、さらに革新系の佐藤健次は社会党に入党、轟泰淳は無所属として残った[8]。

1959年の県議選では、元県議の返り咲きも含めて新人議員は26人に達し、定数の過半数を占めた。特に今回は、自民党と社会党の2大政党＝「55年体制」下における最初の選挙であり、5月8日に招集された県議会の空気は、派閥争いの醜態もなく、正副議長の選任から常任委員会への割り当てもスムーズに行われた。その背景として、従来当選していた議員が演じてきた議長選挙が世論のひんしゅくを買ったこと、また“既成政治家”からの脱皮を強く意識した新人議員が多かったことなどが挙げられる[9]。

自民党の場合、40議席中16人の新人議員を抱えることになり、この新人団が一致団結して党内調整に大きな役割を演じた。特に議長選挙では、新人団から「一部幹部によってのみ議会の人事をいじくりまわすのはよくない」という意見がでた。新しい議員団は次のような要望書を作成し、中島清助・議員総会長につきつけた。

「1、正副議長は希望者の立候補制をとり、全員の投票で決めること、2、経験者は除くこと、3、任期は2ヵ年とすること」[10]。

新人議員たちは「議会正常化の使命は新人から」と認識し、5月23日から開始された定例会では、議員22人で超党派的に新人会をつくることになり、青森市内の丸大ホールで発会式をあげ、その名を“さつき会”と称して団結し、議会運営の正常化を目指した[11]。

図表①は、1959年の県議選における当選者、所属会派、および得票数を示したものである。最高得票者は、八戸市の秋山皐二郎（無）で1万3,439票を獲得した一方、最低得票者は、東津軽郡選挙区の森豊秀（無）で5,131票に留まった。

＜図表①＞　1959年の県議選の当選者、所属会派、得票数

＊青森市（定数7）	
寺山竹四郎（自）	10,072
米沢鉄五郎（自）	9,019
関晴正（社）	8,994
千葉民蔵（社）	8,765
塩屋真吉（自）	8,538
白鳥大八（自）	8,451
山田寅三（無）	7,352

＊弘前市（定数6）	
相馬五郎（自）	8,765
中村富士夫（自）	8,229
石田喜一郎（無）	7,598
秋元岩五郎（無）	7,579
藤田重雄（自）	7,224
轟泰諄（無）	7,219

＊八戸市（定数5）	
秋山皐二郎（無）	13,439
岩岡三夫（無）	9,282
大島勇太朗（自）	8,702
佐々木秀文（社）	8,307
中村拓道（自）	8,138

＊黒石市（定数2）	
中村亀吉（自）	7,626
宇野良作（自）	6,558

＊五所川原市（定数2）	
原清司（自）	5,673
佐々木栄造（無）	5,437

＊十和田市（定数2）	
小山田茂（自）	7,351
菅原光珀（自）	6,346

＊三沢市（定数1）	
北村正武（自）	7,522

＊東津軽郡（定数2）	
小野清七（自）	5,908
森豊秀（無）	5,131

＊西津軽郡（定数4）	
原田正司（無）	7,267
脇川利勝（自）	6,620
毛内豊吉（自）	6,126
斎藤豊三郎（自）	6,044

＊南津軽郡（定数4）	
佐藤誠治（無）	10,614
山谷清作（自）	8,372
小倉豊（自）	8,006
外川豊造（自）	6,740

＊北津軽郡（定数3）	
花田一（無）	10,916
外川鶴松（自）	9,176
珍田福伍郎（自）	8,841

＊上北郡（定数5）	
岡山久吉（自）	8,829
工藤正六（自）	7,778
三村泰右（自）	7,500
谷内一雄（自）	7,449
工藤一成（社）	6,854

＊下北郡(定数４)		＊三戸郡(定数４)	
河野幸蔵(自)	9,162	三浦道雄(自)	8,926
佐藤健次(無)	8,967	沢田操(自)	8,506
古瀬兵次(自)	7,607	小坂甚義(自)	7,704
中島清助(自)	7,532	太田勝美(自)	6,926

出典：「青森県議会議員選挙」『青森県選挙管理委員会』
https://www.pref.aomori.lg.jp/soshiki/senkan

３、1959年県議選の課題

1959年の県議選の特徴は、①総体的には前回同様、約半数の議員が交代する結果となった。主として自民党の公認候補のうち、県議３期、４期を務めた古参議員の落選が目立ち、新人と前議員を合わせて26人となり過半数を占めた。なお、古参の落選議員は一般的に古い政治家タイプの者が多かった。

②自民党、社会党＝「55年体制」の下で初の地方選挙であった。それにも拘わらず、自民党・保守系議員が圧倒的な強みを見せ、社会党が伸び悩んだことは本県の「保守基盤」の強さを示すものであった。

③新人議員の中で、弱冠27歳の谷内一雄（自民党・上北郡)、並びに28歳の岩岡三夫（無所属・八戸市）が初出馬で当選するなど、県議が若返りの一端を示した。

新たに当選してきた一部の議員の声と決意表明を紹介したい。最年少で新人議員の谷内一雄は、“県政には誠意一本やりでやってゆく”、として次のように語った。

「地元民の応援で当選することが出来た。最後の追込みに入った21、2日の演説会が選挙民に受け、これなら勝てると思っていた。今後は畑作地帯の貧困を救うための、陸稲対策で地元民の生活の向上をはかって行きたい」。

同様に初出馬で当選した岩岡三夫は、県議会史で３つの新記録を作った。それは県議会議員の最年少で、独身県議であること、そして父が現職市長（八戸市）で子が現職の県議であることだ[(12)]。

なお、1959年の県議選では、従来見られなかったような激戦の様相を呈し、選挙費用として最低300万円から最高1,000万円使用されたとの噂もとび、後述するように、選挙違反に対する警察当局による検挙者も多く見られるなど、県民から強い批判を浴びた[13]。

こうして選出されてきた新議員に対して、『陸奥新報』は「社説：公約を忘れるなー新議員に望む」の中で、次のように課題を提示した。

「とくにわれわれが新議員に望みたいことは、議員諸君が立合演説会や街頭で繰返してのべた政見や公約に忠実でありたいということだ。県議会自体が解決すべき問題、議員自身の政治性と熱意に期待すべき問題などいろいろあるが、何よりも大切なことは“公約を忘れないでほしい”のである。公約は当選のための一時的な便法や空手形であってはならない。われわれはこの点について常に深い注意と関心を払う必要がある」[14]。

同じく『東奥日報』も、「社説：新議員たちに望む」の中で、新議員たちに次のような注文をつけている。

「78万有権者の審判が下って51人の新議員が誕生した。今回の県議選は事前運動の激烈さといい、また局部的に見られた泥仕合の醜さといい、公然と公職選挙法を無視するかのような運動の様相といい、決してすがすがしい後味を残したとはいえないようだ。また新人の進出が著しいとはいっても全部が全部“清新”“清潔”な人材であるのか疑問である。とくに新旧を問わず一部の候補者が膨大な選挙資金を投じ、それが従来の比ではないなどの風評も出るにおよんでは、いっそう暗い感じを持たざるを得ない」[15]。

『デーリー東北』もまた、コラム“不連続線”の中で、「奉仕を忘れないよう―新県議に望んでいる」と題して、次のように議会改革を求めた。

「考えて欲しいのは議会運営の改革である。議員のための議会は、今まであまりにも多くの県民を失望させた。いちばん大切な県政のための施策は押しやられて、ただ努力と地位の争奪に明け暮れる例はイヤというほど見せつけられた。議長選出しかり、常任委員長選出しかり、県議選区画改定しかりである」[16]。

留意すべきは、1959年の県議選でも悪質な選挙違反が広範囲に生じたことだ。実際、4月22日の時点で、県警本部が違反を指摘した件数は、511件231人（県議関係445件、170人）に上った。ただ、そのほとんどが無届の文書配布、連呼行為など形式違反であり、実質違反はわずかに鶴田町で買収1件にすぎなかった。しかし、その後、『東奥日報』には次のような報道が見られた[17]。

「4月24日、自民党の山谷清作（南津軽郡・当選）派運動員が供応の疑いで逮捕、4月25日、県下で7人逮捕、自民党の毛内豊吉（西津軽郡・当選）派2人、自民党の谷内一雄（上北郡・当選）派3人が酒、菓子をばらまく、酒で買収を図った。4月26日、県警、選挙違反で摘発を開始した」とあり、拡大は必至だと見られた[18]。

また4月27日の『陸奥新報』には、自民党公認で北津軽郡から出馬して当選した、“珍田（福伍郎）夫人を指名手配－運動員を通じ買収容疑”という記事が、珍田夫人の写真と共に掲載されており、その内容は、次の通りである。

「選挙違反を内偵中の金木署では、26日北津軽郡金木町喜良市、県議珍田福伍郎夫人珍田喜代江（35歳）を県議選における買収容疑で県下各署に指名手配した。調べによると、夫人は去る12日に北郡市浦村某部落の珍田派有力運動員葛西某に相当量の物品渡し珍田氏への投票を依頼したなどの疑いによるもので、同署では26日朝珍田氏宅に同夫人を逮捕に向かったが行方不明だったもの。今次県会議選違反で当選候補者の身内の指名手配は今度がはじめて」[19]。

このように、選挙違反が広範囲に蔓延していることが判明し、しかも、その中で自民党議員が圧倒的に多いのが特徴である。いわゆる“金権選挙—津軽選挙”が保守派を中心に各地域で蔓延していたといってよく、極めて遺憾な事態である。

4、おわりに

1959年の県議選については、『東奥日報』が“若返った新県議—本社記者座談会”の中で、「古い型は総崩れ、公明選挙は表面だけ」、また『陸奥新報』も、津軽地区激戦を回顧して「番狂わせの県議選—現役いずれも苦戦—保守、革新に圧勝」と各選挙区の当落事情を詳細に分析しているし、さらに『デーリー東北』紙も「新旧交代目立つ、保守優位動かず」と詳しく紹介している[20]。

本章の冒頭でも指摘したように、1959年の県議選では、新人の進出が著しかった。ただ、県下全体を概観すると、南部地域に比べて津軽地域は少なく、県政推進の実力者がおらず迫力に欠けた感じがしないわけでない。

次期議長候補としては、自民党で十和田市選出の菅原光珀が有力視されていた中で、5月8日、県議会が招集され、「組織会」で正副議長の選挙が行われた。事前の予想通り、議長には自民党で十和田市選出の当選4回の菅原光珀（61歳）が、また副議長には、同じく自民党で北津軽郡選出の当選3回の外川鶴松（53歳）が選ばれた[21]。

≪注≫

(1)『東奥年鑑　昭和34年版』〔東奥日報社、1959年〕、46頁、1955年の人口調査を踏まえて、1958年12月2日から県議会の選挙区は14に、また定数は51人に変更された。
(2)『東奥日報』1959年４月24日。
(3)『デーリー東北』1959年４月25日。
(4) 本書では、“保守勢力”とは、西側諸国、特に米国との関係を重視、安全保障の面では米国に依存して自衛力を整備、内政では天皇の元首化・改憲など、伝統的な価値観を追及する立場を意味し、一方、“革新勢力”とは、反米・護憲を唱え、社会主義諸国との友好を重視、日米安保条約や「再軍備」に反対、内政では、「近代的・民主的価値観」を擁護する立場を指している。私の立場は基本的には、後者のそれである。ただ、必ずしも護憲ではなく、また我が国の再軍備にも反対しない（藤本一美『戦後政治の決算　1970年～1979年』〔専修大学出版局、2003年〕、391頁）。戦後日本政治に関する私の基本的認識については、同上、301頁以下を参照されたい。
(5)『青森県議会史　自昭和28年～至昭和34年』〔青森県議会、1960年〕、711頁。
(6) 北村正武は、1916年三沢に生まれる。盛岡高等農林卒、陸軍獣医。1952年大三沢町議、1955年県議、副知事を経て、1979年県知事に当選、４期務めた。2004年死去(『青森県人名事典』〔東奥日報社、2002年〕、840頁)。北村の人となりについては、「人生80年－前青森県知事北村正武の軌跡」刊行委員会編『人生80年－前青森県知事北村正武の軌跡』〔アクセス21世紀出版、2000年〕に詳しい。
(7) 前掲書『青森県議会史　自昭和28年～至昭和34年』、710～711頁。
(8) 同上、712頁。
(9) 同上、715頁。
(10) 同上。
(11) 同上。
(12) 前掲書『東奥年鑑　昭和34年版』、46頁、『東奥日報』1959年４月25日、『デーリー東北』1959年４月24日。
(13)「県下で７人逮捕－選挙違反の摘発本格化」『東奥日報』1959年４月25日、「県警　選挙違反摘発を開始」『陸奥新報』1959年４月26日。
(14)『陸奥新報』1959年４月25日。
(15)『東奥日報』1959年４月25日。
(16)『デーリー東北』1959年４月25日。
(17)「社説：選挙違反を見過ごすな」『東奥日報』1959年４月24日。
(18) 同上、1959年４月24日、25日、『陸奥新報』1959年４月26日、県議選の実質違反第１号は、山谷派の運動員の南郡尾上町農業・葛西邦男（45歳）で、２人を自宅に招き１人当たり400円の酒食を供応して山谷への投票を依頼した(『デーリー東北』1959年４月25日)。
(19) 同上、1959年４月27日。
(20)『東奥日報』1959年４月24日（夕)、『陸奥新報』1959年４月25日、『デーリー東北』1959年４月25日。
(21)『陸奥新報』1959年４月25日、26日、前掲書『青森県議会史　自昭和28年～至昭和34年』、713頁。

第５章、1963 年の県議会議員選挙

<目次>

１、はじめに

山崎岩男知事は 1956 年以来、６年６ヵ月にわたり、県政を担当してきた。だが、1963 年１月 18 日、病気で辞任した。1963 年２月の知事選では、自民党の竹内俊吉が社会党の千葉民蔵を大差で破り、戦後３代目の民選知事に就任。山崎知事の退陣は、４月の統一地方選挙に大きな影響を与えたのは、いうまでもない。

1963 年４月 17 日、統一地方選挙のトップを切って、戦後５回目の県議選が行われた。定数 52 人（人口増加に伴い、定数は 51 から１増）に、98 人が立候補、選挙の結果、自民党 37 人、社会党６人、民社党１人、共産党２人、および無所属６人が当選した。自民党と社会党が伸び悩んだ一方で、共産党が２人を当選させて健闘したのが注目された。なお、投票率は、79.27％とかなり高かったものの、前回を 2.32 ポイント下回った [(1)]。また、県議に選出された人たちの平均年齢は 52.6 歳で、前回に比べて 2.3 歳高齢となったことになる [(2)]。

共産党は県議選に８人も擁立し、津川武一と大塚英五郎の２人を当選させた [(3)]。共産党候補が議席を獲得したのは県議会史上はじめてのことで、津川は弘前市から出馬し、6,635 票を得て最下位の６位に滑り込んだ。一方、青森市から出馬した大塚は、8,643 票を獲得して４位に入る健闘ぶりを見せた。

県議選を踏まえて、５月４日、県議会の臨時会が開催され、「組織会」で新しい正副議長を選出した。議長には、自民党で三戸郡選挙区の当選５回の三浦道雄（48 歳）が、また副議長には、同じく自民党で弘前市選挙区の当選３回の藤田重雄（57 歳）が就任した。議長職をめぐっては、第１区と第２区で「二年交代」が慣例となっており、５期目の三浦と上北郡選出の三村泰右（自）の就任が焦点となったものの、まず先に三浦が、そして２年後に、三村が議長に

就任することで話がついた[4]。

２、1963 年県議選の概要

上で述べたように、戦後５回目の県議選は 1963 年４月 17 日に行われた。自民党は 52 人の定数に対して公認候補を 46 人に絞り、定数を超えた三戸郡と社会党が立候補を予定していない選挙区で党籍証明を交付するなど、42 議席の確保を目標にし、強力な選挙態勢で臨んだ。

これに対して、社会党は当初、全選挙区に候補者を立てる方針であった。だが、候補者難から公認は 12 人に留めた。社会党の消極さに比べて、共産党は８選挙区で公認候補を擁立、青森、八戸両市では現職市議をあてたほか、弘前、黒石両市では個人票を持つ有力候補を擁立したことからも明らかなように、県議選への積極的な姿勢が目を引いた。

1963 年の県議選への候補者数は都合 98 人で、過去４回の選挙では最低の候補者数であった。開票の結果、当選者は自民党 37、社会党６、民社党１、共産党２、および無所属６議席の配置となり、自民党と社会党が伸び悩んだ一方で、共産党が２人当選したのが特筆される。当選した共産党の大塚、津川の両候補はともに、事前にかなり票を伸ばすことが予想され、実際当選を果たした。これは単に共産党勢力の成果だけではなく、両者の人柄が党以外の票を集めたものだ、と思われる。なお、現職はことのほか強く、そのために新人の当選者は前回の 26 人の約半分の 14 人にとどまった[5]。

上で紹介したように、今回県政史上、初めての共産党県議が２人生まれた。弘前市選挙区で僅か３票差の最下位で当選した喜びを、津川武一は、次のように語った。

「共産党からも、県議を送ろうと支持者の多かったのに感謝しています。党が組織的に動いてくれる知らない人たちも投票してくれたようだ。大金持一辺倒の県政を改め、明るい県政をつくるように努力します」と決意。その上で、当選の抱負を「金持ちに独占されている県政を倒す。本県は工場誘致なども必要だが、立地条件からみて農業を基本的に振興させることと民生の安定と社会福祉を向上させること、とにかく身体をはって働きますよ」と述べた[6]。

それでは何故、共産党は今回の県議選で議席を伸ばしたのか。その理由を、『陸奥新報』は「県議選を終えて」の中で、“保守王国ゆらぐ（共産党議員２）－醜態県会への批判票も”と題して、次のように分析している。

「青森の大塚、弘前の津川の２人だが、選挙前の予想では１人が当選圏内といわれていたのをくつがえして２人という議席獲得は注目される。同党は、これまで党勢拡張ということに主眼をおいていたが、実質的な議席を獲得しようと票倍化闘争を党員とシンパによびかけ、人海戦術をおこなった。黒石の柴田は保守に敗れ、八戸の林が5,000（票）をとりつつも敗れたが、大塚は８人中４位と保守の顔色を失わせしめ、津川もまた自民のベテランを僅差で抜いて６位で当選した」。

共産党勢力が進出した背景について、自民党の北村正哉幹事長は「共産党の票が伸びたとは思えない。その人間としての魅力が勝利したのだ。人間的魅力をもった人をわが党でもっとほしい」と述べた[(7)]。

共産党勝利の要因は、党員以外の票が多く集まったための金的であり、同時に、２人の共産党議員を送った底流には、醜態つづきの県議会に対する批判票が、議会運営正常化のためのワサビの利いた監視役を送ろうとして意識が働いたのだろう[(8)]。

図表①は、1963年の県議選での当選者、所属会派、および得票数を示したものである。最高得票者は、八戸市選挙区の秋山皐二郎（自）で１万3,722票を獲得、一方、最低得票者は、黒石市選挙区の工藤重行（自）で6,313票に留まった。

<図表①>　1963年の県議選の当選者、所属会派、得票数

＊青森市（定数８）

当選者	得票数
寺田武四郎（自）	10,485
千葉民蔵（社）	10,056
米沢鉄五郎（自）	9,245
大塚英五郎（共）	8,643
白鳥大八（自）	8,300
関晴正（社）	8,185
山田寅三（自）	7,760
奈良岡末造（無）	7,743

＊弘前市（定数６）

当選者	得票数
秋元岩五郎（民社）	9,190
藤田重雄（自）	8,496
石田喜一郎（自）	7,662
中村富士夫（自）	7,056
白取善三（無）	6,638
津川武一（共）	6,635

＊八戸市（定数６）

当選者	得票数
秋山皐二郎（自）	13,722
中村拓道（自）	12,888
岩岡三夫（自）	12,001
佐々木秀文（社）	11,068
寺下岩蔵（自）	10,461
大島勇太朗（自）	8,472

＊黒石市（定数２）

当選者	得票数
中村亀吉（自）	7,213

＊五所川原市（定数２）

当選者	得票数
秋田正（自）	8,002

＊十和田市（定数２）

当選者	得票数
小山田茂（自）	7,592

工藤重行(自)　6,313

＊三沢市(定数１)

北村正武(自)　7,511

＊西津軽郡(定数４)

成田幸男(無)　8,055
古川芳雄(無)　7,726
斎藤豊三郎(自)　7,613
毛内豊吉(自)　7,351

＊上北郡(定数５)

野村英次郎(自)　9,634
三村泰右(自)　8,783
岡山久吉(自)　8,487
工藤正六(自)　7,825
工藤一成(社)　7,501

山内久次郎(無)　7,980

＊むつ市(定数１)

中島清助(自)　7,569

＊南津軽郡(定数４)

小倉豊(自)　9,655
山口末作(社)　9,230
佐藤誠治(自)　8,919
山谷清作(自)　8,739

＊下北郡(定数２)

菊池利一郎(自)　9,806
古瀬兵次(自)　8,255

菅原光珀(自)　6,586

＊東津軽郡(定数２)

小野清七(自)　8,106
船橋祐太郎(社)　7,640

＊北津軽郡(定数３)

花田一(自)　10,074
外川鶴松(自)　7,748
鳴海文四郎(無)　6,964

＊三戸郡(定数４)

松尾官平(自)　8,326
沢田操(自)　7,225
小坂甚義(自)　6,621
三浦道雄(自)　6,438

出典：「青森県議会議員選挙」『青森県選挙管理委員会』
https://www.pref.aomori.lg.jp/soshiki/senkan

３．1963年県議選の課題

新しい県議について『陸奥新報』は「社説：初心忘るべからず—新しい県会議員に望む」の中で、次のような課題をつきつけており、それは、かなり厳しい内容である。

「われわれが深い関心をもって見つめているものは、その公約の裏付けとなっている議員各自の、青森県発展に寄せる熱意と責任、140万県民の福祉に貢献しようとする“奉仕の精神”である。この熱意と責任感と奉仕の精神を、新しい県議会議員のほとんどすべてが、いま当選のよろこびの中で、改めて固めていることと思う。……

しかしこのわれわれの敬意と期待とに報いる責任と奉仕精神と熱情に反して、バッチの光りの中で、諸君が次第にごう慢と独善と利己を発揮してゆくならば、諸君は青森県政の沈滞の度を増すばかりか、４年後の改選期に、まさに県民の厳正な審判を一身に受けることを自戒しなければならない。初心を決して忘れてはならない」[9]。

同じく、『東奥日報』もまた、「社説：県議と県政の目標」の中で新しい議員たちに、次のように注文をつけている。

「県議会議員はいうまでもなく県政の担当者ではない。県政を直接になうのは知事で、議員は議会をとおして知事の行う県政の運営に参画するものであるが、県政の重要事項はすべて議会の議決なしに行うことができないし、また議員は議会にたいし議案の提出権をもっている。こう考えると議員の職責はきわめて大きい。……したがって52人の当選者はまず県政の目標と課題が何であるかをはっきり見定めてもらわねばならぬ。われわれがこのことを強く要求するのは、それなくして議員としての職責をはたせまいと思うからである。……

……率直にいって、これまでの議員の議会活動はほめられるものではなかった。出席、時間という初歩的なことすら守られなかった。すべて党略と個人の利害打算で動いていたという印象を与えていたことはじゅうぶん反省せねばなるまい。こんどの当選者はこんなことをやらぬということを県民に誓ってほしい」[10]。

ここで留意すべきは、県議選で選挙違反が堂々とまかり通っていることだ。実際、悪質な選挙違反者は、選挙前に逮捕された。県警統一地方選挙取締り対策本部は、八戸署の協力を得て、4月15日、県議選挙違反第1号として、某県議候補の有力運動員を逮捕し、同署に留置。県議選で投票前に運動員が逮捕されたことは、最近では例がない。また15日午前6時40分、中沢森林組合理事の市沢万蔵（60歳）が公選法違反の疑いで逮捕された[11]。

その市沢万蔵に絡んで、4月19日夜には、自民党の助川清四郎（三戸郡・落選）が現金を渡し票まとめを頼んだとして逮捕。助川は去る3月30日頃、先に逮捕されていた市沢に自分に投票をしてくれる有権者の票の取りまとめをしてくれと運動資金数万円を渡した容疑だ。助川は17日の投票終了と同時に入院、逮捕を控えていたものの、19日退院し警察に出頭してきたので、逮捕状を執行。なお、その後も県議選違反で摘発が続出しており、困った事態であると言わざるを得ない[12]。

4、おわりに

県内における地方選のトップを飾った県議選に関して、県選管が投じた費用は2,925万円だそうで、そのうち各市町村の投開票従事者の人件費は60%、一方、啓発運動費は40%の割合であった。しかし、投票率は前回を2.32ポイント下回り、これまでの最低を記録したし、また大っぴらな選挙違反が蔓延したのは遺憾であった[(13)]。

1963年の県議選では、特に買収行為が激しかった、という。警察当局が断固たる姿勢で徹底的に選挙違反を取り締まることを期待したい。というのも、警察当局の"竜頭蛇尾的態度"は、有権者の買収や供応を助長しかねないからだ。

それでは、県議選でどの程度の金額が動いたのか、報道記事の一部を紹介しておく。例えば、『デーリー東北』は次のように報道している。

「県議のイス1つが"3,000万円"だったといううわさがもっぱら。事前運動に500万、本番500万、合わせて1,000万円というのが常識と考えられていたが、"地盤・看板"を持って、"強力候補"とみられる津軽の某氏でさえ、2,000万円でようやくイスをえたという話題もある」[(14)]。

私は、金のかかる選挙運動をなくすためには、「社会教育」が今日ほど重視される時はないと、考える。小中学校の段階から、特に"現代史"で政治の現実を教示し、選挙運動での不正行為をなくす努力が大切である[(15)]。

≪注≫

(1)『東奥年鑑　昭和38年版』〔東奥日報社、1963年〕、107頁。投票率は市町村の最高が、北津軽郡中里町の91.98%で、最低が三沢市の50.50%であった(『東奥日報』1963年4月18日)。

(2)「天鐘」『デーリー東北』1963年4月18日。

(3)津川武一は、1910年、五郷村吉内(浪岡町)に生まれた。弘前中学、旧制弘前高校を経て、東京帝国大学医学部卒、日本共産党に入党。1947年、津川診療所設置、1957年健生病院開設。1963年、県議当選。1969年衆議院議員に当選、5期連続当選。1988年に死去。享年78。津川は民衆と歩んだ医師・文学者・政治家として知られ、1955年小説「過激兵」がサンデー毎日大衆小説賞を受賞。多くの著作に加えて、日本民主主義文学同盟弘前支部編『津川武一日記』全10巻〔北方新社 1991〜96〕がある(『青森県人名事典』〔東奥日報社、2002年〕、436〜437頁)。なお、津川武一の人となりについては、阿部誠也『アルバム　津川武一の軌跡』〔北方新社、2002年〕、阿部誠也『評伝　津川武一』〔北方新社、2005年〕に詳しい。

大塚英五郎は、1908年、青森市に生まれた。青森中学卒業式当日退学処分。日本社会党県連書記長を経て、1948年日本共産党入党、党県委員長。1959年青森市議、1963年県議当選、連続3期務めた。1993年に死去、享年85であった(同上、『青森県人名事典』、98〜99頁)。

(4)『青森県議会史　自昭和38年〜至昭和41年』〔青森県議会、1983年〕、73、77〜78頁。

(5)「天地人」『東奥日報』1963年4月18日。

(6) 同上、1963年4月18日、『陸奥新報』1963年4月19日、なお、津川武一の政治家としての活動については、藤本一美『戦後青森県の保守・革新・中道勢力—青森県選出の国会議員』〔志學社、2017年〕、第一部第4章で詳細に論じた。

(7)「県議選を終えて」『陸奥新報』1963年４月19日。
(8)各党の評価については、「県議選を終えて」『陸奥新報』1963年４月19日、「県議選を顧みる」『東奥日報』1963年４月18日(夕)に詳しい。
(9)『陸奥新報』1963年４月18日。
(10)『東奥日報』1963年４月18日。
(11)市沢は、去る３月中旬ごろ。三戸郡の県議選に立候補している某氏への投票と取りまとめを頼み、現金数万円を贈った。市沢は部落の実力者の地位を利用、戸別訪問し、１票につき200円を毎戸に置き、事前買収を続けていた（同上、1963年４月16日、『デーリー東北』1963年４月18日）。
(12)『陸奥新報』1963年４月20日、県警は４月18日、投票終了後、選挙違反を一斉に摘発、買収・供応などで40人を検挙した(同上、４月19日)。
(13)同上、1963年４月20日。
(14)同上、「地方選挙の素顔⑤—選挙運動のあの手この手」『デーリー東北』1963年４月19日。
(15) 学校教育の現場での現代史教育の重要性については、藤本一美『戦後青森県の政治的争点1945年～2015年』〔志學社、2018年〕第二部、藤本一美『青森県の初代民選知事　津島文治—「井戸塀政治家」の歩み』〔北方新社、2018年〕第3章を参照されたい。

第6章、1967年の県議会議員選挙

<目次>

1、はじめに

1967年の県政は、フジ製糖青森工場の操業中止と原子力船定係港問題で大きく揺れた。こうした状況の中で、衆議院総選挙、県議選、青森市、および三沢市長選が行われ、革新勢力はかなり前進したものの、自民党の竹内俊吉知事が再選されるなど「保守王国」は崩れることはなかった。

戦後6回目の県議選は、1967年4月15日に投開票が行われた。今回は、1965年の国勢調査の結果を踏まえて、定数が1つ減り51人となった。これに伴い、各選挙区の定数も変わり、人口増の著しい八戸市が1増で7人、人口の減少をみた黒石市と西津軽郡が各々1人減で、定数は黒石市が1人、そして西津軽郡が3人となった(1)。

立候補者は15選挙区で都合98人と戦後の県議選では最低で、平均競争率は1.9倍に留まった。選挙結果は、長老たちが相次いで落選。自民党は48人の候補者を擁立したものの、28人しか当選せず、過半数の26をわずかに2議席上回る退潮ぶりであった。これに対して、社会党は10人、また共産党も2人を当選させて気を吐いた。無所属は11人当選した。

投票率は平均すると77.94%で前回を下回り、戦後では最低を記録した。これは、天候がよくて行楽に足を引っ張られたのと、出稼ぎの激増、さらに候補者の顔ぶれの固定化が原因だと見られた(2)。

2、1967年県議選の概要

上で述べたように、県議選は1967年4月15日に行われた。結果は、自民党が意外にふるわず、青森市、弘前市、および上北郡では、社会党に複数の進出を許し、定数51人中、半数の28議席を辛うじて維持する惨敗であった。これは、無所属候補者たちに議席を奪われたためで、無所属候補は11人当選した。

これに対して、社会党は前回確保した6議席を守るとともに、弘前市で2議席、上北郡、青森市で各々1議席上乗せして目標にした「二桁」を達成、10議席を獲得し単独で動議を提出できる勢力となった。前回初めて2議席を得た共産党は、今回も2議席を堅持。ただ、民社党は前回の1議席を死守できずゼロとなった[(3)]。

新旧別では、現職議員の引退者が目立ち、各選挙区とも新人の台頭が著しく、むつ市では長老の中島清助（自民党）が“八戸方式”[(4)]を採用した菊池渙治（無所属）に敗退したのをはじめ、7期連続当選を誇る八戸市の大島勇太朗（自民党）、南津軽郡の山谷清作、十和田市の小山田茂、および弘前市の藤田重雄ら自民党の重鎮が新人に議席を奪われた。

1967年の県議選では、保守勢力の金城湯池である土地柄をそのまま反映し、自民党と保守系無所属が多数を占めたものの、革新の社会党が17人の候補者を擁立して議席増を目指し、前回の県議選の6人を4人も上回る10人の当選者を輩出したことが特筆される[(5)]。

社会党の躍進について、社会党本部の中山久司書記長は、“自民県政にくさび”を打ったとして、次のように語った。

「社会党は日ごろから県民の生活を守り、生活をよりよくする立場に立って政策を進めてきたことが有権者の大きな支持を受けたものと思う。一時的には停滞したこともあるが、これを機会に社会党の政策をよりいっそう進め、生活を向上し、平和な暮らしができる青森県を築きあげるためいっそう努力したい」[(6)]。

1967年の県議選では、長老議員が敗退した一方で、昭和生まれの若手議員が台頭したことは、有権者が“議会の若返り”を強く要求したものだと見てよい。実際、20代、30代の議員が5人も誕生した。昭和生まれの議員を拾うなら、南津軽郡選挙区の木村守男（29歳）、八戸市選挙区の田名部匡省（32歳）、滝沢章次（33歳）、弘前市選挙区の山内弘（38歳）、および上北郡選挙区の馬場春雄（38歳）らが挙げられる。

『東奥日報』はコラム「天地人」の中で、「自民党現役の落選が目立つ。弘前市の3人をはじめ11人がまくらを並べて落選した。新人の当選者は23人である。県議がこんなに交代したことは珍しい。……ともあれ県議会は若返った。県民がそれを希望したためにほかならない」と、指摘した[(7)]。

図表①は、1967年の県議選の当選者、所属会派、および得票数を示したものである。最高得票者は、八戸市選挙区の秋山皐二郎（自）で1万3,725票を獲得した。一方、最低得票者は、三沢市選挙区の鈴木元（自）で5,463票に留まった。

<図表①>　1967年の県議選の当選者、所属会派、得票数

＊青森市(定数8)

大塚英五郎(共)　9,840
白鳥大八(自)　9,450
渡辺三夫(社)　9,017
柿崎徳衛(自)　8,648
関晴正(社)　8,281
成田芳造(自)　8,242
千葉民蔵(社)　7,858
川村武智雄(自)　6,953

＊十和田市(定数2)

江渡誠一(自)　9,180
苫米地正義(無)　6,241

＊三沢市(定数1)

鈴木元(自)　5,463

＊西津軽郡(定員3)

伊藤藤吉(自)　11,413
斉藤豊三郎(自)　10,980
成田幸男(無)　9,320

＊上北郡(定数5)

吉田博彦(自)　11,697
岡山久吉(自)　8,420
竹内哲夫(無)　8,231
馬場春雄(社)　7,975

＊八戸市(定数7)

秋山皐二郎(自)　13,725
田名部匡省(自)　9,515
中村政衛(無)　8,360
川村喜一(自)　8,318
寺下岩蔵(自)　8,227
佐々木秀文(社)　8,032
滝沢章次(無)　7,809

＊黒石市(定員1)

工藤重行(自)　9,358

＊むつ市(定数1)

菊池渙治(無)　10,802

＊南津軽郡(定数4)

木村守男(無)　8,685
相馬保重(無)　7,794
小倉豊(自)　6,584
山口末作(社)　6,349

＊下北郡(定数2)

菊池利一郎(自)　8,531
古瀬兵次(自)　8,077

＊中郡・弘前市(定数6)

福沢芳穂(無)　9,764
山内弘(社)　8,952
中村富士夫(自)　8,775
津川武一(共)　8,739
斉藤篤意(自)　8,639
東海正二郎(社)　7,915

＊五所川原市(定員2)

佐々木啓二(無)　8,704
秋田正(自)　6,801

＊東津軽郡(定数2)

小野清七(自)　7,359
船橋祐太郎(社)　6,354

＊北津軽郡(定数3)

花田一(無)　9,516
外川鶴松(自)　8,841
成田年亥(自)　8,511

＊三戸郡(定数4)

松尾官平(自)　11,709
三浦道雄(自)　8,096
小坂甚義(自)　7,457
茨島豊蔵(自)　7,013

工藤一成(社)　　　6,617

出典：「青森県議会議員選挙」『青森県選挙管理委員会』
https://www.pref.aomori.lg.jp/soshiki/senkan

3、1967年県議選の課題

1967年の県議選の結果を踏まえて、『東奥日報』は「社説：新県議に期待すること」の中で、“政党化傾向も深まる”と題し、次のように適切に選挙結果を分析している。

「こんどの選挙で自民党は大きく後退し、社会党の伸長が目立った。社会党は現有勢力を維持したほか、新たに青森市、弘前市、上北郡などで増席し、待望の二けた勢力となった。特に青森市では初の3議席を得、従来同市の5対3という保守革新の比率を共産党を含め、タイに持ち込んだのはあっぱれといってよい。

無所属当選者は11人のうち2氏を除けば、保守系とみられるが、こんど自民党に全員入党するかどうかはわかっていない。仮に入党したとしても、前回改選時に比べると大きく下回る。この原因は候補者決定のまずさもあるが、候補者の高齢化、固定化にあったといってもよい。現役落選の全員が自民党であったことをみてもよくわかる。県議選も20年を経たことを忘れてはなるまい」(8)。

議長の選出については、『デーリー東北』が「時評：新県議に期待すること」の中で、“南部、津軽意識を捨てよ”と次のように批判している。

「これまでの県議会の在り方というか、姿をみるとき、どうも南部、津軽の意識がつきまとう。その表面にでる問題は議長のポストをめぐる争いである。南部と津軽で2年交代で議長のポストをタライ回しすることは悪弊というほかにない。また副議長をやった人は議長になれないという慣行もおかしい。南部とか津軽にとらわれずに、議長として適任者を選ぶという毅然たる態度でどうしてのぞめないものか。新議員はこれまでの悪弊を破って、新しい議会ルールを確立してほしい」(9)。

同様の批判は、『陸奥新報』の「社説：新・県議会議員に期待する」の中でも見られた(10)。

留意すべきは、今回もまた県議選で選挙違反が続出したことである。4月17日の夕方までに、選挙違反の逮捕者が19人、取り調べ者が300人を突破したという。『陸奥新報』は、この点について、以下のように報道している。

「“明るく正しい選挙”を願っていた県民の期待はまたも裏切られた。県議選違反者は“イモづる式”に次々とつかまっており、17日夜までに19人が逮捕された。投票の終わった15日夜から違反のいっせい摘発に乗り出した県警本部の統一地方選挙違反取締本部は、16日は116人の運動員や候補者の夫人を任意で取り調べていたが、17日にはさらに192人の任意出頭を求めて事情を聞いており、取り調べが進むにつれてかなりの運動員が逮捕されるものとみられ、逮捕者19人の中には町議会議員2人も含まれており、また任意取り調べを受けている運動員は26候補派にのぼっているが、当選議員派が多く、“違反はやりとく”という傾向がみられるという。なお、違反のほとんどは買収となっており、“カネ”に染まった悪質なものばかり。とくに農村地帯に集中し、選挙違反が平常のように行われている農村の風潮がまだ根強くのこっている」(11)。

同様の指摘は、他紙の新聞記事にも見られ、例えば、『東奥日報』は「社説:選挙違反をゆるすな」の中で、“摘発に手加減するな”と訴え、選挙違反を次のように批判している。

「選挙違反中で最も悪質な買収・供応が圧倒的に多かったことに、われわれは驚かざるをえないのである。と同時に激しい憤りさえ感じるのである。また有権者の中には選挙違反に対し犯罪意識を強く感じていない者がいかに多いか、という事実を残念ながら肯定しなければならない」(12)。

4、おわりに

1967年に実施された県議選での選挙区ごとの分析は、『東奥日報』の「県議選を顧みて－記者座談会」に詳しい。青森市において、共産党の大塚英五郎が9,840票を獲得してトップ当選を果たしたが、この点について、同紙は次のように解説している。

「大塚氏の最高得点が話題を呼んでいるが、前回よりも1,200票ほど増えている。これは組織票プラスアルファ、つまり共産党という肩書を取った大塚氏個人に対する親近感というか、魅力が大いにあったといえると思う。大塚氏出馬の声が出たとたん、安全圏にはいったという声が出るくらいだから、確かに他候補より安定感はある」(13)。

一方、番狂わせが生じた八戸市の結果については、次のように報じている。

「八戸市の結果は全く意外だった。最高当選の秋山は別にして各候補者の得票が接近し、当初最高当選をもうわさされていた滝沢がかろうじて最下位で当選したのをはじめ、現職の大島と新人の島谷部、林が落選して定数が１人増えたにもかかわらず革新系２議席の獲得は今回も実現しなかった。秋元は地元の湊地区で圧倒的な強みをみせたほか、全地域で平均して票を集め、１万3,700余票で３期連続最高当選をした。新人ながら２位に食い込んだ田名部は岩岡三夫のテコ入れで三八城地区で他候補を圧倒、小中野地区以外で安定した票を集めてゆうゆう当選した」[(14)]。

確かに、県議選は終了し、各党の新分野が確定したものの、公認候補者の多数が落選し辛うじて県議会の過半数しか確保できなかった自民党県連は、この補充策として直ちに保守系無所属議員に入党を要請するなど、多数派工作に乗り出した。

臨時県議会は５月６日に招集され、「組織会」で正副議長の選出は本命と目された候補が落選した。そのため、波乱含みとなったものの、最終的に自民党で青森市選挙区の白鳥大八（当選５回）を議長に、同じく自民党で八戸市選出の秋山皐二郎（当選３回）を副議長に選出した[(15)]。有力議長候補と目されていた下北郡選出の古瀬兵次は次回にまわされた。うわさ通り、津軽の白鳥が議長職を手にし、古い慣例が継続されたのは遺憾である[(16)]。ただ、今回の正副議長の選任では、自民党が従来の２年交代、第１区、第２区の持ち回りという慣行を打破した点が注目された[(17)]。

≪注≫

(1)『青森県議会史　自昭和42年～至昭和45年』〔青森県議会、1985年〕、９頁。
(2)『東奥年鑑　昭和42年版』〔東奥日報社、1967年〕、145頁、『東奥日報』1967年４月16日。
(3)『東奥日報』1967年４月16日。
(4) 八戸方式とは、保守勢力が革新系と手を組み、「保革連合」で現職を打ち破る方式である。詳細は、藤本一美『戦後青森県の政治争点　1945年～2015年』〔志學社、2018年〕、第六部第１章を参照されたい。
(5)『デーリー東北』1967年４月16日。
(6) 同上。
(7)『東奥日報』1967年４月16日。
(8) 同上、1967年４月17日。
(9)『デーリー東北』1967年４月16日。
(10)『陸奥新報』1967年４月17日。

(11)同上、1967年4月18日。
(12)『東奥日報』1967年4月18日。
(13)同上。
(14)『デーリー東北』1967年4月16日。
(15)前掲書『青森県議会史　自昭和42年～至昭和45年』、97頁。
(16)『デーリー東北』1967年4月17日。
(17)前掲書「県議会」『東奥年鑑　昭和42年版』、137頁。

第7章、1971年の県議会議員選挙

<目次>

1、はじめに

1971年1月、佐藤栄作内閣は吉田茂内閣を抜いて最長記録を更新した。この年の前半、青森県では、知事選をはじめ、県議選、青森市長選、三沢市長選、および三沢市議選など地方統一選、並びに参議院通常選挙への対応を中心に展開し、1月の知事選では、竹内俊吉が3選された。

戦後7回目の県議選は、1971年4月11日に行われた。議員定数は51人で、前回と変わらず、これに92人が立候補し競争率は1.8倍であった[(1)]。この年の県議選で目立ったのは、第1に、国政進出の勢いをかつて、「公明党」が県議会で初めて1議席を手にしたこと。第2に、農民の政治力を結集しようと「農政連」が登場し、3議席を獲得したことである[(2)]。

県議選の結果を見ると、自民党が意外に振るわず、現有の33議席を維持できなかったばかりか、27議席にまで落ち込んだ。一方、社会党は県南地方で健闘、現有9議席を死守、また共産党も善戦して2議席を堅持した。初出馬の公明党は青森市選挙区で当選者を出し、また農政連も十和田市、青森市、および南郡で全員が当選し3議席を確保するなど、県政に新しい風を吹き込むことになった。なお、無所属系の議員は9議席に留まった。

新旧別では、現職30人に対して新人が16人で、結果的に、自民党や社会党の大物クラスが落選の憂き目をみた。投票率は75.22%に留まり、戦後最低といわれた前回の県議選をさらに下回った。その背景として、天候がよく行楽に足を奪われたこと、出稼ぎ者の増大、および候補者の顔ぶれの固定化などが挙げられる[(3)]。

自民党が27人当選したことで、竹内俊吉知事は県政与党の座を堅持した。ただ、無所属当選者の中から4人が自民党に入ると見られ、同党所属の議員は最終的にはほぼ変わらず、30前後の議席に落ち着くもの、と思われる。

招集された臨時県議会の「組織会」を前に、無所属議員で構成する「新青会」と農政連が合併し、4月27日に新会派「青風会」を結成した。組織会の焦点は正副議長の人事で、最終的に、議長には当選5回目の自民党の寺下岩蔵（八戸市選出）を、また、副議長には、当選3回目で同じく自民党の秋田正（五所川原市選出）を選んだ[(4)]。

2、1971年県議選の概要

すでに述べたように、7回目の県議選は、1971年4月11日に投開票された。全国の投票率が新記録を残したのとは逆に、本県の場合、史上最低の投票率に終わったのは残念であった。もちろん、投票率の高低と政治意識の高低とは必ずしも比例はしない。しかし、その比較的少数の中に選挙違反と絡んだ票があるとすれば、問題である。また後述するように、本県では選挙直後に、公職選挙法違反で何人かの当選者に対し家宅捜査が行われた[(5)]。

県議選で有権者が示した判断は、自民党を27議席に減らす一方で、社会党は現状維持の9議席、共産党は2議席、また公明党は初進出で1議席、同じく初進出の農政連は3議席、そして無所属が9議席という結果であった。

今回の県議選での大きな特徴は、①米の減反問題―稲作農業が揺れ動いている中で、県農政連が3人の公認候補者を擁立し、全員当選で目的を達成したこと、②社会党が10選挙区に候補者を擁立、このうち6選挙区で新人3人を含めて9人が当選するなど、特に、旧三市（青森、八戸、弘前）では、地域割りと組織割りが成功して全員当選したこと、③公明党が県議選に初議席を確保したこと、④候補者の顔ぶれが固定化しつつある中で、元議長2人、現副議長1人、および元副議長1人が落選して多選を阻止されたこと、そして、⑤共産党が2議席に復活した点などを挙げることが出来る[(6)]。

選挙戦での争点は、津軽地方ではもっぱら米の生産調整が、また県南地方ではむつ小川原巨大開発などで、いずれも県政の将来に大きな影響をもたらす課題であった。だが、県議選の結果を見る限り、これらの課題が有権者にとって主たる選択材料であったとはいいがたい。むしろ党や政策よりも、人物本位の選挙に終始したといえる。何故なら、選挙前から、後援会組織を足場にこまめに支持者とのつながりを大切にした候補者たちが、着実に票を手にして当選してきたからだ[(7)]。

県議選での争点は、有権者にとって極めて身近な問題であったはずだ。それだけに、県民の審判は以前に比べて厳しく、“大物議員”を枕を並べて落選させた一方、他方で新人の進出が目立った。

例えば、三戸郡選挙区では、自民党の元議長で当選6回を数える三浦道雄（52歳）、同じく自民党で現副議長の茨島豊蔵（60歳）が、また自民党で南津軽郡選挙区の当選5回を数える元議長の小倉豊（56歳）が、同じく当選5回を数え、自民党所属で北津軽郡選挙区の元副議長の外川鶴松（67歳）が相次いで落選するなど、大きな番狂わせが生じた[8]。

こうした中で、新人ながら晴れて当選したのは、南津軽郡選挙区で社会党の小田桐健（37歳）、青森市選挙区で公明党の浅利稔（38歳）らである。小田桐は激戦区の南津軽郡で4位に滑り込み、「県議会では揺れる農政にメスを入れ、豊かな農村づくりを目指したい。また大鰐の観光対策にも全力を尽くす」と語った。一方、浅利は青森市で6位に食い込み、「みんな同志が走り回ってくれたおかげです。うれしい。選挙中に訴えた社会福祉の問題を中心に、県民のしあわせと期待にこたえるためがんばります」と喜びを語った[9]。

図表①は、1971年の県議選の当選者、所属会派、および得票数を示したものである。最高得票者は、弘前市選挙区の藤田重雄（無）で1万7,815票を獲得、一方、最低得票者は三沢市選挙区の小桧山哲夫（無）で6,898票に留まった。

＜図表①＞　1971年の県議選の当選者、所属会派、得票数

＊青森市（定員8）		**＊弘前市（定員6）**		**＊八戸市（定員7）**	
大塚英五郎（共）	11,799	藤田重雄（無）	17,815	田名部匡省（自）	11,037
山田寅三（自）	10,518	福島力男（社）	12,648	寺田秀雄（自）	10,689
関晴正（社）	10,282	中村富士男（自）	11,696	寺下岩蔵（自）	9,963
成田芳造（自）	10,268	山内弘（社）	11,375	滝沢章次（無）	9,582
柿崎徳衛（自）	10,047	木村公麿（共）	11,329	中里信男（自）	9,464
浅利稔（公）	9,970	福沢芳穂（自）	10,832	鳥谷部孝志（社）	8,800
名古屋作蔵（農政連）	9,358			佐々木秀文（社）	8,362
渡辺三夫（社）	9,228				
＊黒石市（定員1）		**＊五所川原市（定員2）**		**＊十和田市（定員2）**	
工藤重行（自）	9,538	櫛引留吉（自）	8,232	苫米地正義（自）	7,371

秋田正(自)　7,544

国分有(農政連)　7,102

＊三沢市(定員１)

小桧山哲夫(無)　6,898

＊むつ市(定員１)

菊池渙治(無)　11,021

＊東津軽郡(定員２)

小野清七(自)　8,433

船橋祐太郎(社)　7,588

＊西津軽郡(定数３)

脇川利勝(自)　13,791

石田清治(自)　11,523

神四平(自)　10,916

＊南津軽郡(定数４)

木村守男(農政連)　12,291

今井盛男(自)　9,872

佐藤寿(自)　9,577

小田桐健(社)　9,280

＊北津軽郡(定数３)

花田一(無)　8,275

原田一實(自)　8,037

木村章一(無)　7,636

＊上北郡(定数５)

岡山久吉(自)　9,860

吉田博彦(自)　9,686

工藤省三(無)　8,342

小原文平(自)　7,825

竹内哲夫(無)　7,016

＊下北郡(定数２)

菊池利一郎(自)　8,999

古瀬兵次(自)　8,384

＊三戸郡(定数４)

松尾官平(自)　11,487

工藤清司(無)　8,250

小坂甚義(自)　8,134

野々上武治(社)　7,724

出典：「青森県議会議員選挙」『青森県選挙管理委員会』

https://www.pref.aomori.lg.jp/soshiki/senkan

３、1971 年県議選の課題

今回の県議選について、『東奥日報』は「社説：県議選を顧みて」の中で、その特徴を次のように述べている。

「県議選は今回で戦後７度目だが、今回の県議選についてはいくつかの特徴がある。その第１は自民、社会、共産、公明、民社の５大政党がそれぞれ候補を立てたほかに、自民党農政にあきたらない農業関係者が、新たに農政連を結成、議席確保を目指したことである。

こんどの県議選のもう１つの特徴は、少数激戦であったことだ。その結果、１万票以上の得票者は 51 人の当選のうち 19 人を数えている。……最高得票数は１万７,000 余票で、県議選も１万票時代に突入した感がある。

第３に新人の登場である。政治には新陳代謝が欠かせない要素だが、今回は少数激戦であり、現役陣の厚いカベを新人がどう突破するかが注目されていた。結果は16人の新人と５人の前元組が返り咲いた。落選した現役陣には議長、副議長経験者や古参議員が多かったが、経歴や肩書よりも、実績を重くみる有権者の新しい傾向の芽生えをここに感じることが出来る」[10]。

『陸奥新報』もまた、「社説：新県議諸公に強く要望するもの」の中で、次のように課題を指摘した。

「まず何としても第1に強く要望し要求することは、本県各地方議会における頂点にあるもの、という自覚をシッカリ持ってほしいことだ。県議会は、そのモデルの点においても、品位の点においても、行政審議の深さ、積極性の点においても、各市町村議会の完全な手本であってほしいのだ。……

第2に強く要望することは、あなた方が在任する4年間というものは、農業県青森が米の生産調整をめぐる最も苦難の時期であり、それだけにまた70年代後半からの、新しい農業県確立のための陣痛期でもあるということだ。あなた方は一人残らず、今回の選挙において各自それぞれに、農業問題に対する公約を中心に据えて、有権者と堅い約束をした。公約は決して、ただ当選するまでの飾り物ではないはずだ。真に有権者の信託に応える誠意と努力とで、米の生産調整の円滑な推進と、新しい農業構造の確立に全力を投じてほしい」[11]。

既述のように、県議選は終了し、新たに51人の議席が確定した。投票結果から今回の選挙を分析するならば、特に目につくのは政党の票獲得運動が、共産党を除いて停滞しており、しかも、自民党の勢いが低下したことだ。

1971年の県議選では、有権者数が増大した中で、投票率の方は戦後最低を記録した。そのため、投票総数は前回（1967年4月）よりも3万6,000票増の70万3,000票に留まった。それでは、この票を各党がどのように分け合ったのであろうか？

自民党は36万4,400票、社会党は10万6,400票、民社党は5,900票、公明党は9,900票、共産党は5万400票、農政連は2万8,700票、無所属は保守系が10万9,700票、そして革新系が2万200票獲得した。

前回に比べると、無所属はほぼ変わらず、共産党は2万票も増加した。これに対して、自民党は9,800票、社会党は2,400票減であった。政党関係者たちの中には、たかだか1万票以内の落ち込みでないかという意見もある。しかし、自民党の場合、最下位当選者と紙一重の差で現役が次点で落選した事例が15選挙区のうち8選挙区もあり、社会党も上北郡では現役がわずか38票差で連続当選を阻まれた。その意味で、投票総数の増減が、党勢低下に大きな影響力を与えた、といってよい[12]。

４、おわりに

県議選は終了し新しい県議が決まり、当選者たちは決意も新たに抱負を披露した。県議は有権者の負託に応えて公約の実現に邁進して欲しいと願うばかりである。しかし、その一方で、今回もまた多くの選挙違反者が続出し、候補者の自宅まで捜索が入り、選挙違反者の摘発が行われた。特にPTA会長や元小学校校長までが公職選挙法違反で逮捕されるなど世間を驚かせた。例えば、『陸奥新報』には次のような報道が見られる。

「鯵ヶ沢署は４月14日早朝、深浦町関字栃沢、深浦町連合PTA会長、漁業従事の運動員（46歳）と同町岩坂字長谷野、元小学校校長、無職運動員（62歳）の２人を公職選挙法違反の疑いで逮捕した。警察当局の調べによると、２人は共謀で去る７日午後３時頃、岩崎村岩崎の部落民数十人を酒やさかなでもてなし、脇川利勝候補（当選）への投票を依頼したのだ」(13)。

1971年の県議選は選挙の年といわれ、最初の統一地方選として、告示前に初めて県警、青森地検、および県選管が「明るい選挙推進協議会」を設置して関係者合わせて明正選挙を推進するなど県全体が総力をあげて“白バラ選挙”を目指した。だが、選挙戦に入ると、現職、新人、および元県議が入り乱れ、多数の新人台頭が示すように、少数激戦で予断を許さぬ情勢となった。そのため、各候補者は激しい選挙運動を展開、近年にない悪質な選挙違反者が続出した。ことに、青森市と津軽地区が選挙違反者の大半を占め、現金を有権者にばらまくという事犯が多く生じた。県議選違反の特徴として、悪質違反者には当選した候補者の運動員が多く、当選者自身が激戦で勝利するために、多額の“カネ”を使用していたことが明らかにされており、まことに遺憾な事態であった(14)。

≪注≫

(1)『デーリー東北』1971年４月12日。
(2)『青森県議会史　自昭和46年～至昭和49年』〔青森県議会、1987年〕、14～15頁。
(3)同上、15頁。
(4)議長候補は、６期当選の小坂甚義（三戸郡選出）と５期当選の寺下岩蔵（八戸市選出）の南部同士の争いとなった。しかし調整の結果、「最初に議長に就任するものは来年６月の定例会まで、次は1973年12月の定例会まで、残り１年半は白紙とする」で妥協が成立、寺下が最初に議長を務めた。ただ、これについては、県民からまたしてもタライ回しかとの批判の声が上がった（『東奥年鑑　昭和46～47年版』〔東奥日報社、1971年〕、70頁）。

(5)『デーリー東北』1971年４月13日。
(6)『陸奥新報』1971年４月12日。
(7)同上。
(8)『東奥日報』1971年４月12日。
(9)同上。
(10)同上、1971年４月13日。
(11)『陸奥新報』1971年４月12日。
(12)同上、1971年４月13日。
(13)同上、1971年４月15日。
(14)同上、1971年４月14日。

第8章、1975年の県議会議員選挙

＜目次＞

1、はじめに

1975年初頭、三木武夫首相は国民の政治不信解消を公約し、政治資金規正法改正と独占禁止法の成立を目指した。前者は成立した一方で、後者は審議未了に終わった。青森県では、任期満了に伴う知事選が2月2日に行われ、現職の竹内俊吉知事が4選を果たし、「保守大国」の強さを誇示した。

統一地方選挙の前半のハイライトとして注目された、戦後8回目の県議選は1975年4月13日に投開票が行われ、52人の新しい県議が決まった。今回の県議選には、都合88人が立候補し、競争率は1.7倍と過去最低であった。ただ、投票率の方は76.33%と前回（75.22%）をわずかながら上回った。選挙戦での争点は、地方財政、福祉、物価、および教育などが中心で、激しい政策論争が展開された[(1)]。

選挙結果は、自民党39、社会党7、公明党2、共産党1、および無所属が3議席であった。今回の県議選の特色は、自民党が大幅に議席を増大させた一方で、27年ぶりの女性議員＝小倉ミキ（共産党）が当選し、また若干28歳の若手の大島理森（無所属、後に自民党入り）も初当選を果たし話題を呼んだ[(2)]。

新旧別では、現職35人に対して、新人12人が進出した。前回の県議選では、元議長2人、現職副議長1人が落選するというアクシデントに見舞われた。しかし、今回は、大物議員の落選はなく、反対に元議長の三浦道雄（自民党）が三戸郡選挙区において最高得点で返り咲くなど、全体的に保守勢力、ことに現職陣は強く変わりばえのしない顔ぶれに落ち着いた[(3)]。

自民党は県議選での圧勝を背景に、5月10日に招集された臨時県議会の「組織会」で、野党の要求を無視し、正副議長はもとより、常任委員会の全委員長ポストを全て独占。また議長候補について密室での協議を行い、3人の議員で

4年の任期を分け合うことで決着した。その結果、議長には自民党の当選6回で弘前市選出の中村富士夫（67歳）を、また副議長には、同じく自民党で当選3回の三戸郡選出の松尾官平（48歳）を選んだ[(4)]。

2、1975年県議選の概要

すでに冒頭でも述べたように、1975年4月13日に行われた県議選では、新たに52人の県議が誕生した。当選者の内訳は、自民党39、社会党7、公明党2、共産党1、および無所属3議席であった。選挙結果は、与党自民党の圧勝に終わり、野党は公明党が議席を倍増した以外、社会党が改選前の9議席を下回り、共産党も議席（改選前2議席）を減少させるなど不振な成績に終わった。

次に、各政党の結果を分析する。

県議選には、自民党は45人を擁立、最低40人の当選者を目指した。実際、39人の当選でほぼ目標を達成した（その後、無所属の大島が入党し40人）。前回（1971年）は、27人の当選で辛うじて過半数を維持した。だが自民党は、その時とは比較にならない程の強みを発揮し、保守勢力の底力を示した。得票率を見ると、自民党は61%で、前回の51.8%を大幅に増大させ、同党の強気ともいえる多数公認が功奏した形となった、といってよい[(5)]。

これに対して、社会党は全く伸び悩み停滞した。得票率は前回と同じく15%を確保したものの、青森、八戸の両市選挙区では乱立傾向で、また有利な条件を生かせなかった上北郡選挙区で敗退するなど作戦上のミスが目立った。社会党は16人を擁立したが7人の当選に留まり、前々回の11人、前回の9人を下回った。単に労組依存のみの片肺飛行では、選挙での飛躍が難しいことを示した[(6)]。

公明党は現有1人から2人へと増大、躍進した。得票率は4.5%で前回の1.4%の3倍に達し、党組織の手堅さが示された形となった[(7)]。

共産党は10人を公認、現有2人の倍増を狙った。だが、倍増どころか弘前市選挙区で現職の木村公麿を次点で失った。得票率も前回の7.16%から6.85%に下降し、活発な日常活動と機関紙活動にもかかわらず、ムードがうわ滑りしていることを示した。ただ、同党の女性県議候補は当選し、久しぶりに女性県議が誕生した[(8)]。

1975年の県議選で特筆されるのは、上で述べたように、27年ぶりに女性議員が登場したことであろう。その人は、共産党で青森市選挙区に立候補した小倉ミキ（45歳）である。選挙直前になって候補を1人に絞り、女性の浮動票を集める作戦が功奏し、1万416票を獲得して定数9中第6位に滑り込んだ。

戦後2人目の女性県議に当選した小倉は、次のように抱負を語った。

「婦人週間中の婦人の私が県民の支持を得て当選したことは、本当にうれしい。街頭でも訴えたように、乳児死亡率全国一、出稼ぎしなければ生活できない農村の人たち。これは中央直結の竹内県政の欠陥であると思う。こうした問題を婦人の立場から1つ1つ解決するための努力をしたい。とにかく、青い空、青い海を守り、住みよい郷土をつくるためにがんばりたい」[(9)]。

八戸市選挙区においては、無所属で若干28歳の大島理森が1万1,182票を獲得して第2位に食い込んだ。県内では最年少県議の誕生で、晴れて当選を果たした大島は次のように抱負を語った。

「選挙民は既成の政治家にあきている。本当の政治哲学を求めている。そういう意味で私には公約は必要なかった。これから政治家としてやらなければならないことは真の対話だ。たった1人でもやる。見ていてください」[(10)]。

図表①は、1975年の県議選での当選者、所属会派、および得票数を示したものである。最高得票者は、弘前市選挙区の藤田重雄（自）で1万5,657票を獲得、一方、最低得票者は、下北郡選挙区の古瀬兵次（自）で7,634票に留まった。

＜図表①＞　1975年の県議選の当選者、所属会派、得票数

＊青森市（定数9）		＊弘前市（定数6）		＊八戸市（定数8）	
浅利稔（公）	13,920	藤田重雄（自）	15,657	高橋長次郎（自）	12,076
関晴正（社）	12,761	福沢芳穂（自）	13,096	大島理森（無）	11,182
山内和夫（自）	11,731	中村富士夫（自）	11,768	照井善朝（公）	10,697
毛内喜代秋（無）	10,956	斉藤篤意（自）	11,461	中里信男（自）	10,579
高橋弘一（自）	10,443	山内弘（社）	11,162	滝沢章次（自）	9,223
小倉ミキ（共）	10,416	福島力男（社）	10,145	川村喜一（自）	9,122
成田芳造（自）	10,397			野沢剛（自）	8,749
和田耕太郎（社）	9,632			鳥谷部孝志（社）	7,666
山田寅三（自）	9,051				
＊黒石市（定数1）		＊五所川原市（定数2）		＊十和田市（定数2）	
鳴海弘道（自）	11,567	櫛引留吉（自）	10,238	江渡誠一（自）	11,666

秋田正(自)　8,618

丸井英信(自)　7,907

＊むつ市(定数１)

杉山粛(無)　12,139

＊東津軽郡(定数２)

小野清七(自)　8,691

船橋祐太郎(社)　7,702

＊西津軽郡(定数3)

石田清治(自)　12,558

神四平(自)　11,593

脇川利勝(自)　9,782

＊南津軽郡(定数４)

木村守男(自)　14,227

佐藤寿(自)　11,901

今井盛男(自)　11,283

小田桐健(社)　9,556

＊北津軽郡(定数３)

花田一(自)　11,453

原田一實(自)　9,751

木村章一(自)　8,700

＊上北郡(定数４)

工藤省三(自)　11,463

小原文平(自)　10,616

吉田博彦(自)　10,417

中谷権太(自)　9,577

＊下北郡(定数２)

菊池利一郎(自)　8,029

古瀬兵次(自)　7,634

＊三戸郡(定数４)

三浦道雄(自)　10,934

松尾官平(自)　9,869

工藤清司(自)　8,449

小坂甚義(自)　8,315

＊三沢市(定数１)

小桧山哲夫(自)　無投票当選

出典：「青森県議会議員選挙」『青森県選挙管理委員会』
https://www.pref.aomori.lg.jp/soshiki/senkan

３、1975年県議選の課題

今回の県議選の結果を踏まえて、『東奥日報』は「社説:新県議会議員に望む」の中で、新県議に次のように要望している。

「県民が真に求めているものは何か。それは“人間性の重視”と“生活安定”の施策であろうが、そこには政党本位の“中央との直結”や“中央との対決”という姿勢では解決されない問題も多い。このさい、公約は公約として、県民がいちばん望んでいるものはなにかを見極め、その実現に努めてほしいと思う。……

願わくは、今度当選した議員たちは、“投票は弾丸よりも強い”という、その重みをかみしめ、県民全体の奉仕者としての日常活動を続けてほしい」(11)。

同じく『陸奥新報』もまた、「社説：県議会員の選挙を終えて」の中で、新しく選出された県議たちに、次のような注文をつけている。

「新議員にまず望みたいことは、向こう４年間、県民の代表者たるべき任務の重さを知ってもらいたいということである。衆院議員と異なり、県議には任期途中の解散はない。つまり、よほどの“変事”がない限り向こう4年間の任期中、議員としての人格が保証されるわけである。したがって、新議員たるもの、任期中にその与えられた権限を活用し、県民の期待を裏切らない県議会議員の任務をまっとうしてもらいたい。……

次に望みたいことは、県議会は他の地方自治体議会の範たるべき存在であって欲しい。……さらに望みたいのは、新議員は、つねに県政上の問題点を勉強してもらいたいことである」[12]。

『デーリー東北』は今回の県議選の結果を振り返り「時評：新県議の良識に期待」の中で、革新陣営の課題と無投票当選の弊害を指摘している。

「この選挙を見る限り、青森県ではまだ革新が県民の間に深く根を下ろしておらず、他県にみられるような多党化現象もまだ先のようである。こうしてみると、青森県における政治意識は、革新陣営に1部の乱立があったにしても保守の体質から脱却しておらず、自民の圧勝を許したといえよう。

今回の選挙のもう1つの特徴として、まず三沢市で戦後の県議会史上初の無投票当選が実現したことである。基地の街・三沢という特異な性格を持っている地区で、革新陣営が1人の候補者も出せずに自民の独走を許したことは、革新の持つ体質のひ弱さ、日常活動の不足を露呈したものでなかったろうか」[13]。

1975年の県議選でも、前回と同じく選挙違反で逮捕者を出した。統一地方選挙の前半が終わり、本格的な選挙違反の摘発が開始された時点で、『陸奥新報』は「社説：悪質な選挙違反の徹底追及」の中で、次のように有権者の姿勢を批判している。

「本県でも14日早朝から本格的な摘発に入り、候補者宅を含む8ヵ所の家宅捜査、運動員50人を取り調べ、逮捕者は14、15の両日で18人も出た。……

今回の選挙で目立ったのは事前運動の激しさであった。事前運動とはなにか、となると公職選挙法で認められている選挙の準備行為と、はっきりした違反行為のけじめはつきかねる場合が多い。そこで、“盲点”をついた行動が目にあまるものがあった。……

第2に、選挙に便乗して、候補や選挙運動員の違反行為を助長している有権者のいるのも問題だ。“選挙に金や酒はつきもの”と、あえて要求する有権者がいたのでは、明るい選挙は望むべくもない。地方自治は選挙から始まるのだが、汚い選挙は、明るい明日の自治を築くための最大の障害なのである」[14]。

4、おわりに

1975年4月の県議選は何かと話題が多かった。例えば、政党色を強くした少数激戦、県議選史上初の無投票当選、8年ぶりの女性候補者の出現、さらに“声高頭低”やイメージ戦術などである。

まず女性議員の久方ぶりの誕生である。青森市から2人の女性候補者が出馬して、社会党の建部玲子(34歳)は7,998票獲得したものの、次点第2位で落選。それに代わり、共産党の小倉ミキ(45歳)が当選した。小倉の場合、党の組織、組合、文化活動、および画家・今純三の二女とそろえば、当選はある意味で当然であった。また議長経験者の当選、これが話題になるのは、議長を経験した“大物”議員が涙をのんだ過去があったからだ。

ともあれ、選挙の主役は有権者であるはずなのに、当選してしまうと、主役が誰かを忘れる議員＝“先生”も多い。しかし、有権者はそのような議員の態度をよく見ており、次回の選挙の時に、逆襲を受けることも少なくない。新議員たちはこの点を留意すべきである(15)。

≪注≫

(1)『東奥日報』1975年4月14日、1974年10月17日、人口増で県議の定数は52人となった。
(2)『東奥年鑑　昭和51年版』〔東奥日報社、1975年〕、173、182～183頁。
(3)『青森県議会史　自昭和50年～至昭和53年』〔青森県議会、1989年〕、3～4頁。
(4)前掲書『東奥年鑑　昭和51年版』、173頁、『青森県議会史　自昭和50年～至昭和53年』、97頁。
(5)『デーリー東北』1975年4月15日、『東奥日報』1975年4月14日(夕)、『陸奥新報』1975年4月15日。
(6)『デーリー東北』1975年4月15日、『東奥日報』1975年4月14日(夕)。
(7)同上。
(8)同上。
(9)『陸奥新報』1975年4月15日。
(10)『東奥日報』1975年4月14日。
(11)同上。
(12)『陸奥新報』1975年4月14日。
(13)『デーリー東北』1975年4月14日。
(14)『陸奥新報』1975年4月16日。
(15)「天地人」『東奥日報』1975年4月14日。

第9章、1979年の県議会議員選挙

＜目次＞

1、はじめに

1979年の青森県においては、各種の選挙が続いた。10月の衆議院総選挙では、自民党5人、社会党1人、共産党1人が当選。また2月の知事選では、前副知事の北村正哉が勝利し、続く4月の青森市長選でも、保守・中道勢力が推す工藤正が当選、保守勢力が県都を奪回した。

戦後9回目の県議選は1979年4月8日に投開票が行われた。当初52人の定数に対して77人が立候補、競争率は過去最低の1.48倍であった。ただ、このうち北津軽郡において、定数3人が無投票当選となり、その結果、49議席をめぐって74人が競うことになり、最終的に1.51倍という過去最低の競争率に終わった。なお、投票率の方は76.20%で、これも前回を0.13%下回った(1)。

この年の県議選の最大の特色は、自民党が改選前の39議席から34議席に後退したこと、また、新自由クラブが新たに1議席を獲得したことである。野党陣営は、社会党が6議席と横ばい、共産党2議席、公明党1議席、そして無所属8議席という結果に終わった。こうして県政界は、いわゆる「5大政党の時代」を迎えることになった(2)。

今回は大物議員たち、すなわち、社会党県委員長の山内弘（弘前市選出）、自民党で副議長の成田芳造（青森市選出）が落選するという番狂わせが生じた。その一方で、社会党の建部玲子（青森市）が当選し、女性議員は共産党の小倉ミキ（青森市）と併せて2人となった。なお、十和田市では、前市長から県議選に打って出た中村亨三（10,782票）が僅かに1票差で江渡誠一（10,783票）に敗退、県議選史上めずらしい事例であった(3)。

第71回臨時会が県議会の「組織会」を兼ねて5月11日に招集。正副議長には、自民党で五所川原市選出の秋田正（67歳）、同じく自民党で八戸市選出の滝沢章次（45歳）を選んだ。なお、無所属で当選した中で4、5人が自民党に入党する予定で、自民党は最終的に38ないし39人となり、選挙前の勢力を維持することになる。ちなみに、今回の県議の平均年齢は、52.8歳であった[(4)]。

2、1979年県議選の概要

既述のように、戦後9回目の県議選は、1979年4月8日に県内15の選挙区で行われた。その結果は、自民党34、社会党6、共産党2、公明党1、新自由クラブ1、および無所属8議席という配置となった。

自民党は、候補者を40人擁立して厳選態勢で臨み、北津軽郡をはじめ7選挙区で議席を独占したものの、予想外に伸び悩んだ。ただ、下北郡では当選7回で県議会最長老の古瀬兵次、三戸郡の三浦道雄が8回目の当選を飾り長老クラスの健在ぶりを示した。

十和田市では、自民党現職2人に前市長が挑戦、丸井英信が抜け出し、残る1議席を江渡誠一が10,783票を獲得して当選、わずか1票の差で前市長の中村亨三を振り切り、薄氷を踏む勝利であった。なお、青森市でも、自民党候補を3人に絞りながら、現職副議長の成田芳造が落選するといった番狂わせがあった。その他に、三沢市でも現職の林肇が、またむつ市でも自民党公認の川下八十美が敗退した。

確かに、自民党は前回の39議席を死守できず、34議席にとどまった。だが、選挙後、公認候補もれとなっていた鳴海広道（黒石市）、太田定昭（南津軽郡）、宮下春雄（むつ市）、および鈴木重令（三沢市）の4人の入党を認めて、38議席となり県議会で多数派を堅持した[(5)]。

野党は、社会党が候補者を10人に絞って戦った。しかし、県委員長の山内弘（弘前市）が落選し、初当選した婦人候補・建部玲子（青森市）の喜びも薄められてしまった。公明党もまた、県本部副委員長の照井善朝（八戸市）を失い1議席に後退。共産党は4人を公認、前職の木村公麿（弘前市）が返り咲き、4年ぶりに2議席を確保。新自由クラブは、森内勇（前青森市議）を擁立して1議席を得た[(6)]。

無所属は現職2人を含めて18人が出馬、青森市選挙区から立候補した白鳥揚士が32歳の若さと父・白鳥大八の地盤をバックに当選。また、弘前市役所の元農林部長・黒滝秀一が、新自由クラブから推薦をうけて当選を果たした[(7)]。

今回の県議選で社会党から立候補して初当選した建部玲子は、次のように抱負を語った。

「特に子供や老人に日のあたる政治を一と心掛けていきたい。ただ、県議会の実情は自民党の圧倒的多数により、庶民の声を代弁するわれわれの主張がなかなか通らない。この実態をどう県民に知らせていくのか、また、県政の中でこの状況とどう戦っていくか―。勉強することは山ほどあります」。

一方、白鳥揚士は、自民党の公認を得ることが出来ず無所属で出馬、苦戦しながら当選した喜びを次のように語った。

「政治に関心ある人が大勢います。この人たちが、政治に参加できるように手を差し伸べたい。これからは地方主義、地方自治体の原点に戻って、住民とアグラをかいて話し合いをしていきたい」。

また、弘前市役所の農林部長を務めた黒滝秀一は、次のように語った。

「これからの私の仕事は津軽県民の所得を上げること。県南のむつ小川原開発に対して津軽総合開発を推進していく」[8]。

図表①は、1979 年の県議選で当選した人の氏名、所属会派、および得票数を示したものである。今回の県議選での最高得票者は、青森市選挙区の高橋弘一（自）で１万 6,096 票を獲得し、一方、最低得票者は、むつ市選挙区の宮下春雄（無）で 6,648 票で当選した。

＜図表①＞　1979 年の県議選の当選者、所属会派、得票数

＊青森市（定数９）

氏名	得票数
高橋弘一（自）	16,096
和田耕十郎（社）	13,109
山内和夫（自）	12,548
小倉ミキ（共）	12,508
毛内喜代秋（無）	11,949
浅利稔（公）	11,844
白鳥揚士（無）	11,382
森内勇（新自）	10,866
建部玲子（社）	10,388

＊弘前市（定数６）

氏名	得票数
黒滝秀一（無）	14,685
藤田重雄（自）	14,396
福島力男（社）	12,625
木村公麿（共）	12,188
斉藤篤意（自）	11,830
福沢芳穂（自）	10,769

＊八戸市（定数８）

氏名	得票数
中里信男（自）	13,030
高橋長次郎（自）	12,952
金入明義（自）	12,137
大島理森（自）	11,976
滝沢章次（自）	9,976
大沢基男（自）	9,469
野沢剛（自）	9,358
鳥谷部孝志（社）	8,567

＊黒石市(定員１)

鳴海広道(無)　13,631

＊むつ市(定員２)

杉山粛(無)　10,338

宮下春雄(無)　6,648

＊西津軽郡(定員３)

石田清治(自)　12,845

神四平(自)　12,467

脇川利勝(自)　10,876

＊下北郡(定数２)

古瀬兵次(自)　8,420

菊池利一郎(自)　7,518

＊北津軽郡(定数3)

花田一(自)　無投票当選

原田一實(自)　無投票当選

木村章一(自)　無投票当選

＊五所川原市(定数２)

秋田正(自)　8,976

櫛引留吉(自)　7,831

＊三沢市(定数１)

鈴木重令(無)　11,326

＊南津軽郡(定数４)

今井盛男(自)　13,831

太田定昭(無)　10,105

佐藤寿(自)　9,876

小田桐健(社)　8,477

＊上北郡(定数４)

工藤省三(自)　14,334

吉田博彦(自)　13,733

中谷権太(自)　13,129

小原文平(自)　11,077

＊十和田市(定員２)

丸井英信(自)　11,742

江渡誠一(自)　10,783

＊東津軽郡(定数２)

小野清七(自)　10,114

船橋祐太郎(社)　8,572

＊三戸郡(定数3)

松尾官平(自)　14,735

工藤清司(自)　13,018

三浦道雄(自)　12,011

出典：「青森県議会議員選挙」『青森県選挙管理委員会』
https://www.pref.aomori.lg.jp/soshiki/senkan

『東奥日報』は「社説：県議選を顧みて」の中で、1979年の県議選の特徴について次のように論じた。

「その第１は、各政党が“守りの選挙”に徹したことが少数激戦となったことである。……各政党がなぜ“守りの選挙”になったかについては、いろいろな見方があるが、その最大の理由は選挙に金がかかり過ぎるようになったからである。カラフルな服装などで統一したり、シンボルマークを作ったり、視覚に訴えるいろいろ派手な作戦がとられるようになった。また運動員を動かすにも莫大な資金が必要になった。このため各政党とも候補者を絞らざるを得なくなったというわけである。

第2の特徴は、各政党が候補者を厳選することによって県政を担当している自民党と社会党はじめ野党各党との間に、争点のはっきりした政策を展開されるのが普通だが、現実には政策論争よりも、深刻な自民党同士の内戦という形が随所に見られた。これは本県の選挙の実態が依然として地盤や血縁に頼る村落型の選挙が行われているからである」(9)。

3、1979年県議選の課題

県議選が終了すると同時に、地元紙は一斉に県議の課題を指摘した。例えば、『デーリー東北』は「時評」の中で、新しい議員に次のように責務を自覚するように訴えている。

「新しく選ばれた議員が当面する県政は、多くの課題を抱えている。これらの課題を解決し県政の発展を図るためには、まずもって青森県全体としてどのような施策を実施すべきか考えることであろう。もちろん、各議員とも県内15の選挙区から選ばれ、その地域の代表という性格をもっている。その性格上選挙区利益のために力を注がねばならないことであろう。その場合でも、県全体からみてそれが正しいのかどうかを冷静な目で判断して行動することが必要である。決して地域エゴの代表であってはならず、時によっては地域エゴを抑える説得者としての働きもしなければなるまい。常に青森県という大きな土俵に上がっていることを忘れないで、議会活動に励んでもらいたい」(10)。

『東奥日報』もまた、「社説：新しい県議に望む」の中で、新議員に次のように訴えた。

「今回の選挙にあって、自民党候補から“中央直結の政治”が叫ばれたが、地方政治がとかく中央の下請け政治になりがちなのは残念なことである。知事も自民党、議会も自民党が絶対多数を誇る県政会では、特にその弊なしとしない。中央直結政治には、そうならざるを得ない財政上の理由もあるのだが、地方自治は地域住民の、住民による、住民のための、国とは別個の独立した機関であって、政府の出先機関でないことを忘れてもらっては困るのである。

この点、議員は地元住民との結びつきが密接で、地元代表的性格を持っていて、執行機関と地元住民との橋渡し役を求められているので、住民の声をしっかりと反映させるよう努めて欲しいと思う」(11)。

いつものことであるとはいえ、今回も県議選で選挙違反が大量に生じて逮捕者が出た。例えば、『東奥日報』の４月９日付の朝刊には、次のような見出し記事が見られる。

“50人取り調べ、けさ、一斉摘発”。また翌日の４月10日付の朝刊には、“運動員ら11人逮捕―県議選違反”、“買収、酒食供応で頼む、落選の中村哲派など”(12)。

また『陸奥新報』の４月10日付の報道では、“県議選違反11人逮捕、県警、運動員ら一斉摘発”との見出し記事が見られる。同紙の「冬夏言」欄には、「またも踏みにじられた“白バラの願い”。県議選の違反を摘発。11人逮捕。上層部への発展は必至」とあり、続いて、「津軽選挙への歯止めをかけようと、選管が五所川原市に現地対策本部を設置。火に油の逆効果の心配も」、と選挙違反防止の課題を指摘した(13)。

４、おわりに

本論の冒頭でも述べたように、1979年の県議選では、自民党34人、社会党６人、共産党２人、公明党１人、新自由クラブ１人、および無所属８人が当選した。その後、無所属４人が自民党に入党、38議席となり、配置図は選挙前とほぼ同じようになった。

総じていえば、与党自民党の圧倒的な多数派支配に変わりはない。ただ、こうした状況の中で、女性議員が２人当選し新味を呼んだ。女性議員の数は、東京都と神奈川県が５人、千葉県が３人の他に、１人というのが数県あり、その意味で本県の２人は注目されてよいだろう。県議会での女性議員の活躍を期待したい(14)。

既述のように、新議員の平均年齢は52.8歳で、1959年の改選時の54.6歳に次いで高かった。平均年齢が高いということは、それだけ経験豊富な人材が集まったといってもよい。ただ、問題は青森市選挙区のように若い層を選出したところと、弘前市選挙区のように年齢が高いところというように、バラツキがあることだ。

この年の県議選では、新人議員はいつになく少ない９人に終わった。新人が多数出馬しやすい環境を整える必要がある。ただ郡部では現職が当選した一方で、市部では新旧交代が目立った(15)。

なお、議長のたらい回しと議員の出席に関して、『デーリー東北』はコラム「天鐘」欄の中で、次のように苦言を述べている。

「新しい選良に臨みたい第一は、この議長たらい回しの廃止である。その次には本会議、委員会への出席率向上を希望したい」[16]。

議長のたらい回しは、毎回みられることとあって極めてまともな注文である。自民党議員たちに猛反省を促したい。

≪注≫

(1)『東奥年鑑　1980年版』〔東奥日報社、1979年〕、181頁、『陸奥新報』1979年４月９日。
(2)同上、『東奥年鑑　1980年版』、45頁。
(3)『デーリー東北』1979年４月９日。
(4)『陸奥新報』1979年４月９日、「社説：県議選を顧みて」『東奥日報』1979年４月10日。
(5)前掲書『東奥年鑑　1980年版』、181頁。
(6)『陸奥新報』1979年４月９日。
(7)『東奥日報』1979年４月９日、『陸奥新報』1979年４月９日。
(8)同上。
(9)「社説：県議選を顧みて」『東奥日報』1979年４月10日。
(10)「時評：新県議は責務の重さを」『デーリー東北』1979年４月９日。
(11)「社説：新しい県議に望む」『東奥日報』1979年４月９日。
(12)同上、４月９日、10日。
(13)『陸奥新報』1979年４月10日。
(14)「社説：県議選を顧みて」『東奥日報』1979年４月10日。
(15)同上。
(16)「天鐘」『デーリー東北』1979年４月９日。

第10章、1983年の県議会議員選挙

＜目次＞

１、はじめに

1983年6月、中央政界では、自民党が参議選で勝利したものの、12月の衆議選では惨敗を喫し、そこで、中曽根康弘首相は、新自由クラブと連立を組んで政権を維持した。一方、青森県では、県知事選、参議院選、青森市長選、および五所川原市長選において、いずれも自民党が勝利を収め、北村正哉知事の下で県政は安定路線を歩むことになった。

こうした状況の中で、戦後10回目の県議選が、1983年4月10日に行われた。定数52人に対して、立候補者は自民党39人、社会党10人、共産党14人、公明党２人、民社党１人、および無所属17人の都合83人で４年前を６人上回り、競争率は1.6倍と激戦であった[(1)]。

選挙結果は、自民党32、社会党７、公明党２、共産党２、民社党１、および無所属が８議席という配置となった。その後、無所属の５人が自民党入りし、自民党は37議席を確保した。結局、公明、民社の中道勢力が健闘して２議席増やした一方で、社会党は現職の県委員長（山内弘）を復帰させたものの、北村正哉知事を支える自民党の安定多数体制に変化はなかった。ただ、正副議長の勇退を軸に新旧交代が促進され、新人15人が当選したのが大きな特徴であった。投票率は73.97％に留まり、前回（1979年）に比べて2.23ポイント落ち込んだ[(2)]。

第73回臨時県議会は5月10日に招集、「組織会」では自民党内で議長のたらい回しをめぐり、長老議員と若手12人の新人議員との間で対立が生じた。だが、最終的には若手議員が押し切った形で、正副議長には、自民党で上北郡選出の当選5回の吉田博彦（60歳）と、同じく自民党で八戸市選出の当選４回の中里信男(54歳)を選出した。なお、自民党は最終的に37議席の陣容となっ

たが、そのうち新人が12人（32.4%）を占めた[3]。

2、1983年県議選の概要

上で述べたように、戦後10回目の県議選は1983年4月10日に行われ、新たに52人の県議が決まった。今回、自民党は元副議長の佐藤寿（南津軽郡）、自民党県連総務会長の木村章一（北津軽郡）、および同副幹事長の山内和夫（青森市）らが落選。現有議席36を4減らし、12人の新人を合わせて32人が当選。その後、無所属の5人が自民党に入党して37議席となり、引き続いて県議会で安定多数を堅持した。

一方、社会党は弘前市で県委員長の山内弘が返り咲き、議席を1つ増やして7議席を確保、長期の低迷状態に歯止めをかけた。また、公明党は八戸市で新人を当選させ、4年ぶりに2議席とした。さらに、民社党は青森市で自民党現職を引きずり降ろし、18年ぶりに1議席を確保。共産党は、各選挙区に候補者を擁立したものの、2議席に留まった。無所属は弘前市選挙区、むつ市選挙区の「清友会」現職コンビを含めて8議席であった[4]。

今回、正副議長の引退に象徴された新旧交代期の県議会には、15人の新人が躍り出た。また、女性は合わせて7人が立候補したものの、当選者は青森市の社会党の建部玲子と共産党の小倉ミキの2人に留まった。女性にとって、県議のイスは依然として、険しい“壁”として立ちはだかっている[5]。

県議選の結果は、事実上、自民党の敗退に終わった、といってよい。というのも、自民党は現職5人が落選、新人12人、元職1人の当選に留まったからである。今回の県議選は、夏の参院選や、予想される衆院選への試金石とみられ、その結果は、さなざまな憶測を呼んだ。選挙戦を通じて、国会議員を頂点とした“派閥の系列化”が進み、また一部に“金権選挙”がはびこった[6]。

『デーリー東北』は「青森県議選を振り返って」と題した記者座談会を行い、その中で県議選の結果を次のように分析している。

＜津軽は三極化＞

ー新たに勢力分野が決まったわけだが、全体的にこれをどう評価すればいいのか。

B　自民党は現職5人が落選したが、保守系無所属を加えると大勢に変化はないという見方が多い。

A　保守王国は相変わらず健在ということか。

A　田澤（吉郎）、竹内（黎一）の２大派閥に木村（守男）がクサビを入れ、３極構造になってきたことか。

＜社党の意歯止め＞

－目を転じて、社会党の戦いぶりをどうみるか。

D　現職６議席を守り、弘前市では山内弘県委員長が返り咲いたことは一応評価できる。

A　元に戻っただけでないのか。

＜「中道」は善戦＞

－公明、民社など中道勢力は善戦したね。

E　公明は八戸市で間山が議席を奪回、青森市でも浅利の日常活動が評価された。須藤（民社）も東北電力の全面的な支援があったものの、予想以上の善戦だ。

＜副議長が問題＞

—気の早い話だが、議長人事はどうなるのか。

C　これは上北郡の吉田博彦（自現）で決まり。むしろ副議長人事が問題だな[7]。

1983 年の県議選では、新人が 15 人当選し、中でも自民党は 12 人の当選者を出し、新風を呼んだ。その新人たちの横顔と喜びの声を紹介しておきたい。

西津軽郡区では、自民党の秋田柾則（50 歳）が当選、国会議員秘書生活 25 年の経験を活かし、初当選を果たした。秋田は長年、竹内俊吉と黎一両衆議院議員の秘書を務め、「念願がかないました。これまでの経験を県政の場で生かしていきたい。これからもみなさんと一緒に歩いていく」、と喜びを語った。

弘前市では、自民党の奈良岡峰一、芳賀富弘の両氏が当選した。奈良岡はまだ 39 歳で、「これからは保守・自民党の本流として、国、県、市のパイプを太くし、津軽の夜明けは 39 歳でつくり上げる」、と力強く宣言した。

青森市選挙区では、民社党の須藤健夫が初当選し、同党は 20 年ぶりに１議席を獲得して健闘した。前回（1979 年）、須藤は初挑戦で１万 22 票獲得したものの、366 票差で次点となり涙をのんだ[8]。

図表①は、1983 年の県議選での当選者、所属会派、および得票数を示したものだ。最高得票者は、八戸市選挙区の中村寿文（無）で、２万 1, 853 票獲得した。最低得票者は、むつ市選挙区の宮下春雄（自）で 6, 352 票。

＜図表①＞　1983年の県議選の当選者、所属会派、得票数

＊青森市（定数９）

氏名	得票数
高橋弘一（自）	17,670
須藤健夫（民）	16,521
白鳥揚士（自）	14,800
浅利稔（公）	14,278
建部玲子（社）	13,234
森内勇（自）	13,084
小倉ミキ（共）	13,015
毛内喜代秋（自）	12,304
和田耕十郎（社）	11,444

＊弘前市（定数６）

氏名	得票数
山内弘（社）	15,319
福島力男（社）	12,578
黒滝秀一（無）	12,088
奈良岡峰一（自）	10,858
木村公麿（共）	10,698
芳賀富弘（自）	10,639

＊八戸市（定数８）

氏名	得票数
中村寿文（無）	21,853
中里信男（自）	15,551
高橋長次郎（自）	12,713
間山隆彦（公）	10,881
金入明義（自）	10,024
野沢剛（自）	10,020
鳥谷部孝志（社）	9,420
滝沢章次（自）	9,132

＊黒石市（定数１）

氏名	得票数
鳴海弘道（自）	14,569

＊五所川原市（定数２）

氏名	得票数
櫛引留吉（自）	10,594
成田守（無）	9,140

＊十和田市（定数２）

氏名	得票数
丸井彪（自）	13,761
田中三千雄（自）	11,312

＊三沢市（定数１）

氏名	得票数
鈴木重令（自）	12,016

＊むつ市（定数２）

氏名	得票数
杉山粛（無）	9,464
宮下春雄（自）	6,352

＊東津軽郡（定数２）

氏名	得票数
小野清七（自）	8,243
船橋祐太郎（社）	7,599

＊西津軽郡（定数３）

氏名	得票数
冨田重次郎（自）	15,456
秋田柾則（自）	13,018
石田清治（自）	12,453

＊南津軽郡（定数４）

氏名	得票数
清藤六郎（無）	13,515
太田定昭（自）	13,428
小田桐健（社）	12,533
今井盛男（自）	11,752

＊北津軽郡（定数３）

氏名	得票数
成田一憲（無）	11,295
原田一實（自）	10,923
長峰一造（無）	10,806

＊上北郡（定数４）

氏名	得票数
工藤省三（自）	16,602
小原文平（自）	13,722
吉田博彦（自）	11,000
中谷健太（無）	9,440

＊下北郡（定数２）

氏名	得票数
菊池利一郎（自）	9,762
古瀬兵次（自）	8,858

＊三戸郡（定数３）

氏名	得票数
三浦道雄（自）	13,654
沢田啓（自）	13,159
上野正蔵（自）	13,024

出典：「青森県議会議員選挙」『青森県選挙管理委員会』

https://www.pref.aomori.lg.jp/soshiki/senkan

3、1983年県議選の課題

県議選が終わった段階で、マスコミは一斉に社説などで新議員に望みたい点を、指摘している。まず『東奥日報』は、次のように論じた。

「ところで今回の県議選を振り返ってわれわれ県民は何を学んだか、少しく考えてみたい。まず挙げられるのは自民停滞の兆しだろう。県議会定数52のうち、61%を占めて32人が当選した。県政界での自民の圧倒的な優位は4議席減ったからといって動かない。しかし肥大化してやまぬ自民独走を、県民は投票をもって阻止したのであるまいか。独走がとかく独善に陥りがちなことを県民は見抜き、警戒信号を送ったものと解釈したい。……しかし県議はあくまでも県勢振興のため、県民の負託に応えることが最大の役目だ。……これらの諸問題を県民の立場に立って解決していくのが県議の仕事である。時には“中央直結”を必要とする場合があるかもしれないが、基本的には県民のよりよい暮らしのため働くのでなければ県議としての意味はない」(9)。

次いで、『陸奥新報』もまた「社説:県勢発展で新県議会議員に望む」の中で、次のように要望した。

「新県議にまず望みたいことは、今、県民が県政に何を期待し、何を願っているかである。その要望を素直に受け止め、県議としての自覚を認識して責務を果たしてもらいたいものである。特に初当選の県議に対しては、その真価が問われるといっても過言でない。そのためには、単に地域代表であってはならない。県政全般にわたって県勢の発展に努めることがまず先決である。

県議選は終わった。今後4年間、県民に公約したことを県政に反映させ、住みよい、明るく、豊かな青森県の伸展に全力投球してほしい。県政の課題は山積みしている。しかも行財政的にも厳しい環境下にある、実に多事多難といわざるを得ない」(10)。

新人議員に対しては『デーリー東北』が「時評:新県議は県勢発展に自覚を持て」の中で、次のように論じている。

「新旧交代が大きく進んだことも特筆される。15人の新人が生まれ4年前の54年選挙の9人を6人も上回った。それだけに清新の気はみなぎる。新人は未熟未知数をも意味するが、潜在力と可能性をも併せ持つ人材であることには変わりない。ひとたび志した県議としての道をひたむきに歩むことで、その未熟さを克服して県民を主人公とした青森県政実現のための実力県議として成長してほしい。

青森県においても、“量よりも質の県議”を求める世論は時代とともに高まりを示している。選良とはその厳しさに耐え得るだけの人間でなければならず、新しい時代に生きる県議としての資質が問われている」(11)。

残念なことに、1983年の県議選でもまた、大量の選挙違反者が摘発された。例えば、『東奥日報』は4月11日付の記事で、次のように見出しをつけて、実態を報道している。“県議選違反　けさから摘発　町議ら10人を取り調べ　名川―落選候補への肩入れ”。

「三戸郡で落選した保守系無所属新人候補派の運動員で名川町の町議9人を含む10人が、八戸署に買収容疑などで任意同行を求められたのをはじめ、県下10署で、50数人が取り調べを受け、9ヵ所を家宅捜査しており、捜査の進展に伴って違反は広範囲にわたる様相となっている」(12)。

また翌12日の紙面でも、“県議選　汚れた1票　違反摘発　急ピッチ　買収、供応で8派13人”という見出し記事の中で、選挙違反を次のように報道している。

「現職町議会議員20人のほぼ9人もが11日、選挙違反容疑で八戸署の事情聴取を受けた三戸郡名川町では、ニュースが伝わるにつれて“まさか”“やっぱり”と町民にショッキングな反応を巻き起こしている。……

町民を代表する議員が任意とはいえ大量に取り調べを受けた事実に“本当に残念でなりません”と話す名川町明るい選挙推進協議会の出町国子副会長（58歳）。かなり前から町では選挙違反の声が聞かれなくなり、私たちも違反防止より棄権防止に運動の重点を置いた今回の県議選に臨みました。それがこんな事態になるなんて思ってもみませんでした。たとえ任意であってもそれなりの根拠があってのことでしょう。明正選挙を進める側としては恥ずかしい思いです」(13)。

明るい選挙推進協議会委員の批判は、まことにその通りである。

なお、同様の記事は『陸奥新報』にも見られ、次のように大きな見出しで選挙違反を糾弾している。“汚れた選挙　逮捕者続出　大畑町議長ら8派13人、県議選で県警　50人を任意調べ”。その中で、大畑町議長の選挙違反については、以下のように報道している。

「むつ署は11日午後10時2分、下北郡大畑町大畑字新町75－1、町議会議長、林業、西川孟（58歳）、町会議員　漁業　吉田哲（41歳）、同、田中小十郎（61歳）の3人を公選法違反で逮捕した。西川は2月21日ごろ、大畑町内において吉田、田中に対して古瀬兵次候補への投票と票の取りまとめを依頼し、その報酬および買収資金としてそれぞれ現金10万円ずつを供与した」[14]。

このような事態はまことに困ったことで、違反者たちは公営選挙を一体何だと思っているのかと問いたい。町議会議長まで選挙違反で逮捕されるのはもちろん論外である。

4、おわりに

戦後10回目の県議選は終了した。既述のように、議会勢力は、自民党が選挙で議席を減らしたとはいえ、その後無所属議員を入党させて37議席とし、圧倒的過半数を堅持した。問題は安定多数を得たものの、自民党が内部に問題をはらんでいることだ。それは新人議員12人の台頭により、従来の派閥政治が様代わりするようになったことである[15]。

それは議長のたらい回しの際に生じた。自民党は多数派工作で37人となった。しかし、12人は新人が占め、田中三千雄を代表に無所属の中村寿文を加えて「はばたく会」を結成。当選5回の4人の議員に任期中に議長就任の機会を与えようとする長老議員と、議長の権威と世論を背景にたらい回しに反対する新人議員たちとの間で対立し、結果は、若手議員が力で押し切った形で決着をみた。県議会に新しい風が吹いたのだ。それは県民にとって歓迎すべき出来事であった[16]。

≪注≫

(1)『陸奥新報』1983年4月11日。
(2)『青森県議会史　自昭和58年～至昭和61年』〔青森県議会　1998年〕、3頁。
(3)同上、107頁。
(4)『東奥日報』1983年4月11日。
(5)同上。
(6)「青森県議選を振り返って」『デーリー東北』1983年4月12日、『陸奥新報』1983年4月11日。
(7)「青森県議選を振り返って」『デーリー東北』1983年4月12日。
(8)『東奥日報』1983年4月11日。
(9)「社説：新県議に望みたいこと」同上、1983年4月12日。
(10)「社説：県勢発展で新県議会議員に望む」『陸奥新報』1983年4月12日。
(11)「時評：新県議は県勢発展に自覚を持て」『デーリー東北』1983年4月12日。
(12)『東奥日報』1983年4月11日。
(13)同上、1983年4月12日。

(14)『陸奥新報』1983年４月12日。
(15)「県議選を顧みて」同上、1983年４月12日。
(16)前掲書『青森県議会史　自昭和58年〜至昭和61年』、107頁。

第11章、1987年の県議会議員選挙

<目次>

１、はじめに

県議選前年の1986年、「衆参同時選挙」が実施され、自民党は大勝利を収めた。本県の場合も、第１区と第２区で自民党が大勝利し、７議席を独占した。また、1987年に入っても、知事選、青森市長選、五所川原市長選、および三沢市長選でも自民党が勝利するなど、「保守王国」は万全かと思われた。しかし、その間にあって、県議選では自民党は惨敗した。

戦後11回目の県議選は1987年４月３日に告示、４月12日に投開票が行われた。定数51人に対して75人が立候補し、競争率は1.47倍と少数激戦であった。自民党は現職11人が大量に落選、現有議席を９減らし、公認候補者の当選は新人を含めて28議席にとどまった。ただその後、無所属から２人を加えて、30人を確保した。一方、社会党は再生をかけて８人を公認、全員が当選、現有議席を増大させた。また、共産党は１人増やして３議席に、公明党は２議席、民社党は１議席を死守、無所属は９議席であった。投票率は70.55%で、過去最低を記録した(1)。

この年の県議選では、売上税や水田農業の確立対策など国政レベルでの問題が最大の争点として浮上、そのため、自民党は最初から厳しい戦いを強いられ、県レベルの戦いで後退を余儀なくされた。実際、選挙では現有37議席から一挙に９議席減の28議席へと敗退。これに対して、社会党は候補者全員当選で８議席と躍進し、ジリ貧に歯止めをかけた。また、新人は保革合わせて15人当選したことが特筆される(2)。

その後、第76回臨時県議会が５月12日に招集され、「組織会」では、新議長に自民党で北津軽郡選出の当選５回の原田一實（57歳）が、また新副議長に、同じく自民党で青森市選出の当選３回の森内勇（49歳）が選ばれた(3)。

2、1987年県議選の概要

統一地方選の第1ラウンドとなった県議選は、1987年4月12日に投開票が行われた。今回から、東津軽郡の定数が2人から1人に削減、そのため総定数が51人となり、15選挙区で都合75人が立候補した。結果は、自民党が惨敗した一方で、社会党と共産党が躍進、また、公明党と民社党は現有勢力を死守し、「保守王国」に大きな衝撃が走った(4)。

すでに述べたように、新県議51人の顔ぶれは、自民党28、社会党8、共産党3、公明党2、民社党1、および無所属9議席という配置で、現職30人、新人15人、元・前職6人となった。

選挙戦の過程で最大の争点となったのは、市部では売上税で、一方、郡部では減反を強いる水田農業の対策など県民生活に直接密着した問題ばかりであった。確かに、自民党は、2月の知事選や市長選では勝利したとはいえ、得票を大幅に減少させ、また統一地方選を控えて保守支持層である産業、経済団体が相次いで“売上税反対”を決議して造反するなど、自民党公認の候補者たちは危機感を募らせた(5)。

1986年夏の「衆参同日選挙」で保守独占を許した野党各党は、売上税反対の“神風”に乗って失地回復を狙った。その結果は、自民党を28議席と大幅に後退させた一方、社会党は公認候補8人が全員当選、前回（1983年）を上回る躍進を見せた。また公明党は2議席、民社党は1議席を死守、共産党も現有を1議席伸ばして3議席とした。ただその後、自民党は無所属から2人を入党させて30議席としたので、県議会の自民党優位の構図に変りがなかった。自民党にとって、1987年の県議選は“惨敗”という結果に終わった(6)。

図表①は、1987年の県議選における当選者、所属会派、および得票数の一覧である。最高得票者は、八戸市選挙区の中村寿文（自）で1万7,390票。最低得票者は、むつ市選挙区の菊池健治（無）で7,587票に留まった。

<図表①>　1987年の県議選の当選者、所属会派、得票数

＊青森市（定数9）		**＊弘前市（定数6）**		**＊八戸市（定数8）**	
山内和夫（自）	16,245	福岡礼次郎（社）	17,066	中村寿文（自）	17,390
高橋弘一（自）	14,150	木村公麿（共）	13,811	鳥谷部孝志（社）	17,229
建部玲子（社）	13,714	芳賀富弘（自）	12,800	高橋長次郎（自）	14,042

今村修(社)　12,880
浅利稔(公)　12,104
森内勇(自)　11,729
諏訪益一(共)　10,691
和田耕十郎(無)　10,452
須藤健夫(民)　9,574

相馬錩一(無)　12,385
石岡朝義(無)　11,961
奈良岡峰一(自)　11,001

金入明義(自)　11,723
野沢剛(自)　11,492
間山隆彦(公)　11,461
大沢基男(無)　11,085
山田弘志(自)　8,899

＊黒石市(定数１)
鳴海広道(自)　13,856

＊五所川原市(定数２)
成田守(自)　8,507
浅川勇(社)　8,432

＊十和田市(定数２)
丸井彪(自)　12,593
田中三千雄(自)　11,070

＊三沢市(定数１)
小比類巻雅明(自)　11,653

＊むつ市(定数２)
菊池渙治(無)　9,454
菊池健治(無)　7,587

＊東津軽郡(定数１)
小野清七(自)　10,902

＊西津軽郡(定数３)
冨田重次郎(自)　11,553
秋田柾則(自)　10,399
工藤章(共)　9,231

＊南津軽郡(定数４)
小田桐健(社)　14,452
今井盛男(自)　12,427
佐藤寿(自)　11,780
清藤六郎(自)　11,737

＊北津軽郡(定数３)
原田一實(自)　11,386
長峰一造(自)　10,206
花田一(無)　9,511

＊上北郡(定数４)
工藤省三(自)　12,166
細井石太郎(社)　11,626
佐藤純一(無)　11,473
三村輝文(自)　11,204

＊下北郡(定数２)
平井保光(無)　10,536
木下千代治(社)　8,698

＊三戸郡(定数３)
沢田啓(自)　13,033
三浦雄一(自)　12,862
上野正蔵(自)　12,721

出典：「青森県議会議員選挙」『青森県選挙管理委員会』
https://www.pref.aomori.lg.jp/soshiki/senkan

1987年の県議選の大きな特色は、自民党の現職が首を並べて落選したことであり、しかも、自民党が議席を独占してきた「原子力半島」＝むつ市、下北郡、および上北郡の３選挙区において、“反核３人男”が当選したことだ。この結果は今後、自民党県政が促進する「核燃サイクル事業推薦路線」に強い足かせ（ブレーキ）となるものと思われた[7]。

実際、むつ市で当選した菊池渙治（無所属）は一昨年の市長選で敗退したとはいえ、県議選では2位に2,000票近い大差をつけて、見事に最高得点で県議に返り咲いた。菊池は「厳しい選挙だったが、変わらぬご支援、ご苦労のおかげで当選できた。皆さんの気持ちを受け止め、４年間全力を傾ける」と感謝の言葉を述べた。

一方、下北郡選挙区の木下千代治（社会党）は、1959年4月に当選した佐藤健次以来、28年ぶりに下北地方に革新の灯をともした。木下は「これから下北のため働きます」と感激の面持ちを述べ、注目された売上税については「郡部での開票結果からみれば大きな争点にはならなかったようだ」、と分析した。

また、苦節12年、４度目の挑戦で上北郡選挙区に革新の花を咲かせた細井石太郎（社会党）は、「これまで訴えてきたことを県政の場で実践に移していく。思い切りやります」と語った[(8)]。

さらに、西津軽郡の政治に光をと訴えてきた共産党の工藤章は、４度目の挑戦で初当選。「西北五」地方からの共産党議席は初めての快挙で、革新系議席としては1947（昭和22）年、社会党の岩渕謙二郎以来40年ぶりのことだ。

当選した工藤は、「これまで落選しても地域住民の手足となっての12年間の地道な活動が今実ったようだ。支持者の信頼にこたえるためにも今後は務めていきたい」、と抱負を語った。また五所川原市では、浅川勇が社会党として初議席をもたらした[(9)]。

こうした状況の中で、定数２人を３人で争った下北郡では、10期目を狙った自民党ベテランの古瀬兵次（84歳）が落選の涙をのんだ。古瀬は全国的にも珍しい10期目に挑戦したものの、1,653票差で社会党の木下千代治に敗退した。古瀬は、高齢批判を跳ね返すことができなかったのである[(10)]。

３、1987年県議選の課題

1987年の県議選では、売上税の影響がかなり大きく響き、また派閥均衡化が進み、社会党は公認全員が当選した一方で、自民党は現職が大量に落選し、焦点は今後の議会運営へと移った[(11)]。

それでは、県議選後に残された課題は何であるのか。今回の県議選の特色を『東奥日報』は「社説：県議会議員選挙に審判下る」の中で、次のように指摘している。

「今回の県議選はいろんな点で、従来とは違った特色を挙げることができる。県議会議員の定数が改正され、東郡の２議席が１議席に削減された初の選挙となったことが第1である。結果は自民党の古参議員が、新人を破って9選目を果たした。……

例年、県議の改選の度に3分の1程度の新旧交代があるが、今回は選挙区によっては新人および革新系の進出が目立った。……この際、要望しておきたいことは、少数激戦という厳しい選挙戦だっただけに、それを勝ち抜いた新人にとっては、感動、感激ひとしおであり、格別だと思う。このことを忘れずにいてほしい。また再選者にも初心に立ち返り、これまでの貴重な経験をともども県政に反映してもらいたい」[(12)]。

また『陸奥新報』も「社説：新県議への課題は山積している」の中で、新しい議員に対して次のように要望している。

「新県議に望みたいことは山ほどある。しかし一挙にあれもこれもということは、消化不良を起こすだけ。まず売り上げ税への考え方は、選挙中を通じて有権者はしっかりと見ているわけだから、態度を変えることなく、きっちりと対処することだ。特に今年は地方自治法が施行されてから40周年という意義深い年。その中で当選した新県議という責任の重みを忘れないでほしい。地方のことは地方が決めるという自治の理念を今度こそ実行してほしいものだ。

そのためには、県理事者や職員のたてた議案を、ただ漫然とした態度で賛否を唱えるなどもってのほかである。県民の代表として自覚に基づき、広く知識を磨き、公約をはたすため真剣になってほしい」[(13)]。

いつものことであるとはいえ、今回もまた県議選で不正な選挙運動が派手に展開されたことを指摘しておきたい。例えば、『東奥日報』は次のような見出しで選挙違反を報道している。“県議選―けさから一斉摘発”“50人前後取り調べ―県警：きょうにも逮捕者”。

「県議選違反を捜査中の県警察の統一地方選挙違反取締本部と県内各署は12日早朝から、一斉に違反摘発に乗り出した。これまでのところ、青森署など数十署で50人前後に任意同行を求め、買収など公職選挙法違反容疑で取り調べに入った。同日中にも逮捕者が出るもようだが、捜査の進展によっては違反は広範囲となりそうだ」[(14)]。

4、おわりに

1987年の県議選では、接戦を勝ち抜いた初当選者や、返り咲きで議会活動を誓うベテラン、および善戦むなしく敗退した古参議員などが見られた。その中で、人目を引いたのが、初陣で親子２代にわたる県議が３人も誕生したことだ。

その事例は、三沢市選出の小比類巻雅明（自民党）、三戸郡選出の三浦雄一（自民党）、および上北郡選出の三村輝文（自民党）で、父親はいずれも県議を務めた２代目である。父親の威光（氏名）と地盤がものを言ったのか。国会議員の世襲はよく聞く話であるが、近年、県議でも世襲議員が生じてきたのだ(15)。

ベテラン議員ないし古参議員の落選が目についたのも、この年の県議選の特色の１つである。例えば、全国初の10選を目指した元議長で自民党の古瀬兵次、５期目を目指した自民党県連総務会長の櫛引留吉、４期を目指した自民党県連総務会長の毛内喜代秋、および前自民党県連副会長の小平文平、元副議長で議員総会会長の滝沢章次ら“大物議員”は枕を並べて落選。そのため、自民党は現有議席を一挙に９も減らしてしまった。明白な「世代交代」がその背景にあった、と見てよいだろう(16)。

このような県議選の結果が、自民党と北村正武県政に警鐘を鳴らしたことは疑いない。前年の「衆参同日選」における自民党圧勝への反動が生じたのだ。数を頼りにしてきた県政運営に暗雲が立ち込めた、といわねばならない。

≪注≫

(1)『陸奥新報』1987年４月13日。
(2)『東奥日報』1987年４月13日、「社説：新県議への課題は山積している」『陸奥新報』1987年４月13日。
(3)『東奥年鑑　1988年版』〔東奥日報社、1987年〕、166頁。
(4)『陸奥新報』1987年４月14日。
(5)『デーリー東北』1987年４月13日。
(6)同上。
(7)『東奥日報』1987年４月13日。
(8)同上。
(9)『陸奥新報』1987年４月13日。
(10)『デーリー東北』1987年４月13日。
(11)同上、1987年４月14日。
(12)「社説：県議会議員選挙に審判下る」『東奥日報』1987年４月13日。
(13)「社説：新県議への課題は山積している」『陸奥新報』1987年４月13日。
(14)『東奥日報』1987年４月13日。
(15)『デーリー東北』1987年４月13日。
(16)『東奥日報』1987年４月13日、『陸奥新報』1987年４月13日。

第12章、1991年の県議会議員選挙

＜目次＞

1、はじめに

県議選直前の政治状況は「湾岸戦争」が一応決着し、また「核燃サイクル」を最大の争点とした県知事選と参院補選において自民党が2連勝した後であり、そのため国政および県政における選挙争点はぼやけてしまい、若干だれた感じとなった。

戦後12回目となる県議選は1991年3月29日に告示、これには、県内15選挙区で定数51人に対して76人が立候補、競争率は1.49倍であった。ただ、黒石市（定数1）、三沢市（定数1）、および下北郡（定数2）においては、定数通りの届け出しかなく、自民党の現職3人、社会党の現職1人が無投票当選となった。このため、12選挙区に72人が立候補し、残る47議席を巡って争い、実質的な競争率は1.53倍と高まった[(1)]。

県議選の結果は、自民党30、公明党2、社会党1、民社党1、農政連1、および無所属16議席という配置となった。見られるように、4年前とは異なり、社会党および共産党を含めた革新系が歴史的惨敗を喫した一方で、保守勢力を代表する自民党は圧勝。その後、無所属から10人が自民党入り、40議席とし、県議会の勢力は保守系が45議席、中道系3議席、革新系3議席となり、北村県政の安定度が一段と強まった。後述するように、無所属の当選組では、新人が大いに健闘した。投票率は68.28%で、前回を2.27ポイント下回り過去最低を記録した[(2)]。

第79回県議会の臨時会は5月13日に招集された。「組織会」では、議長に自民党で黒石市選出の当選5回を数える鳴海広道（50歳）が、また副議長には、同じく自民党で弘前市選出の当選3回目の芳賀富弘（66歳）が選ばれた。自民党は県議選での圧勝を踏まえて、正副議長職のみならず、全ての常任委員会

の委員長職を独占したのだ[(3)]。

2、1991年県議選の概要

すでに述べたように、第12回の県議選は4月7日に投開票が行われた。その結果は、自民党―保守勢力が圧勝した一方、他方で革新勢力が惨敗を喫し、共産党は全滅、社会党も1人のみとなった。自民党は公認・推薦を合わせて34人のうち32人が当選、また無所属からの入党があり40と議席を増やし、与党として絶対多数の勢力を有することになった。

これに対して、社会党は現有7議席のうち無投票の1議席を除き全てを失い、県都青森市では議席ゼロとなった。また共産党も現有の3議席を全て失ってしまった。一方、公明党は2人、民社党は1人の現職が当選し、ともに現有議席を死守した。農政連は三戸郡で「反核燃の顔」である久保晴一が保守の壁を切り崩して初当選、革新勢力として貴重な1議席を確保した[(4)]。

それでは、今回の県議選において、何故、社会党・共産党の革新勢力は大敗し、一方、自民党・無所属の保守系が安定多数を確保したのであろうか。その背景ないし要因とは一体何であるのか。

1991年の県議選は、前回（1987年）のような全国的争点が存在せず、知事選、参議院補選と続いて「核燃問題」が統一的テーマであった。ただ、2つの選挙で勝利した自民党は、あえて核燃問題を取り上げなかった。また、社会党、共産党、および16年ぶりに公認候補を擁立した「農政連」も先の選挙での2連敗で勢いを失い、反核燃問題を正面から主張しなかった。そのため、選挙戦は、終始争点がぼやけた形で展開された[(5)]。

こうした状況の中で、自民党は31人の公認候補者を擁立し、保守系無所属と競り合いながら保守票の掘り起こしに務めた。これに対して、議席増を狙った社会党は、知事選前の反核燃風の強さから複数、また農政連との“準複数”、さらに共産党との革新勢同士が、保守勢力のはざまでせめぎ合ったものの、結局、「共倒れ現象」に陥ってしまった。

現有議席の維持を大命題とした公明党と民社党の両党は、この間隙を縫う形で組織を結束させ、確実な作戦が成功した。ただし、農政連は初の議席を得たし、また反核燃を唱える無所属新人が当選したことで反核燃の灯を存続させたのは、救いであった。結果的に、4年前とは異なり、北村県政を支える保守勢力―自民党への票の回帰＝安定を県民が求めたことになり、今後、革新勢力側の再編が大きな課題として残った[6]。

図表①は、1991年の県議選での当選者、所属会派、および得票数を示したものである。最高得票者は八戸市選挙区の中村寿文（自）で1万5,514票を獲得した。一方、最低得票者は、むつ市の中新鉄男（無）で7,774票であった。

＜図表①＞　1991年の県議選の当選者、所属会派、得票数

＊青森市（定数9）

森内勇（自）　14,306
山内和夫（自）　13,929
高橋弘一（自）　12,832
毛内喜代秋（自）　11,665
佐藤斌規（無）　11,525
浅利稔（公）　10,745
和田耕十郎（無）　9,832
須藤健夫（民）　9,276
鹿内博（無）　8,486

＊弘前市（定数6）

芳賀富弘（自）　13,244
相馬錩一（無）　11,647
西谷洌（無）　10,440
奈良岡峰一（無）　9,579
下田敦子（無）　9,070
石岡朝義（自）　8,805

＊八戸市（定数8）

中村寿文（自）　15,514
高橋長次郎（自）　14,370
金入明義（自）　10,975
間山隆彦（公）　9,645
山田弘志（自）　9,614
野沢剛（自）　9,547
中山安弘（自）　9,440
滝沢章次（自）　9,258

＊五所川原市（定数2）

成田守（自）　11,529
櫛引留吉（自）　8,706

＊十和田市（定数2）

丸井彪（自）　10,665
田中順造（無）　10,439

＊むつ市（定数2）

菊池健治（自）　8,953
中新鉄男（無）　7,774

＊東津軽郡（定数1）

神山久志（無）　11,931

＊西津軽郡（定数3）

秋田柾則（自）　15,261
冨田重次郎（自）　12,310
成田幸男（無）　8,528

＊南津軽郡（定数4）

木村太郎（無）　14,936
太田定昭（自）　12,635
清藤六郎（無）　10,352
佐藤寿（自）　8,926

＊北津軽郡（定数3）

今誠康（無）　12,257
成田一憲（無）　11,085
長峰一造（自）　10,724

＊上北郡（定数4）

小原文平（無）　15,419
佐藤純一（自）　14,042
工藤省三（自）　13,131
三村輝文（自）　12,236

＊三戸郡（定数3）

沢田啓（自）　12,573
上野正蔵（自）　12,564
久保晴一（農）　10,884

＊黒石市（定数1）

鳴海広道（自）　無投票当選

＊三沢市（定数1）

小比類巻雅明（自）　無投票当選

＊下北郡（定数２）
平井保光（自）　無投票当選
木下千代治（社）　無投票当選

出典：「青森県議会議員選挙」『青森県選挙管理委員会』
https://www.pref.aomori.lg.jp/soshiki/senkan

1991年の県議選は、保守勢力の圧勝と革新勢力の敗北で終わった。このため、うなだれる社共の事務所、それとは対照的に、保守陣営は25歳の最年少県議が誕生、また歴代４人目の女性議員が当選して盛りあがった。さらに前回落選したベテランが、返り咲くなど選挙にまつわる話題は豊富であった[(7)]。

南津軽郡でトップ当選を果たした木村太郎は若干25歳で、全国でも最年少だ。祖父、父と３代続く県議の誕生である。“ヤングパワー”で当選を果たした木村太郎は、次のように決意を語った。

「生涯政治家として生き、リンゴとコメを守り、若者が定住できる津軽にしていきたい」[(8)]。

弘前市初の女性県議として無所属から当選した下田敦子（50歳）は、次のように抱負を語った。

「みなさまのおかげです。県政を女性の目で見つめ、女性の声を反映させるパイプ役に徹します。また高齢化を迎えても、充実した生活ができるように努力します」[(9)]。

前回（1987年）、712票差で次点に泣いた八戸市の自民党の滝沢章次は、951票差の最下位の９位で返り咲いた。滝沢陣営はローラー作戦を展開、後援会づくりに全力を投入し、小さな会合に小まめに顔を出して、票の掘り起こしに務めて当選した。滝沢は、支持者を前に次のように決意を披露した。

「中里市政と県政のパイプ役になり、市民のために尽くす」[(10)]。

３、1991年県議選の課題

『東奥日報』は「社説：社共が惨敗した県議選」の中で、1991年の県議選について次のように課題を分析している。

「県議選に県民の審判が下った。結果は、県民の保守への回帰を強く印象づけるものだった。湾岸戦争の一応の決着と、核燃サイクルを最大の争点として県知事選と参院補選における推進側の２連勝をつけての選挙で、国政、県政の両面で争点がぼやけ、ややだれた感じの選挙戦となった。このため利益誘導型の保守候補に有利な展開、前回、反売上税旋風で大きく後退した保守勢力が、盛り返し、社共は無投票当選の１議席だけという戦後県政史上初の惨敗だった。

……知事、与党議員は、県民の支持を多く受けた分だけ責任が重い。今回の勝利におごることなく、いっそう謙虚に県民の多様な声に耳をかたむけてもらいたい。また、社共は今回の大敗の原因を徹底的に分析し、県民の期待をになういる政党として再生を図ることが求められていることはいうまでもない」[11]。

『陸奥新報』もまた「社説：自民党は選挙勝利におごるな」の中で、県議選の結果について、次のように注文をつけている。

「県議会の“総与党化”は、県政推進のスムーズ化を意味する一方、議会によるチェック機能を失いかねない“危険”をはらんでいる。さらには、利権あさり、汚職の温床づくりにつながる可能性もあり、オール与党の体制は好むものではない。

ただ、結果的に現実となった今、地域住民の支持を得た議員は、責任の重さを感じてほしい。当選したすべての方々に言えることであるが、与党議員には特に心してもらいたい」[12]。

さらに、『デーリー東北』は解説記事の中で“保守大国、完全に復活”と見出し記事を掲げ、次のように県議選の課題を鋭く指摘している。

「90年代前半の青森県政の流れを方向付ける県議会議員選挙の当落が決まった。明確な争点の乏しさに加え、選挙づかれが史上最低という投票率につながったが、内容には大波乱そのものだった。

前回（昭和62年）に比べると大きな様変わりが生じた。前回、大物県議が相次いで落選、惨敗を喫した保守が……圧倒的な強さを発揮したこと。自民党は無所属当選者の抱き込みを含めれば優に議会安定多数を上回る議席を獲得。前々回から始まった保守退潮ムードにくさびを打った。

対照的だったのが革新陣営。前回の保守と完全に立場が入れ替わった。戦術ミスで社会党は委員長以下大物県議が相次いで落選、共産党も全議席を失う惨敗。……核燃、農政問題で有効な対策を打ち出せなかったことが挙げられよう」[13]。

いつものことではあるとはいえ、残念ながら今回もまた県議選での選挙違反の記事が多く見られた。例えば、『東奥日報』は“県警けさから違反摘発－警告、前回大きく上回る”、という見出しの中で次のように報道している。

「統一地方選挙のトップを切って7日、県議選の投票が行われたが、県警の“統一地方選挙取締本部”と県内各署は8日早朝から一斉に違反摘発に乗り出す。少数激戦となった選挙戦を反映して、違反は各地に広がりそうで、同日中にも逮捕者が出るもようである。

……今回の県議選で同本部が違反摘発した件数は、文書頒布や掲示を中心に69件、92人。前回昭和62年の68件（人）を大きく上回り手口も巧妙化、水面下では買収、供応の具体的な違反情報も流れていた」[(14)]。

4、おわりに

この4年間、保守離れを見せた県民の政治的支持は革新側の自滅も手伝って、県議選では再び保守側に揺れ戻った感がある。確かに、自民党・保守勢力の大勝利は、北村県政与党の優位を盤石なものにした。そのため、野党の主役である革新政党が不在の状態では県政のチェック機能が後退することになり、課題として残った[(15)]。

従来、大きな政治争点となっていた核燃論議は、前2回の選挙で燃え尽きたのであろうか。あるいは県議という地域性の濃い選挙に馴染まなかったのか、にわかに判断できかねる。そこでは、核燃よりも「地縁」、「血縁」が優先する選挙が繰り広げられたようである。

それにしても、社会党と共産党の退潮は予測を超えるものであった。4年前の県議選では、社会党に“売上税”という強い追い風が吹いた。しかし、今回はそれに代わり、同党が3度核燃に活路を求めたものの、知事選、参院補選で2連敗、3回目も同じメニューでは政策の貧困だと言わざるを得ない。社会党の「委員長、書記長以下枕を並べての落選は、政策と日常活動の足腰の弱さの表れ」に他ならない[(16)]。

≪注≫

(1)「統一地方選挙」『東奥年鑑　1992年版』〔東奥日報社、1991年〕、175頁。
(2)『陸奥新報』1991年4月8日。
(3)前掲書『東奥年鑑　1992年版』、168頁。

(4)『東奥日報』1991年4月8日。
(5)『陸奥新報』1991年4月8日、核燃反対運動と選挙への影響について詳細は、藤本一美『戦後青森県の政治的争点　1945年～2015年』〔志學社、2018年〕、第一部第3章を参照されたい。
(6)『陸奥新報』1991年4月8日。
(7)『東奥日報』1991年4月8日。
(8)同上。
(9)『陸奥新報』1991年4月8日。
(10)『デーリー東北』1991年4月8日。
(11)「社説：社共が惨敗した県議選」『東奥日報』1991年4月8日。
(12)「社説：自民党は選挙勝利におごるな」『陸奥新報』1991年4月9日。
(13)『デーリー東北』1991年4月8日。
(14)『東奥日報』1991年4月8日。
(15)前掲書『東奥年鑑　1992年版』、118頁。
(16)「冬夏言」『陸奥新報』1991年4月8日。

第13章、1995年の県議会議員選挙

＜目次＞

１、はじめに

1995年の県政は、大きな“地殻変動”に見舞われた。それは第１に、長期にわたり県政界に君臨してきた「北村（正武）王国」が崩壊し、新たに木村守男が知事に就任したこと。そして第２に、高レベル放射性廃棄物がフランスから戻されて本県に搬入し、青森県が核廃棄物の最終処分場への第一歩となったことだ[(1)]。

戦後13回目の県議選は1995年３月31日に告示、４月９日に投開票が行われ、無投票当選の５選挙区都合12人を加えた51人の新しい顔ぶれが決まった。党派別では、自民党26、新進クラブは９、社会党２、公明党２、共産党２、および無所属10議席という配置となった。

自民党はすでに、２月の知事選で敗北し野党に転じていた。県議選でも現有議席を大幅に減少させ、25議席と定数の過半数を割っていたが、県議会での過半数割れは党結成後初めてのことで、自民党にとって大きな衝撃であった。

一方、新進クは知事選勝利の余勢をかつて、９議席へと躍進。また、与党の公明党は２議席で現状を維持した。社会党は雪辱を期したものの、２議席に留まった。共産党は前回のゼロから２議席を確保した。今回、女性議員が1983年以来、２議席を確保して健闘したのが注目された。ただ、新人は７人に留まった。投票率の方は64.36％と過去最低で、前回を3.92ポイント下回った[(2)]。

第80回臨時議会が５月10日に招集され、「組織会」では、新しい議長に八戸市選出で当選６回を数える自民党の高橋長次郎が、また副議長には同じく自民党で十和田市選出の当選４回目の丸井彪が選ばれた。確かに、「野党」自民党が正副議長職を独占したものの、常任員会の委員長の方は、新進クの要請を入れて議席数に応じて配分せざるを得なかった[(3)]。

2、1995年県議選の概要

すでに述べたように、戦後13回目の県議選は4月9日に行われ、その結果は、自民党が26議席に留まり、過半数を割ることになった一方で、新進クは推薦を含めて9議席と大躍進した。また社会党は2議席、公明党と共産党も各々2議席とした。定数51の中で、新人は7人に留まったものの、女性2人が当選したのが目を引いた(4)。

県議選の告示日には、15選挙区合わせて定数51人に対して過去最少の72人が立候補していた。ただ、このうち、五所川原市（定数2）、十和田市（定数2）、三沢市（定数1）、南津軽郡（定数4）、および北津軽郡（定数3）において、定数通りの届け出しかなく、過去最多の5選挙区12人が無投票当選となった。そこで、選挙戦は残る10選挙区の39議席を60人で争うことになった。競争率の方は、1.54倍と激戦であった(5)。

1995年の県議選は21世紀を目前に控えて、核燃施設立地の是非といった明確な争点もない中で、自民党対新進クの主導権争い、また前回惨敗を喫した社会党と共産党の巻き返しが主軸となり、無党派層への浸透を図った無所属候補とともに、各党が消長をかけた闘いになった(6)。

こうした状況の中で、自民党は公認30人、無所属の推薦1人と、前回より3人少ない31人を擁立した。しかし、当選者は、公認の現職26人に留まった。改選時の自民党の過去最少議席数は1971年の27議席であり、社会党が9議席と一定の勢力を保った「1955年体制」の時だ。自民党は「保守分裂・2極化」を背景に、知事選敗北で野党への転落もあり、業者離れなど逆風にさらされたのが響いた。実際、落選した6人のうち現職は4人に達した。その後、議会で過半数を回復するため、保守系無所属議員に働きかけたものの、不調に終わった(7)。

初の県議選となった新進クは、公認11人、推薦は無所属6人、公認は現職8人、新人2人、また推薦は現職、新人の各2人で都合14人が当選を果たした。この中で落選は新人の3人、現職の取りこぼしはなく落選はゼロだった。その後、無所属から2人が参加、11人の陣容となった(8)。

公明党は、青森市で新人、八戸市で現職の計2人を公認して当選させるなど、改選前の勢力を堅持した。社会党は、公認7人、推薦2人を擁立したものの、結果は2人の当選に止まり、改選前より1議席増やした。共産党は4人を公認、前職の1人が返り咲き、また弘前市で新人の三上和子が当選するなど、皆無であった議席を2議席として、雪辱を果たした。注目すべきは、青森市で無所属の鹿内博が「政党だけでは県民すべての声を代表できない」と訴え、前回（1991年）より3,000票も上積みして第4位に食い込み（11,443票）、増大する無党派層を代弁したことだ[9]。

図表①は、1995年の県議選での当選者、所属会派、得票数を示したものである。最高得票者は、西津軽郡選挙区の秋田柾則（自）で1万5,258票を獲得、一方、最低得票者は、下北郡選挙区の木下千代治（社）で7,352票であった。

＜図表①＞　1995年の県議選の当選者、所属会派、得票数

＊青森市（定数9）

当選者	得票数
高橋弘一（自）	13,302
森内勇（自）	12,872
山内和夫（自）	12,788
鹿内博（無）	11,443
上村武之介（公）	11,142
諏訪益一（共）	10,217
毛内喜代秋（自）	10,113
須藤健夫（新進）	9,821
佐藤斌規（自）	7,954

＊弘前市（定数6）

当選者	得票数
芳賀富弘（無）	13,169
西谷洌（自）	11,021
下田敦子（無）	10,381
相馬錩一（無）	10,263
三上和子（共）	8,631
山内崇（無）	8,420

＊八戸市（定数8）

当選者	得票数
中村寿文（新進）	14,558
金入明義（自）	12,826
中山安弘（自）	12,036
野沢剛（新進）	11,512
高橋長次郎（自）	11,213
山田弘志（新進）	10,071
間山隆彦（公）	9,905
滝沢章次（無）	9,408

＊黒石市（定数1）

当選者	得票数
高樋憲（無）	12,928

＊むつ市（定数2）

当選者	得票数
中新鉄男（自）	8,529
菊池健治（新進）	7,837

＊東津軽郡（定数1）

当選者	得票数
神山久志（自）	9,436

＊西津軽郡（定数3）

当選者	得票数
秋田柾則（自）	15,258
冨田重次郎（自）	13,754
成田幸男（新進）	8,677

＊上北郡（定数4）

当選者	得票数
工藤省三（無）	13,970
小原文平（自）	11,053
三村輝文（自）	10,633
斗賀寿一（新進）	10,564

＊下北郡（定数2）

当選者	得票数
平井保光（自）	8,963
木下千代治（社）	7,352

＊三戸郡（定数3）

当選者	得票数
北紀一（新進）	14,565
上野正蔵（自）	12,653
沢田啓（自）	11,969

＊十和田市（定数２）

田中順造（無）　無投票当選

丸井彪（自）　無投票当選

＊三沢市（定数１）

小比類巻雅明（自）　無投票当選

＊五所川原市（定数２）

石岡裕（無）　無投票当選

成田守（自）　無投票当選

＊北津軽郡（定数３）

今誠康（自）　無投票当選

長峰一造（新進）　無投票当選

成田一憲（自）　無投票当選

＊南津軽郡（定数４）

木村太郎（自）　無投票当選

清藤六郎（自）　無投票当選

小田桐健（社）　無投票当選

太田定昭（自）　無投票当選

出典：「青森県議会議員選挙」『青森県選挙管理委員会』

https://www.pref.aomori.lg.jp/soshiki/senkan

1995年の県議選では、新人が７人当選した。そこで、若い新人議員の喜び声に耳を傾けてみたい。弘前市選出で無所属の山内崇は38歳、若さと行動力で県議の座を勝ち取った。父の山内弘も元県議で親子２代にわたる。山内崇は8,420票を獲得、次点とは149票差にすぎず、最下位に滑り込んだ。当選した山内は、「応援してくれた１人ひとりの思い、古里を思う気持ちを、県議会へ持っていき、議員としての務めを果たしていきたい」、と語った。

同じく弘前市選出で共産党新人の三上和子は57歳、8,631票を獲得して５位に食い込んだ。前回84票差で議席を逃がした共産党は、青森市選出の諏訪益一と共に、貴重な２議席を確保した。見事当選を果たした三上は、「皆さん、本当にお世話になりました。革新の議席奪還がなりました。雨の日も風の日もあらしの日もあるような10日間の選挙でした」、と当選の喜びを述べた。

黒石市選出で無所属新人の高樋憲は36歳で、12,928票を獲得。初当選した高樋は、「黒石を良くすることが、ひいては県を良くする。市民と県政のパイプ役として、初心を忘れずに頑張る」、と語った[(10)]。

３、1995年県議選の課題

1995年の県議選を総括した『デーリー東北』は“県政界も「連立の時代」”

との見出しを附し、議会運営一層の緊迫感と題して以下のように課題を示した。

冒頭で、「"保守王国"にあって自民、新進の2極化が進む青森県。とりわけ、新進系知事の誕生を受けての初の全県選挙として注目された統一地方選第1ラウンドの県議選は、第1党の野党の自民が過半数に一歩届かず、少数与党の新進、公明との"数の格差"が縮まった。今後、県政界でも"連立の時代"が到来。木村県政の運営をめぐり、一層緊迫感をはらみそうだ」と指摘した。

その上で、「政策面で具体性を欠いた混戦は、有権者の関心を十分に引きつけるには至らず、候補者、政党の過熱ぶりをよそに投票率は過去最低を記録」したと述べ、最後に「一方で県内15選挙区中、過去最高の5選挙区で無投票となり、12人が早々と当選を決めたが、民主主義の根幹を成す選挙が行われなかったことは、若者を中心とした政治離れや、しらけムードに拍車をかけそう。有権者は一層、新県議の議会活動をチェックしていく必要がありそうだ」と無投票当選についての影響を懸念した(11)。

『陸奥新報』は「社説：県議会議員の使命を果たそう」の中で、次のように、議長問題に絡ませて新人議員たちに注文をつけている。

「自民党の過半数割れは有権者の支持政党なしに拍車をかけた。しかし、野党多数は変わらない。木村知事の議会運営に大きな影響が予想される。今月中には臨時議会が開かれる予定であり議長選任問題が1つの焦点だ。これまでのケースでは過半数の自民党を中心に議長と副議長を選んできた。しかもその選任方法はたらい回しである。

これからは県民をカヤの外におき密室で議長、副議長を選ぶ方法はやめるべきだ。選任方法を間違えると県民の政治へのしらけムードに拍車がかかるだろう。新議員が取り組まなければならないのは、議長問題を中心に議会の正常化を図ることではなかろうか。また副知事と出納長人事も慎重に」(12)。

実際、新進クは自民党の過半数割れの現状を踏まえて、議長は第1会派（自民党）から、そして副議長は第2会派（新進ク）から選出するように要求した。議長選挙では、自民党の高橋長次郎を圧倒的票差で選出したものの、副議長選挙では、自民党の丸井彪が25票、新進クの成田幸男が24票を獲得、1票差でかろうじて丸井が選ばれた(13)。

今年の県議選で目立ったのが"無投票当選"である。この点については、『東奥日報』が「社説：無党派は有権者に政治不信」の中で、次のように苦言を呈している。

「もう１つ気になるのは５区、12人に上る無投票当選。任期中の有権者の評価を受けず選挙の洗礼を受けない当選には、乱立を避け議席の確保にきゅうきゅうとする政党の思惑が見え隠れする。県内の投票率の低下は、無投票当選の多さも大きく影響している。議会の勢力分野の中で選挙関係者だけが過熱、有権者は冷めた目で見るという構図は政治不信を一層拡大する。一体だれが選び、審判を下すのか議員は心に刻んでほしい」(14)。

従来、県議選が終了すると同時に、多くの選挙違反が報道されてきた。1995年の場合もまた、選挙違反の記事が散見される。例えば、『東奥日報』の1995年４月９日付には、"県議選違反―田舎舘村議ら７人逮捕、県警　買収、供応容疑"という大見出しが社会面のトップで報じられていた。

「８日午後10時35分。公職法違反（買収）容疑で南津軽郡から出馬した木村太郎派（無所属）の運動員、田舎舘村村議・小野春吉容疑者（51歳）＝現在４期目を逮捕したほか、……」(15)。

４、おわりに

本論の冒頭で述べたように、1995年の県議選で自民党は獲得議席数が史上最低の26に留まった。自民党は、1955年の結党以来、常に県議会で単独過半数を誇っていた。だが､ついに初めて過半数割れという歴史的な大敗を喫した。先の知事選での敗北に続いて、県政野党に転落したことで、党内の動揺に一段と拍車がかかった、といってよい(16)。

自民党は、県知事選で敗北、また県議選で敗退を余儀なくされ、県政与党・絶対多数の立場を失った。そのため、新進ク系の木村守男知事に対して対決姿勢を一段と強めている。

事実、４月19日には、知事選で自民党推薦候補者を応援した建設業者が県の公共工事の指名から外されるなど、県議選での報復と受け取られるような事態も生じ、さらに、副知事、出納長人事も難航、５月の臨時議会まで決着が見なかったなど与野党の駆け引きや協議が続き、自民党が野党に転落した影響は各分野で見られた(17)。

≪注≫

(1)藤本一美『戦後青森県政治史　1945年～2015年』〔志學社、2016年〕、333頁。

(2)『東奥日報』1995年4月10日。
(3)『東奥年鑑　1996年版』〔東奥日報社、1995年〕、172頁。
(4)『東奥日報』1995年4月10日。
(5)前掲書『東奥年鑑　1996年版』、119頁、『陸奥新報』1995年4月10日。
(6)『デーリー東北』1995年4月10日。
(7)前掲書『東奥年鑑　1996年版』、119頁。
(8)同上。
(9)同上。
(10)『東奥日報』1995年4月10日。
(11)『デーリー東北』4月10日。
(12)「社説：県議会議員の使命を果たそう」『陸奥新報』1995年4月10日。
(13)前掲書『東奥年鑑　1996年版』、119頁。
(14)「社説：無党派は有権者の政治不信」『東奥日報』1995年4月11日。
(15)『東奥日報』1991年4月9日、『陸奥新報』の1991年4月9日には、村議7人逮捕とあり、小野春吉村議は現金買収容疑となっている。
(16)「激流あおもりー県政界、連立時代へ」『デーリー東北』1995年4月11日。
(17)前掲書『東奥年鑑　1996年版』、119頁。

第14章、1999年の県議会議員選挙

<目次>

1、はじめに

1999年1月の県知事選で現職の木村守男が再選され、10月には、県議会に「情報公開制度」を導入、政治の公明性は一段と高まることになった。ただ、翌11月、反自民を掲げてきた「県民協会」が分裂するなど、県内保守勢力は再編成を余儀なくされ、政治の流動化が始まった(1)。

こうした状況の中で、戦後14回目の県議選が実施されることになり、4月11日に投開票が行われた。いわゆる「無投票当選」となった西津軽郡選挙区の3人を除き、14選挙区で48の定数を競うことになった。実質的競争率は1.56倍と少数激戦で、また投票率は63.80%と過去最低を記録した。

この年の県議選の場合、明確な争点が見られず、自民党と旧新進党県連を引き継いだ「県民協会」=与党勢力との議席獲得争い、また共産党の躍進をかけた積極策や社民党の退潮傾向からの巻き返しに注目が集まった。党派別当選者は、自民党21、県民協会16、公明党2、共産党2、社民党1、および無所属9議席という配置となった。新旧別では、現職40人、元職1人、および新人10人で、また女性議員が1人増えて3人となったのが特筆される(2)。

県政与党は、県民協会、公明党、および与党系無所属を加え改選前より1議席増で23議席となり、自民党の21議席を上回った。だが、野党の自民党とともに、目標としていた過半数の獲得は成らなかった。

今回、"国替え出馬"の是非が問われた東津軽郡選挙区において、有権者の厳しい審判が下された。その候補者は、前回(1995年)の県議選で拡大連座制を適用され県議を失職し、青森市選挙区からの立候補を5年間禁止されていた森内勇(61歳)=無所属で、選挙区替えで復活を図ったが、しかし国替え批判の逆風にさらされ、自民党公認の現職・神山久志(51歳)に敗退を喫し

た[3]。

第84回臨時県議会が5月12日に招集され、改選に伴う「組織会」で正副議長選挙が行われた。その結果、議長には自民党の太田定昭（南津軽郡選出）が、また副議長には政風会・公明党の間山隆彦（八戸市選出）が選ばれた[4]。

2、1999年県議選の概要

任期満了に伴う県議選は1999年4月11日に投開票が行われ、新県議51人の顔ぶれが決まった。県議選では、木村県政で初めての与党勢力＝県民協会などが野党・自民党を逆転した。しかし、いずれの勢力も過半数には達することができず、“痛み分け”に終わったといえる。すでに述べたように、新県議51議席の内訳は、県政与党勢力（県民協会16議席、公明党2議席、与党系無所属5議席）が23議席、一方、野党の自民党は21議席、共産党2議席、社民党1議席、および野党系無所属4議席の都合28議席であった[5]。

1999年の県議選の結果について、『デーリー東北』が的確に分析している。

「11日の青森県議選の結果、新しい県議会勢力は県民協会など与党23人。野党自民党が21人と拮抗したままで、与野党とも過半数に届かなかった。党派別の候補者数（公認と推薦）と獲得議席数、および得票率をみると、県民協会の堅実な戦いぶりが際立った。半面、自民党は候補者乱立による共倒れもあって失地回復はならなかったものの、安定した得票率を維持していることがわかった。

県議選では、自民党が31人擁立、有効投票の41.0％を獲得し、議席も得票率にほぼ見合う21議席を手にした。八戸市で4人全員当選、議席を1増やし、下北郡でも失地を回復、しかも劣勢を伝えられた東郡でも逆転勝ちした。しかし、一方候補者4人を擁立した弘前市で総崩れとなり、乱立で共崩れを招き、改選前を1議席下回った。……

一方、県民与党の中核となる県民協会は、今回得票率で27.4％と自民党を14ポイント近く下回ったが、議席では自民に迫る16議席を獲得した。……現職を中心に候補を絞りこんだ選挙態勢が奏功し、八戸市で有力現職を失う痛手はあったものの、取りこぼしを最小限にとどめた」[6]。

1999年の県議選での当選者、所属会派、および得票数は図表①の通りである。最高得票者は、三戸郡選挙区の北紀一（無）で1万5,035票を獲得、一方、最低得票者は、下北郡選挙区の大見光男（自）で6,591票であった。

＜図表①＞　1999年の県議選の当選者、所属会派、得票数

＊青森市(定数9)

当選者	得票数
高橋弘一(自)	13,822
鹿内博(無)	12,871
渡辺英彦(社)	12,403
山内和夫(自)	11,643
上村武之助(公)	10,322
森内之保留(自)	9,885
毛内喜代秋(自)	9,699
須藤健夫(無)	9,178
高橋千鶴子(共)	8,518

＊八戸市(定数8)

当選者	得票数
滝沢求(自)	13,697
中村寿文(無)	11,738
田名部定男(無)	11,353
中山安弘(自)	10,354
野沢剛(無)	10,166
間山隆彦(公)	10,150
高橋長次郎(自)	10,105
清水悦郎(自)	9,996

＊弘前市(定数6)

当選者	得票数
山内崇(無)	11,995
下田敦子(無)	11,666
三上和子(共)	10,811
相馬錩一(無)	10,380
芳賀富弘(無)	9,692
三上隆雄(無)	9,308

＊黒石市(定数1)

当選者	得票数
高樋憲(無)	14,185

＊五所川原市(定数2)

当選者	得票数
平山誠敏(無)	11,712
石岡裕(無)	8,275

＊十和田市(定数2)

当選者	得票数
丸井彪(自)	12,663
田中順造(無)	10,734

＊三沢市(定数1)

当選者	得票数
小比類巻雅明(自)	11,758

＊むつ市(定数2)

当選者	得票数
菊池健治(無)	9,770
越前陽悦(無)	8,640

＊東津軽郡(定数1)

当選者	得票数
神山久志(自)	9,409

＊南津軽郡(定数4)

当選者	得票数
阿部広悦(無)	13,386
太田定昭(自)	12,312
長尾忠行(自)	10,931
清藤六郎(無)	7,193

＊北津軽郡(定数3)

当選者	得票数
升田世喜男(無)	13,139
長峰一造(無)	9,452
成田一憲(自)	9,226

＊上北郡(定数4)

当選者	得票数
三村輝文(無)	13,095
工藤省三(自)	12,794
中谷純逸(無)	11,493
斗賀寿一(無)	11,479

＊下北郡(定数2)

当選者	得票数
平井保光(無)	7,369
大見光男(自)	6,591

＊三戸郡(定数3)

当選者	得票数
北紀一(無)	15,035
上野正蔵(自)	12,696
沢田啓(自)	9,980

＊西津軽郡(定数3)

当選者	得票数
成田幸男(自)	無投票当選
秋田柾則(自)	無投票当選
冨田重次郎(自)	無投票当選

（注：無所属の中に「県民協会」が混在している）

出典：「青森県議会議員選挙」『青森県選挙管理委員会』
https://www.pref.aomori.lg.jp/soshiki/senkan

次に、1999年の県議選で、大きな話題を呼んだ新人たちを紹介しておきたい。まず、青森市では共産党公認の高橋千鶴子（39歳）が、初出馬で8,518票を獲得して最下位ながら当選を果たした。同党では12年ぶりに県都で女性議員を誕生させた。高橋は次のように喜びを語った。

「本来なら諏訪（共産党・次点2位で落選）さんと当選を喜びたかった。市民の皆さんの期待を受け止め、公約を守っていきたい」(7)。

次に、北津軽郡から無所属で出馬した升田世喜男（41歳）は1万3,139票を獲得、新人ながらトップ当選となった。升田は次のように喜びを語った。

「希望を持てば、必ず願いがかなうことが証明された。本音の政治を目指し、皆さんのために一生懸命頑張りたい」。「木村守知事を支え北郡発展のために全身全霊を尽くします」(8)。

さらに、元参議院議員で弘前市から無所属で出馬した三上隆雄（65歳）は、9,308票を獲得、自民党現職を僅か12票差で制して最下位に滑り込んだ。三上は当選の喜びを、次のように語った。

「県政発展に最大限努め、県民の幸せのため手を取り合って頑張ります」。「結果が示す通り厳しい選挙だった。弱い人たちを豊かにし、腐敗した政治をただすために頑張る」(9)。

3、1999年県議選の課題

本章の冒頭でも紹介したように、青森県における県議選の投票率は、63.80%（男性：62.39%、女性：65.06%）に留まり、これまで最低であった1995年の64.36%をさらに下回った。県議選の投票率は、1975年の76.33%を境に下降傾向にある。今回の場合、不在者投票の条件緩和、投票時間の延長もあって、投票率の向上が期待された。だが、長期の低落状況に歯止めがかからなかった。

その背景として、これといった際立った争点は存在せず、県政与党と自民党の保守対決の帰趨が最大の焦点となり、与野党の色分けが分かりにくい傾向が強まったからで、そのため、有権者の選挙離れが一段と強まったのであろう[10]。

投票率が低下している現象について、『陸奥新報』は次のように警鐘を鳴らした。

「今回の県議選は、県政与党の県民協会と、野党で国政与党の自民が過半数獲得にしのぎを削り、革新勢力の共産、社民などが議席倍増・獲得を目指した戦いであった。が、全県的にその勢力争い、改選後の枠組みだけがクローズアップされ、県政の課題に対する争点がぼやけた感は否めない。これが投票率の低さの背景、と思えてならない。……

本県同様、各県の候補者も、有権者とりわけ政治・政党離れが進む無党派層を引き付ける明確な争点、政策を示せなかった結果であろう。……

低下を続ける選挙の投票率は、民主主義政治を見せかけだけのものにしかねない。今回の県議選での低投票率は、それをわれわれに問うているように思う」[11]。

県議選では、各候補者とも激しい選挙戦を展開した。県警は2月24日、本部と県内20署に統一地方選挙事前運動取締本部を設置。また3月23日には、同選挙違反取締本部に切り替えて渡部厚本部長以下1,234人体制を敷き、複数の選挙区で現金買収などの違反情報を得て、内偵捜査を進め、県議選違反の摘発に着手した[12]。

例えば、『東奥日報』の4月13日付の紙面には、次のような見出しで逮捕者の氏名と違反事実が報道されている。“県議選違反8人逮捕―県警と5署―現金買収などの疑い”。

「県議選の選挙違反を捜査している県警の統一地方選挙取締本部と弘前、黒石、十和田、七戸、野辺地署は12日深夜から13日未明にかけて、保守系3候補派の運動員ら8人を事前運動や現金買収の公職選挙法違反の疑いで逮捕した……」[13]。

4、おわりに

1999年4月11日に行われた県議選は、保守2大勢力の攻防を軸として展開された。その結果、与党系が若干勢力を伸ばしたものの、野党勢力と拮抗する枠組みは変化しなかった。県議会でいずれの勢力にも優位な単独過半数を与えなかったということは、結果的に県民のバランス感覚が作用した、ともいえる[14]。

当選者の平均年齢は59.4歳で、前回（1995年）および前々回（1991年）を上回った。確かに、新人は10人で、女性候補も3人当選した。しかし、県議会の空気はあまり変わりそうにもない。何故なら、新顔が増えた一方で、多選のベテラン組も多く当選したからだ[15]。

本論の冒頭で紹介したように、秋には、県議会に「情報公開制度」が導入されることになる。県議会は県の行政が適正に執行されているのか、常にチェック機能を果たす必要があり、その際、県議たちも情報の開示に積極的に協力し、各地域の代表たる議員は、斬新な“時代認識”を身につけて議会の監視と活動に励んでもらいたい[16]。

≪注≫

(1)藤本一美『戦後青森県政治史　1945年～2015年』〔志學社、2016年〕、359頁。
(2)「政治」『東奥年鑑　2000年版<記録編>』〔東奥日報社、1999年〕、84頁、『デーリー東北』1999年4月12日、『東奥日報』1999年4月12日。
(3)前掲書『東奥年鑑　2000年版<記録編>』、84頁、『東奥日報』1999年4月12日。
(4)同上『東奥年鑑　2000年版<記録編>』、85頁。
(5)「県政界の行方―第7部・県議選を受けて　上」『陸奥新報』1999年4月12日。
(6)「青森県議選の分析」『デーリー東北』1999年4月13日。
(7)『陸奥新報』1999年4月12日、『東奥日報』1999年4月12日。
(8)『東奥日報』1999年4月12日、『陸奥新報』1999年4月12日。
(9)『東奥日報』1999年4月12日、『陸奥新報』1999年4月12日。
(10)『デーリー東北』1999年4月12日。
(11)「社説：県議選の投票率が示すもの」『陸奥新報』1999年4月13日。
(12)『東奥日報』1999年4月12日(夕)。
(13)同上、4月13日。
(14)「社説：わかりやすい政治を望む」『東奥日報』1999年4月12日。
(15)「天地人」同上、1999年4月13日。
(16)「社説：県議の使命を果たそう」『陸奥新報』1999年4月12日。

第15章、2003年の県議会議員選挙

<目次>

1、はじめに

2003年の青森県において、県政史上、驚くべき事態が生じた。それは、知事選が半年間に2度も行われたことだ。その背景には、木村守男知事の女性問題に端を発した辞任劇が存在した。また、中央政界においては、本県選出の大島理森・衆議院議員が元秘書の口利き疑惑で農林大臣の辞任を余儀なくされた(1)。

こうした状況の中で、戦後15回目にあたる県議選は2003年4月13日に投開票され、無投票で当選した黒石市、三沢市、および上北郡の6人を含む51議席が新しく決まった。党派別では、自民党21、県民協会8、社民党1、公明党2、共産党2、および無所属17議席の配置となった。その後、自民党は無所属系議員5人を加え、改選前と同じ26議席とし過半数を維持した。実質的な平均競争率は1.47倍で、また新県議の新旧別では、現職32人、元職5人、および新人14人であった。なお、女性議員は2人減り1人のみとなった(2)。

この年の県議選では、ベテラン議員の引退が相次ぐ一方で、新人は14人当選するなど県議の顔ぶれが一新された。投票率は前回の63.80%をさらに4.80ポイント下回り、59.00%となった。新県議の平均年齢は、前回の59.4歳から3.6歳若返り、55.8歳であった(3)。

5月14日に招集された臨時県議会―「組織会」において、自民党所属で三戸郡選出の上野正蔵が議長に、また同じく自民党所属で三沢市選出の小比類巻雅明が副議長に選ばれた(4)。

2、2003年の県議選の概要

すでに述べたように、戦後15回目の県議選は2003年4月13日に投開票が

行われ、無投票の3選挙区6人を含めた県議51人の顔ぶれが決定。自民党は推薦を含めて21人が当選、自民党籍を有する無所属5人を加えて26議席とし、単独で過半数を堅持することに成功した。一方、県民協会は推薦者が当選し8議席となり、その他に、社民党が1人、公明党が2人、共産党が2人、および無所属は17人が当選した。

この年の県議選では、最大の争点となった木村守男知事の女性問題について、先の県議会2月定例会で知事不信任案に反対した自民党および無所属の現職5人が落選するなど、不信任造反に大きな批判が集中、いわゆる「親知事派」にとって厳しい審判が下された[(5)]。

新たに選出された県議は、その多数が木村守男知事に対する再度の不信任決議案に賛成することを明言していた顔ぶれだった。辞職勧告決議案を圧倒的多数で可決、不信任案も可決寸前に持ち込んだ改選前の決断は、有権者の意思を率直に代弁するものだ、といえる。

改めていうまでもなく、県政は財政再建、景気・雇用、および核燃サイクルなど、問題点が山積していた。だから本来、それを争点にして戦うのが県議選であったはずだ。しかし、この年の県議選で、有権者の大きな関心を呼んだのは、知事の女性問題に対する候補者たちの政治的姿勢に他ならず、結果は、改選前に辞職勧告と不信任の両決議案に反対した現職5人が落選。有権者たちは、知事の女性問題への対応を厳しく断罪したのである[(6)]。

図表①は、2003年の県議選での当選者、所属会派、および得票数を示したものである。今回の県議選では、最高得票者が青森市選挙区の鹿内博（無）で1万5,351票。一方、最低得票者は、下北郡選挙区の新保英治（無）で6,772票に留まった。

<図表①>　2003年の県議選の当選者、所属会派、得票数

＊青森市（定数9）		＊八戸市（定数8）		＊弘前市（定数6）	
鹿内博（無）	15,351	山田知（無）	11,897	岡元行人（無）	13,062
伊吹信一（公）	12,703	間山隆彦（公）	11,596	相馬錩一（無）	11,514
山内和夫（自）	11,994	滝沢求（自）	11,428	三上隆雄（無）	10,593
諏訪益一（共）	11,957	中山安広（自）	9,196	三上和子（共）	10,384
高橋弘一（自）	11,084	田名部定男（無）	8,878	西谷洌（自）	10,067

渡辺英彦(社)　10,696
山谷清文(無)　10,357
森内之保留(無)　10,231
藤本克泰(自)　9,159

山内正孝(無)　7,617
熊谷雄一(自)　7,346
清水悦郎(自)　7,224

山内崇(自)　10,012

＊五所川原市(定数２)
平山誠敏(無)　9,066
今博(無)　8,027

＊十和田市(定数２)
丸井彪(自)　10,874
中村友信(無)　10,282

＊むつ市(定数２)
菊池健治(無)　8,642
越前陽悦(無)　8,162

＊下北郡(定数２)
大見光男(自)　7,789
新保英治(無)　6,772

＊東津軽郡(定数１)
神山久志(無)　10,308

＊西津軽郡(定数３)
冨田重次郎(自)　13,897
三橋一三(無)　11,443
工藤兼光(無)　8,996

＊南津軽郡(定数４)
長尾忠行(自)　12,129
阿部弘悦(自)　9,990
太田定昭(無)　9,288
中村弘(無)　8,979

＊北津軽郡(定数３)
升田世喜男(自)　12,963
成田一憲(自)　8,642
相川正光(無)　8,584

＊三戸郡(定数３)
北紀一(無)　11,369
上野正蔵(自)　10,731
松尾和彦(無)　10,693

＊黒石市(定数１)
高樋憲(自)　無投票当選

＊三沢市(定数１)
小比類巻雅明(自)　無投票当選

＊上北郡(定数４)
三村輝文(無)　無投票当選
斗賀寿一(無)　無投票当選
中谷純逸(自)　無投票当選
工藤省三(自)　無投票当選

(注：無所属の中に「県民協会」が混在している)

出典：「青森県議会議員選挙」『青森県選挙管理委員会』
https://www.pref.aomori.lg.jp/soshiki/senkan

2003年の県議選で初当選した新人は、無所属で八戸市選出の山田知（33歳)、自民党で八戸市選出の熊谷雄一（40歳)、無所属で西津軽郡選出の三橋一三（35歳)、無所属で弘前市選出の岡本行人（38歳)、無所属で三戸郡選出の松尾和彦（39歳)、および自民党で青森市選出の藤本克泰（39歳）などであり、当選の喜びと支持者への感謝の言葉を述べた[(7)]。

新しい県議たちに対して『東奥日報』は、「社説:県民を直視して議員活動を」の中で、次のように厳しい注文をつけている。

「県議としてなすべきことは、県民の立場に立って県政をチェックすることである。同時に、提出された議案を審議するという受け身の姿勢だけでなく、議員自らが積極的に県民のための議案を提出することも必要だ。こうした議員本来の役割を常に意識していなければならない。要は県民に視線を向け続けることである。県民は何を願い、何を求めているのか。そのことに敏感であってほしい」[(8)]。

3、2003年県議選の課題

すでに述べたように、2003年の県議選は、極めて異常な政治的環境の下で遂行された。『陸奥新報』は、「社説：県政への信頼回復に努めよ」の中で、県議選後の政治課題をつぎのように論じている。

「今回の県議選は従来の選挙戦とは大きく様変わりし、週刊誌が報じた女性問題で進退を問われた木村知事への各党派や立候補者のスタンスが最大の争点となった。

先の県議会2月定例会で木村知事に対する辞職勧告決議案と不信任決議案で異なる投票行動を取った議員が6人もいた自民にとっては逆風の中での選挙戦となり、不信任決議案に反対した現職11人のうちの4人と県議会議長も務めた県連顧問の古参議員1人の5人が落選の憂き目に遭った。

また不信任決議案に反対した無所属候補2人を加えると現職13人のうち5人が落選したのだから4割近い落選率で、県民の厳しい目を裏付けるものといえよう」[(9)]。

『デーリー東北』もまた、"第2の審判厳しく"という見出しで、知事不信任案が再提出の場合に可決されるとして、次のように報道している。

「今回の青森県議選の大きな争点は、女性問題を抱えた木村守男知事へのスタンスだった。その視点でみると、本紙事前アンケートで"不信任案に賛成する"とした反知事派が36議席を獲得。不信任案可決最低ラインの39議席に迫る勢いで、知事不信任案が提案された場合、可決の可能性も出ている。

先の知事選でも多くの批判票があった木村知事にとって、"ノー"の態度を明確にする県議が全体の4分の3に迫るという事実は、間接的とはいえ、県民からの重く厳しい“第２の審判”を受けたといえる。

特に、知事直系の松森俊逸、石岡裕の両氏に加え、２月定例会で辞職勧告案、不信任案に反対した沢田啓氏、田中順造氏、平井保光氏が軒並み落選。親知事派の毛内喜代秋氏も涙をのみ、県民の知事に対する批判的な視線を際立たせた」[(10)]。

渦中の木村守男知事は４月 14 日、前日の 13 日に投開票が行われた県議選の結果を受けて記者会見し、女性問題にかかわる自身の政治的スタンスが選挙戦の争点になった点について、「これまで私なりに議会で説明してきた。今後とも県政諸課題について政治結集で責任を果たす使命感を貫いていく」と決意を述べた。また、県議会２月定例会で知事自身の不信任決議案に反対した現職５人が落選したことについては、「大変お気の毒であったと思っている」、と語った[(11)]。

毎度のことであるとはいえ、2003 年も県議選が終了するや直ちに、警察が選挙違反者の摘発に動いた。４月 14 日付と 15 日付の『東奥日報』には、次のような記事が見られる。

「13 日に投開票を終えた県議選の選挙違反を捜査している県警の“統一地方選挙違反取締本部”と三戸署、浪岡署、八戸署など県内数署は、14 日早朝から、一斉に違反摘発に乗り出した」[(12)]。

「13 日に投開票が行われた県議選の選挙違反を捜査している県警捜査二課と八戸署、三戸署は 14 日午後 10 時 40 分、三戸郡選挙区から立候補した沢田啓候補（自民、落選）を当選させようとして、買収行為をしていた運動員３人を公選法違反（買収、事前運動）の疑いで逮捕した。捜査当局は同日から一斉に違反摘発に乗り出したが、初日から逮捕者が出る結果となった」[(13)]。

なお、2003 年 12 月３日、自民党所属で上北郡選出の現職県議の工藤省三（76 歳）が天間林村の土地改良区の役員選をめぐる贈収賄事件で逮捕され、青森地裁は 2004 年２月 26 日、工藤被告に懲役２年、執行猶予４年の有罪判決を言い渡した[(14)]。

４、おわりに

木村守男知事はその後、不信任決議案が可決される見通しとなり、５月 16 日に至り、知事職の辞任に追い込まれた。後任には、元衆議院議員の三村申吾（自民党推薦）が横山北斗（民主党推薦）を破り、６代目の民選知事に就任した[(15)]。

県議選自体が、木村守男知事の女性問題に端を発して混乱し、そのため、知事の進退が最大の争点となり、政治的レベルとして「低次元」な選挙に終始してしまったのは、残念なことであった。

だから、当該問題に関して県民の信を問う必要があったのは否めない。確かに、各選挙区の構図が必ずしも女性問題を軸としたわけでなかったにせよ、有権者は“民意”を県議選で明らかにする機会を得たわけである[(16)]。

異例なことに、県議選では政党によって党派を超えた支援対策も見られるなど、戦いの構図それ自体、これまでの与野党対決とは様相を異にした。それがまた、2003年の県議選の特色でもあった[(17)]。

なお、今回の県議選では初めて『選挙公報』が発行され、合同・個人演説会も実現した。ただ、実際には、県政の混乱を通じて、政治や県議会への不信感が増大、有権者の足を投票所から遠ざけてしまった。この問題を契機に、地方政治とは一体どうあるべきかを再考する機会となれば、幸いである[(18)]。

≪注≫

(1)藤本一美『戦後青森県政治史　1945年～2015年』〔志學社、2016年〕、381頁。
(2)『陸奥新報』2003年4月14日、『東奥日報』2003年4月14日、『デーリー東北』2003年4月14日。
(3)「政治」『東奥年鑑　2004年版＜記録編＞』〔東奥日報社、2003年〕、78頁。
(4)『東奥日報』2003年5月15日。今回の県議選で南郷村議6人を含む上野正蔵議長の運動員7人が起訴された。これを受けて共産党議員らが上野議長の不信任案を提出。採決は賛成少数で否決されたものの、採決後、上野議長は「重さを感じている。結果を心に刻みながら政治不信払拭のためにも、職務を通じて頑張りたい」と述べた（「県議会」『東奥年鑑　2005年版＜記録編＞』〔東奥日報社、2005年〕、79頁）。
(5)『陸奥新報』2003年4月14日、『東奥日報』2003年4月14日、『デーリー東北』2003年4月14日。
(6)『東奥日報』2003年4月14日。
(7)『陸奥新報』2003年4月14日、『東奥日報』2003年4月14日。
(8)「社説：県民を直視して議員活動を」『東奥日報』2003年4月14日。
(9)『陸奥新報』2003年4月15日。
(10)『デーリー東北』2003年4月14日。
(11)同上、2003年4月15日。
(12)『東奥日報』2003年4月14日。
(13)同上、2003年4月15日。
(14)「土地区汚職　工藤省三県議逮捕」前掲書『東奥年鑑　2004年版＜記録編＞』、79頁。
(15)詳細は、前掲書、藤本一美『戦後青森県の政治争点　1945年～2015年』、第五部第3章参照。
(16)『陸奥新報』2003年4月14日。
(17)「冬夏言」同上。

(18)「県議選分析・記者座談会―親知事派に厳しい審判」『東奥日報』2003年４月14日。

第16章、2007年の県議会議員選挙

<目次>

１、はじめに

2007年、参院選では自民党が惨敗して、安倍晋三首相は退陣。代わって福田康夫内閣が発足した。一方、青森県では、知事選、参院選と県単位の選挙が行われ、知事選では自民党の三村申吾が再選された。一方、参院選では、民主党新人の平山幸司が自民党現職の山崎力を破ったのが特筆される[(1)]。

戦後16回目となる県議選は、2007年４月８日に投開票が行われ、無投票で当選した黒石市、平川市、西津軽郡、および東津軽郡の５人を含む48人が決定。市町村合併や人口減少で選挙区割りが再編、そのため、選挙区は１増（16区）、総定数は３減（48議席）の下で、県議選が行われた。党派別の当選者は、自民党24、民主党６、公明党２、共産党２、社民党１、および無所属13議席であった。その後、自民党は無所属議員４人を入党させて28議席とし、議会で過半数を堅持した。新旧別では、現職35人、元職１人、新人12人で、議員の平均年齢は、55.6歳と前回に比べて0.2歳若返った。女性議員は２人で１人増え、また、投票率は57.08％に終わり、前回をさらに1.92ポイント下回り過去最低を更新した[(2)]。

このように、県議選に対して有権者の関心が高まらなかったのは、政治離れという根本的問題に加えて、全国でも最低水準の産業・雇用の改善による地域間格差の是正をめぐる具体的論争が乏しく、また明確な争点を欠いていたことも影響している[(3)]。2007年の県議選では、立候補者のうち新人が40％を占め世代交代が焦点の１つとなったものの、当選者のうちで新人は25％に留まった[(4)]。

臨時県議会が５月９日に招集、「組織会」で正副議長の選挙が行われた。議長には、自民所属で東津軽郡選出の神山久志（当選６回）が、また副議長には

自民党所属でむつ市選出の大見光男（当選３回）が選ばれた[5]。

２、2007年県議選の概要

すでに述べたように、戦後16回目の県議選は４月８日に投開票が行われ、無投票当選の４選挙区５人を含む新県議48人の顔ぶれがそろった。自民党は24人が当選、党籍を有する無所属新人４人を加えて、改選前の29議席から１議席減らし28議席とし、引き続いて単独で過半数を制した。一方、２大政党の一翼を担う民主党は現有同数の６議席を確保、また、公明党は２議席、共産党は２議席、社民党は１議席で、無所属が13議席であった[6]。

市町村合併や人口減少で選挙区割りが再編、選挙区１増、定数３減の下で、県議選が実施された。総定数や区割りの見直しは、自民党にとって比較的有利に働いた、といえる。事実、自民党はエリアが狭まった選挙区を中心に無投票を含めて圧勝し、市部では後援会組織をフルに回転させた。ただ、その一方で、次期議長と目されていたベテラン議員が落選するなど、無党派層をはじめ新たな支持者を得ることが出来ないという限界も見られた。

これに対して、民主党は対抗馬の発掘が難航、出遅れた新人を次々と追加公認したものの、目標としていた議席増を実現できなかった。また、公明党、共産党、および社民党は知名度で劣る新人候補を擁立した。だが、党代表らを投入した強力な支持が奏功し議席維持に成功した[7]。

選挙戦では、候補者たちは党派を問わず雇用、医療、および格差是正など直面する深刻な課題を公約に掲げた。そのため、争点は明確さを欠き、また春休み最後の日曜日と重なったこともあって、投票率が57.08％と過去最低を記録した[8]。

図表①に、2007年の県議選での当選者、所属会派、および得票数を掲げておいた。最高得票者は、八戸市選挙区の中村寿文（無）で１万7,561票を獲得。一方、最低得票者は、南津軽郡の阿部弘悦（自）で7,324票であった。

<図表①>　2007年の県議選の当選者、所属会派、得票数

＊青森市（定数10）		＊八戸市（定数8）		＊弘前市（定数６）	
高橋修一（自）	14,157	中村寿文（無）	17,561	川村悟（無）	13,687
鹿内博（無）	12,811	滝沢求（自）	12,346	岡元行人（自）	12,686

伊吹信一(公)　12,311
諏訪益一(共)　11,795
森内之保留(自)　11,502
山内和夫(自)　11,373
渋谷哲一(無)　10,155
古村一雄(無)　9,379
一戸富美雄(無)　8,699
奈良岡克也(社)　7,630
畠山敬一(公)　10,828
熊谷雄一(自)　10,198
田名部定男(民)　10,139
山内正孝(民)　9,256
山田友(無)　8,778
清水悦郎(自)　7,843
安藤晴美(共)　11,383
三上隆雄(無)　11,116
山内崇(自)　10,307
西谷洌(自)　9,867

＊五所川原市(定数３)

櫛引ユキ子(自)　11,948
成田一憲(自)　11,455
今博(民)　10,059

＊つがる市(定数１)

三橋一三(自)　13,152

＊十和田市(定数２)

田中順造(自)　11,535
丸井裕(自)　11,248

＊三沢市(定数１)

小桧山吉紀(無)　14,097

＊むつ市(定数３)

越前陽悦(無)　13,116
菊池健治(無)　12,456
大見光男(自)　8,574

＊三戸郡(定数３)

夏堀浩一(無)　10,802
北紀一(民)　9,908
松尾和彦(民)　8,954

＊上北郡(定数４)

中谷純逸(自)　11,293
三村輝文(無)　11,278
斗賀寿一(民)　10,397
工藤慎康(自)　9,724

＊南津軽郡(定数１)

阿部弘悦(自)　7,324

＊北津軽郡(定数1)

相川正光(自)　9,882

＊黒石市(定数１)

高樋憲(自)　無投票当選

＊平川市(定数２)

中村弘(自)　無投票当選
長尾忠行(自)　無投票当選

＊東津軽郡(定数１)

神山久志(自)　無投票当選

＊西津軽郡(定数１)

工藤兼光(自)　無投票当選

出典：「青森県議会議員選挙」『青森県選挙管理委員会』
https://www.pref.aomori.lg.jp/soshiki/senkan

2007年の県議選では、新人が多数当選した。その中で、特に注目を集めて当選した新人を紹介しておきたい。自民党公認の櫛引ユキ子（53歳）＝五所川原市＝は１万1,948票を獲得、女性候補として五所川原市選挙区では初めての当選で、しかも、西北五地域からの当選は60年ぶりの快挙となった。トップ当選を果たした櫛引は、次のように喜びを語った。

「ちゃんとした政治を志す人になるよう、これからも私を支えて下さい。有権者の思いを無駄にせず、自分なりの政治をしたい」(9)。

一方、共産党公認の安藤晴美（55歳）＝弘前市＝は１万1,383票を獲得し、「本当にうれしい。三上和子県議が３期12年務めてきた議席を守ることができた」と深々と頭を下げ、次のように誓った。

「政治や暮らしに対する不満の声が１票となったのだろう。県政の場で市民の思いを伝えたい」(10)。

その他に、無所属新人の古村一雄（62歳）＝青森市＝は9,379票を獲得して８位で当選、初当選の意義を次のように強調した。

「今回の勝利で浪岡の存在を示せた。感謝している。（青森市との合併という）浪岡の悲劇を繰り返さない」(11)。

３、2007年県議選の課題

2007年の県議選が終了した時点で県内の主要紙は、県議選の特色、課題、および展望を述べている。例えば、『東奥日報』は「社説：新しい県議決まる―敏感力・論戦力・実行力」と題して、次のように新しい県議に課題を投げかけた。

「新県議には、“敏感力”を求めたい。選挙戦の現場で県民が何を望み、何に困っているかを肌で知ったはず。県民の思いを鈍感ではなく敏感にとらえ、県政に反映させるべきだ。……

県民を苦しめる痛みの内容は違うが、どれも切実だ。新県議は産業振興、雇用確保などを公約にして当選してきたのだから、約束を果たす義務を負った。痛みを少しでも和らげる具体的な成果を示してもらいたい。選挙戦で県民に公約を訴え、県民の声に耳を傾けた。相手陣営とは政策論争をした。今度は県を相手に政策論争をする番だ」(12)。

『東奥日報』はまた、投開票翌日の「社説：統一選前半選終わる―勢力図に大きな変化なし」の中で、今回の県議選の特徴を次のように総括している。

「県議選の投票率は57.08％となり、過去最低であった前回の2003年の59.00％をさらに1.92ポイント下回った。雇用や産業振興、医療・福祉など県民生活に直結する課題はいっぱいある。しかし、これらを明確な争点として有権者に浸透させることができなかったことが、投票率に反映したと言える。各党にとって重い課題を残した……。

自民党は過半数を維持し､県政界の主導権を引き続き確保することができた。しかし、浮動票が多いとみられる市部で期待した結果が得られなかったところもある。今後続く県知事選や参院選に向けて、組織の引き締めを図る必要があろう。……

民主党は人材発掘にもっと力を入れるべきだ。確固とした組織を再構築し、有権者に選択肢を示していかなければならない。そうでないと、“2大政党時代の一翼を担う”とは、少なくとも県内では言えない」(13)。

同じく『陸奥新報』も、「社説：県議選終わる―公約実現への不断の努力を」の中で、新県議たちに、次のような課題をつきつけている。

「9日間の選挙戦で各候補は雇用、産業、医療福祉など分野で地域事情を踏まえつつ、それぞれの公約を有権者に訴えてきた。ほとんどの候補が掲げたのが雇用対策だった。県民の閉塞感は強く、全国最下位クラスを脱せない現状を受けたものだ。その手法を紹介すると、“企業誘致”“新産業創造”“地場産業の育成”が挙がった。……

県議会は、雇用の拡大が掛け声だけに終わらないよう機会あるごとに県の事業や制度の中身を厳しくチェックする必要がある。また､事業効果を確かめて、最大の成果が上がるよう見直しや廃止を求めるのも責務だ」(14)。

さらに『デーリー東北』も「時評:統一選前半選―未来への道筋明確に示せ」の中で、新県議の在り方を次のように論じていたので紹介しておく。

「平成の大合併によって地方は確実に変わろうとしている。新時代の地方自治の在り方を懸命に模索している最中だ。地方分権の推進、少子高齢化社会への対応、そして多様化する住民のニーズにも応えられる効率的な行政運営に向け必死の努力が続いている。

しかし、残念ながらそんな中で中央との格差拡大の流れは止まらない。北奥羽エリアに住むわれわれの暮らしも依然として厳しい。そこでまず、第1に知事や県議はこうした住民の痛みの実態をしっかり把握することから始めてほしい。あらためて現実を直視することが、地方再生への道を切り開く最初の1歩だと考えるからだ」(15)。

県内の主要各紙の社説での批判は、いずれももっともな内容ばかりで、当選した新しい議員にとって耳の痛い話ばかりである。

ところで、県議選が終わると同時に、選挙違反者の摘発が行われた。４月９日付の『東奥日報』は、“県南など捜査本格化―県議選違反”という見出しで、次のように報道した。

「８日投開票の県議選で、県警、各署の取締本部は９日、選挙違反の捜査を本格化した」(16)。

また翌10日付の報道では、“吉田派運動員を逮捕―県議選上北郡区―現金買収の疑い”という見出しで、『東奥日報』と『陸奥新報』の両紙が選挙違反者の逮捕を報じている。

「県警捜査二課と八戸署は９日、公選法違反（現金買収、事前運動）の疑いで、８日投開票の県議選上北郡で落選した吉田豊候補派の運動員で大工（59歳）＝六戸町大落瀬高館＝を逮捕した。調べによると、佐々木容疑者は今年２月中旬ごろ、六戸町内で、同選挙区の有権者の農業男性（58歳）に対し、吉田候補への投票と票の取りまとめなど選挙運動の報酬として、現金数万円を渡した疑い」(17)。

４、おわりに

県議選の結果については、県内の各紙が「県議選　記者座談会」の中で、それぞれ選挙区ごとに詳細に論じているので、選挙区事情を詳しく知ることができる。その分析は置くとして、一方で有権者たちは、新県議に一体何を期待し望んでいるのであろうか？　最後に、有権者たちの子育て、就職、および景気などに関する切実な声を紹介しておく。

＊青森市の会社員：男性（66）＝「商店街に人がいないのがさみしい。特に、青森市まで新幹線が来たとき、新町商店街がこのまま活気のない状態だと、どうなってしまうのかと不安だ。街を活気づけるようなことをしてほしい」。

＊五所川原市の農業者：男性（49）＝「品目横断的経営安定対策導入など農政改革が断行され、農業情勢はさらに厳しくなる。新議員は、農業者と危機意識を共有し、生産者意欲をかきたてるような議論を展開してほしい」。

＊五戸町の無職者：男性（21）＝「景気が悪くて、なかなか仕事が見つからない。当選した県議には、雇用対策に力を入れてもらいたい。五戸町で働きたいが、八戸市まで範囲を広げて探している。景気さえ良くなってくれれば」。

＊東北町の社員：女性（33）＝「これから結婚して子供を産む女性たちが安心

して出産でき、働きながら安心して子育てができるような環境を整備してもらいたい。出産・子育て支援が充実すれば少子化問題も解決できると思う」[(18)]。

すべて有権者の県議に対する切実な要望ばかりである。新しく選出された県議がこれらの問題を議会で取り上げ､真摯に対策に取り組むことを期待したい。

≪注≫

(1)藤本一美『戦後青森県政治史　1945年～2015年』〔志學社、2016年〕、402、406頁。
(2)「政治」『東奥年鑑　2008年度版』〔東奥日報社、2007年〕、102頁、『陸奥新報』2007年４月９日。
(3)「投票率過去最低57.08％」『デーリー東北』2007年４月９日。
(4)『東奥日報』2007年４月9日。
(5)前掲書、「議会」『東奥年鑑　2008年度版』103頁。自民党会派の議長候補の要件は、①当選５回以上、②副議長経験者は８年以上の間隔を置く慣例であった。だが、対象者が少なかったこともあり、副議長を経験して５年に満たない神山久志を選出し、従来の慣例を見直した(同上)。
(6)『デーリー東北』2007年４月９日。
(7)「自民辛くも主導権―解説」『陸奥新報』2007年４月９日。
(8)同上。
(9)「期待票　新人に追い風」『東奥日報』2007年４月９日、『陸奥新報』2007年４月９日。
(10)「歓喜とため息交差」『陸奥新報』2007年４月９日。
(11)「勝利で“浪岡”示す」同上、平成の大合併で青森市と浪岡の合併を巡る確執については、藤本一美『戦後青森県の政治的争点　1945年～2015年』〔志學社、2018年〕、第七部第５章を参照。
(12)「社説：新しい県議決まる―敏感力・論戦力・実行力」『東奥日報』2007年４月９日。
(13)「社説：統一選前半選終わる―勢力図に大きな変化なし」同上、2007年４月10日。
(14)「社説：県議選終わる―公約実現への不断の努力を」『陸奥新報』2007年４月９日。
(15)「時評：統一選前半選―未来への道筋明確に示せ」『デーリー東北』2007年４月９日。
(16)『東奥日報』2007年４月９日。
(17)同上、2007年４月10日、『陸奥新報』2007年４月10日。
(18)「新議員に望む」『東奥日報』2007年４月９日。

第17章、2011年の県議会議員選挙

<目次>

１、はじめに

2011年３月11日に発生した「東日本大震災」は、日本社会に多大な被害をもたらした。民主党の菅直人首相は対策に全力をあげたものの、マスコミなどから不手際の批判を受けて退陣、代わって野田佳彦首相が登場した。もちろん、青森県でも大きな被害が生じた。だが、５月には知事選を実施し、現職の三村申吾が３選された(1)。

こうした状況の中で、戦後17回目となる県議選が2011年４月10日、投開票された。その結果、無投票当選となった７選挙区の８人を含む48人の新県議が決定。党派別の当選者は、自民党が現有議席を上回る25議席で、定数の過半数を維持した。一方、民主党は６議席に終わった。公明党と共産党は各２議席、社民党はゼロ、そして無所属は13議席であった。新旧別では、現職33人、元職３人、および新人12人であり、このうち女性は３人当選した。また、投票率は51.68%に留まり、前回を5.40ポイント下回り過去最低を更新した(2)。

県議会は５月11日、改選後の「組織会」となる臨時会を招集、正副議長選挙を実施した。新議長には、当選５回で自民党会派の高樋憲（黒石市選出）を、また副議長には、当選３回で同じく自民党会派の相川正光（北津軽郡選出）を選んだ。第１会派の自民党は６つの常任委員会の委員長と特別委員会の正副委員長職をすべて独占した(3)。

２、2011年県議選の概要

2011年４月の県議選については、東日本大震災の影響もあり延期が検討されたものの、当初の予定通り実施された。震災と福島第１原発の事故により、災害への対応や下北半島に集中する原子力発電所と核燃料サイクル事業の是非

が争点として浮上した。そのため、経済・雇用対策や中央と地方の格差、環太平洋経済連携協定（TPP）交渉への参加の是非を含めた第１次産業の振興対策などは影を潜め、争点が総じてぼやけた格好となった(4)。

上で述べたように、2011年の県議選は４月10日に投票が行われ、即日開票の結果、無投票当選となった７選挙区８人を含む新県議48人が決定。公認・推薦を合わせた党派別の当選者は、自民党が、無投票当選の現職８人を含めて現有22議席から３人上乗せして､25議席と定数48の過半数を制した。確かに、平川市では現職が落選したものの、青森市、八戸市、五所川原市、および上北郡選挙区では元職・新人系６人が当選、勢力を拡大した。また、現職が勇退したむつ市でも新人がトップ当選を果たすなど、世代交代が促進された(5)。

これに対して、民主党は弘前市、八戸市、および五所川原市で現職が落選したほか、新人３人も敗れた。弘前市、五所川原市、および上北郡で議席を失い、現有10議席から４議席減の６議席へと惨敗、党として組織力の弱体ぶりを露呈した。

社民党は党を挙げて議席の死守を図ったものの、当選に届かなかった。共産党は、青森市で２議席を目指したが新人が敗れ、青森市と弘前市の現職２議席に留まった。また、公明党は青森市と八戸市で現職２議席を死守した(6)。

図表①は、2011年の県議選における当選者、所属会派、得票数を示したものである。最高得票者は、青森市選挙区の高橋修一（自）で、１万4,670票を獲得。最低得票者は、平川市選挙区の工藤義春（無）で5,648票に留まった。

<図表①>　2011年の県議選の当選者、所属会派、得票数

＊青森市（定数10）

氏名	得票数
高橋修一（自）	14,670
森内之保留（自）	11,454
伊吹信一（公）	11,171
渋谷哲一（民）	9,663
関良（無）	8,727
古村一雄（無）	8,562
山谷清文（自）	7,921
花田栄助（自）	7,614

＊八戸市（定数８）

氏名	得票数
熊谷雄一（自）	13,125
滝沢求（自）	12,159
中村寿文（民）	10,058
山田知（民）	9,281
畠山敬一（公）	8,828
田名部定男（民）	8,627
清水悦郎（自）	8,112
藤川友信（自）	6,908

＊弘前市（定数６）

氏名	得票数
相馬錩一（無）	10,284
西谷洌（自）	10,038
岡元行人（自）	9,765
安藤晴美（共）	8,974
川村悟（無）	8,609
齊藤爾（無）	7,366

諏訪益一(共)　7,245
奈良岡央(無)　7,209

＊五所川原市(定数３)
櫛引ユキ子(無)　12,846
寺田達也(自)　12,493
成田一憲(自)　7,044

＊むつ市(定数３)
横浜力(自)　11,730
菊池憲太郎(無)　10,781
越前陽悦(無)　9,574

＊平川市(定数２)
長尾忠行(自)　9,789
工藤義春(無)　5,648

＊南津軽郡(定数１)
阿部広悦(自)　6,088

＊上北郡(定数４)
工藤慎康(自)　12,015
吉田絹恵(無)　10,407
蛯沢正勝(無)　8,779
沼尾啓一(無)　8,598

＊三戸郡(定数３)
夏堀浩一(自)　9,381
北紀一(民)　8,379
松尾和彦(民)　7,969

＊黒石市(定数１)
高樋憲(自)　無投票当選

＊三沢市(定数１)
小桧山吉紀(自)　無投票当選

＊十和田市(定数２)
丸井裕(自)　無投票当選
田中順造(自)　無投票当選

＊東津軽郡(定数１)
神山久志(自)　無投票当選

＊西津軽郡(定数１)
工藤兼光(自)　無投票当選

＊北津軽郡(定数１)
相川正光(自)　無投票当選

＊つがる市(定数１)
三橋一三(自)　無投票当選

出典：「青森県議会議員選挙」『青森県選挙管理委員会』
https://www.pref.aomori.lg.jp/soshiki/senkan

2011年の県議選では、新人12人が議席を手にして注目された。定数48中12人ということは当選率が25%である。そこで、注目された新人議員を紹介し、当選の喜びと決意の声を拾ってみる。

平川市選挙区において無所属新人で当選した工藤義春（61歳）は、次のように決意を表明した。

「私を信じて支えてくれた多くの仲間に感謝したい。いただいた点数の重さを胸に、地域のために一生懸命に働く。これが私の恩返し」[7]。

自民党の新人で前回敗れたが、しかし今回当選した五所川原市選挙区の寺田達也（48歳）は、当選の喜びと決意を次のように述べた。

「皆様の支えによって当選を果たすことができた。皆様の熱い思いは今でも伝わっている」。「期待を裏切らないように働く場を増やし、若い人が定住できるよう、地域発展のため精一杯努力したい。それが恩返しだと思っている」[8]。

また、弘前市選挙区の岩木地区から、無所属新人で初当選を果たした齊藤爾（40歳）は、次のように喜びを語った。

「多くの人に支えられながら、何と50年ぶりに岩木から県政の扉を開かせてもらえた」と感激。その上で、「結果を重く受け止め県政発展、そして県民の生活第一を肝に銘じながら県会議員としての道を歩んでいきたい」、と決意を新たにした[9]。

上北郡選挙区からの無所属新人で前町議の吉田絹恵（64歳）は上北郡初の女性県議となり、次のように決意を述べた。

「自分のためでなく、相手の立場に立ち、人を大事にしながら頑張っていく」[10]。

さらに、むつ市選挙区で市議から転身した新人の菊池憲太郎（42歳）は、県議を6期務めた父健治の地盤を引き継ぎ初当選。その喜びを、次のように語った。

「（下北）半島全体、県民の幸せのため、議員生活を通じて答えを出していきたい」[11]。

3、2011年県議選の課題

すでに冒頭でも指摘したように、いわゆる「3・11東日本大震災」を境に、日本の状況は、経済、物流、および雇用環境など全ての面で様変わりした。しかも、その影響は短期間に留まることはなく、青森県を含めて東北地方の在り方や価値観もまた変わらざるを得なかった。

こうした危機的状況の最中で、県議選が実施され48人の新県議が決定した。新県議の責任はことに重大で、従来型の県議会運営では時代の変化に対応できない、と思われる。『東奥日報』は、珍田秀樹記者による「評論：県議会は機能強化を―震災境に周囲の環境一変」の中で、県議選後の政治課題を次のように指摘している。

「今回の県議選で25議席を獲得し過半数を維持した県政与党・自民党は、本県のこれからの道筋をどうつけるかという点で最も重要な責任がある。一方、民主党をはじめ野党側も、県当局、与党会派が進める施策をチェックしつつ、県民生活安定のため歩み寄るべきところは歩み寄る協力姿勢が必要であろう」

[12]。

『デーリー東北』もまた、「時評：今こそ政治の実力示せ」の中で、新しい県議に次のように課題を突き付けている。

「震災後の混乱と、東京電力福島第１原発の深刻なトラブルの真っただ中で行われた選挙戦だった。直接的な震災被害を受け、原子力施設が集中立地する青森県にとって、“復興”と“原子力”は、これから４年間を通じて語られるべき県政の２大テーマとなろう。

もちろん、雇用や経済対策、人口減少への対応、東北新幹線全線開業後の地域振興策など、以前から県政が抱える難しい時代の進路について、三村申吾知事ら理事者側と活発な議論を交わして欲しい。そこには県政チェックという使命こそあれ、県民不在の党利党略は関係ない。間違っても、自らに託された１票１票の思いを忘れることがあってはならない」[13]。

確かに、2011年の県議選では、多くの有権者から“こんな時期に（県議）選挙なんて”との声があったのも事実である。結果は、県全体の投票率は過去最低の51.68％という低調に終わった。この点に関して、『東奥日報』は「社説：議会改革進め信頼回復を一投票率最低の県議選」の中で、“政治が有権者の期待を引き付けられなかったことだ”、としながら次のように課題を提示した。

「選挙の結果、無投票で当選を決めた８人を含め改選された48議員は、政治に対する信頼を回復するという大きな課題を背負ったととらえてほしい。新県議は、県政の喫緊の課題である震災復興対策や雇用・産業対策など有権者に約束した政策実現に取り組むとともに県の信頼を得られるような議会改革を進めなければならない。

“議会の中で何をやっているのか分からない”、“県行政を追認するだけ”。県民からこんな指摘がある。県民の意識とかけ離れた議会では存在意義がない。４年に１度の選挙で信託を受けているだけでは十分でない」[14]。

県警本部は県議選が終了すると同時に、選挙違反の捜査に着手した。例えば、『陸奥新報』の４月13日付記事には、“寺田氏陣営運動員を逮捕―五所川原署など―県議選で買収容疑”という見出しの中で、次のように報道した。

「10日に投開票された県議選で、青森署と五所川原署は12日、公選法違反（物品買収、事前運動）の疑いで、五所川原市選挙区で当選した寺田達也陣営の運動員で無職の容疑者（63）＝五所川原市金木町芦野＝を逮捕した。逮捕容疑は県議選告示前の今年３月下旬ごろ、五所川原市金木町内で数回にわたり、複数の知人に対し、同選挙区から立候補を予定していた寺田氏への投票と票の取りまとめなどを依頼、報酬として日本酒各１本を渡した」(15)。

4、おわりに

『陸奥新報』は、今回の県議選の結果を福島の原発事故に絡ませて、コラム「冬夏言」の中で、次のように皮肉っている。興味深い内容なので、最後に紹介しておきたい。

「県会議員選挙に県民の審判が下った。県政与党の自民が躍進し、国政与党の民主が議席を減らした。東日本大震災にゆれる中にあって、この結果をどうみるべきなのか。

本県には下北半島に集中立地する原子力発電所と核燃料サイクル施設がある。県政与党はもともと、核燃などを受け入れ推進してきた立場でもある。今回の福島第１原発の事故を受け災害への対応策がより重要になった。また原発などへの安全性に対する県民意識がさらに高まったのは事実である。今回の選挙で県政与党へ託した思いを、当選した議員は胸に刻み、これから政策立案に反映してほしい。それが安全安心を願う県民の意思表明であったと思う。それは議席を減らした民主への思いでもある。国民与党として期待したにもかかわらず、裏切られたとの思いが結果となって表れたともいえる」(16)。

また先に述べたように、近年、県議選での投票率は低迷を続けており、今回もまた史上最低に終わった。『陸奥新報』は同じく「冬夏言」の中で、次のように戒めている。

「“自分が１票を入れても政治は変わらない”。以前からよく聞く声である。確かに、震災とその余震に伴う混乱で、選挙どころでないと感じた有権者はいただろう。しかし、小さなことでも、みんなで動けば結果は異なる」(17)。

確かに近年、県議選の投票率は低下する一方である。だが、今回は東日本大震災に伴う数十年に１回という大被害が生じ、それが多くの有権者たちの足を引っぱったのも否めない。

≪注≫

(1)藤本一美『戦後青森県政治史　1945年～2015年』〔志學社、2016年〕、426～427頁。
(2)『東奥日報』2011年４月11日、『陸奥新報』2011年４月11日。

(3)「県議会」『東奥年鑑　2012年版』〔東奥日報社、2011年〕、73頁。
(4)『陸奥新報』2011年４月11日。
(5)「県議会選挙」前掲書『東奥年鑑　2012年版』、11頁。
(6)同上。
(7)「初当選に歓喜―工藤さん」『陸奥新報』2011年４月11日。
(8)「地域発展に働く場確保―寺田さん」同上。
(9)「岩木から50年ぶり―斉藤さん」同上。
(10)「吉田さん　郡初の女性県議」『デーリー東北』2011年４月11日。
(11)「父の地盤受け継ぐ―菊池さん、市議から転身」同上。
(12)「評論：県議会は機能強化を―震災境に周囲の環境一変」『東奥日報』2011年４月11日(夕)。
(13)「時評：今こそ政治の実力示せ」『デーリー東北』2011年４月11日。
(14)「社説：議会改革進め信頼回復を―投票率最低の県議選」『東奥日報』2011年４月11日。
(15)『陸奥新報』2011年４月13日。
(16)「冬夏言」同上、2011年４月12日。
(17)「冬夏言」同上、2011年４月11日。

第18章、2015年の県議会議員選挙

<目次>

１、はじめに

安倍晋三首相は、2015年に入るや国会で安全保障関連法を成立させ、自民党総裁選では無投票で再選された。また、公職選挙法が改正、次回の選挙から18歳以上の若者が投票できるようになった。一方、青森県では、知事選で現職の三村申吾が４選を果たし、また大島理森・衆議院議員が議長に就任した[(1)]。

戦後18回目となる県議選は、2015年４月12日に投開票が行われた。無投票当選となった５選挙区５人を含む48人の新県議が決まった。党派別の当選者は、自民党29、民主党６、共産党３、公明党２、および無所属８議席で、社民党は議席を奪還できなかった。その後、自民党は無所属から１人を入党させて、30議席とした。投票率の方は51.08％に留まり、過去最低であった2011年を0.60ポイント下回った。新議員の新旧別では、現職42人、元職１人、および新人５人で、このうち女性が３人当選した[(2)]。

５月13日、県議選後初の臨時県議会が招集、「組織会」で正副議長の選挙が行われた。その結果、議長に当選５回で八戸市選挙区の自民党会派の清水悦郎を、また副議長には、当選４回で西津軽郡選挙区の工藤兼光を選出した[(3)]。

２、2015年県議選の概要

すでに述べたように、2015年４月12日に県議選が行われ、選挙戦では、県が最重要課題に掲げる人口減少対策、地方活性化にむけた具体的な施策などが主な争点となった。結果は、県政与党の自民党は29人が当選、その後無所属から１人入党させ、30議席と安定多数を堅持した[(4)]。

県議選は無投票となった５選挙区を除き11選挙区、都合43議席を競う戦いとなった。県議会で最大勢力を誇る自民党は、無投票を含めて公認した29人

が当選、安定過半数を占めた一方で、民主党は現職５人と新人１人が当選、現有議席６を確保した。また、公明党は２議席を維持、共産党は議席を１増やし３議席となった。ただ、社民党は議席奪還とならなかった。

この点を敷衍しておくなら、国政と同じく、県政でも「自民党１強」が続いていた。そこで、県議選での焦点は、自民党が安定多数を維持できるかにあった。結果は、上で述べたように、改選前の30議席を割り込んだものの、安定多数の29議席を獲得、一応、県民から県政のかじ取りをまかされた形となった。

これに対して、民主党は８選挙区に11人を擁立するなど、２桁の候補擁立で議席増を狙ったものの、議席は現有の６議席に留り、議席増はかなわなかった。また、公明党は堅実に現有の２議席を死守、共産党は八戸市で初めて議席を獲得して、２議席から３議席に増やし、一定の成果をあげた。社民党は県政復帰が叶わなかった[5]。

図表①は、2015年の県議選での当選者、所属会派、得票数を示したものである。今回の最高得票者は青森市選挙区の高橋修一（自）で、１万5,965票を獲得。最低得票者は、平川市選挙区の工藤義春（自）で5,732票であった。

＜図表①＞　2015年の県議選の当選者、所属会派、得票数

＊青森市(定数10)	
高橋修一(自)	15,965
諏訪益一(共)	13,180
伊吹信一(公)	11,464
森内之保留(自)	10,756
花田栄介(自)	9,232
関良(無)	9,140
渋谷哲一(民)	8,986
古村一雄(無)	8,305
一戸富美雄(無)	8,269
山谷清文(自)	7,577

＊八戸市(定数８)	
熊谷雄一(自)	14,718
田名部定男(民)	11,325
山田知(民)	10,722
畠山敬一(公)	9,944
清水悦郎(自)	8,690
藤川友信(自)	8,417
松田勝(共)	7,910
田中満(民)	7,405

＊弘前市(定数６)	
安藤晴美(共)	10,590
谷川政人(自)	9,622
川村悟(無)	9,347
岡元行人(自)	8,801
菊池勲(無)	8,561
齊藤爾(自)	8,403

＊五所川原市(定数３)	
寺田達也(自)	9,789
櫛引ユキ子(無)	8,556

＊十和田市(定数２)	
丸井裕(自)	10,035
田中順造(自)	9,783

＊三沢市(定数１)	
小桧山吉紀(自)	11,566

成田一憲（自）　7,306

＊むつ市（定数３）

越前陽悦（自）　10,676
菊池憲太郎（自）　10,647
横浜力（自）　8,498

＊平川市（定数２）

山口多喜二（無）　8,157
工藤義春（自）　5,732

＊北津軽郡（定数１）

齊藤直飛人（自）　6,696

＊上北郡（定数４）

工藤慎康（自）　10,634
吉田絹恵（無）　10,580
沼尾啓一（自）　8,949
蛯沢正勝（自）　8,921

＊三戸郡（定数３）

夏堀浩一（自）　9,687
松尾和彦（民）　8,786
北紀一（民）　7,309

＊黒石市（定数１）

鳴海惠一郎（自）　無投票当選

＊つがる市（定数１）

三橋一三（自）　無投票当選

＊西津軽郡（定数１）

工藤兼光（自）　無投票当選

＊南津軽郡（定数１）

阿部広悦（自）　無投票当選

＊東津軽郡（定数１）

神山久志（自）　無投票当選

出典：「青森県議会議員選挙」『青森県選挙管理委員会』
https://www.pref.aomori.lg.jp/soshiki/senkan

残念なことに、今回の県議選で当選した新人は５人にすぎなかった。少ないとはいえ、若手議員は県政に新風を送るものと期待された。その中で、注目された新県議の喜びの声を紹介しておく。

初の県議選で最下位ながら当選を果たした、八戸市選挙区の民主党・田中満（46歳）は、次のように決意を表明した。

「この感動を忘れない。地域のためしっかりとビジョンを持って、４年間働く」[6]。

弘前市議から県議に転じて初当選した、弘前市選挙区の無所属・菊池勲（33歳）は、次のように決意を述べた。

「子育てや教育の環境整備など、若い世代のための政策に重点を置きたい。弘前市議時代は、市民から寄せられる生活の中から出て来た課題をくみ取ってきた。その経験を生かした提案を県政でしていきたい」[7]。

同じく、弘前市選挙区で市議を３期務めて県議に初当選した自民党・谷川政人（45歳）は、次のように語った。

「皆さんの代弁者となって、県政の壇上で発言、提案し、地域づくりのために努力していきたい」[(8)]。

さらに、八戸市選挙区から出馬して初当選を果たした、共産党の松田勝（67歳）は議席の重さを実感しながら次のように決意を表明した。

「大切な議席にふさわしい活動をする。市民に声をしっかりと届けるため、最初から全力で頑張りたい」「この勝利を八戸の歴史を変える第1歩にしたい」[(9)]。

3、2015年県議選の課題

『東奥日報』は「社説：新県議決まる “政策実現で県民の信頼を”」の中で、新しい県議たちの課題について、次のように指摘した。

「本紙は告示前、立候補予定者を対象に実施したアンケートで、当選者らは最優先で取り組みたい政策として“雇用の維持・拡大”“子どもを産みやすい環境づくり”“水田農業の基盤強化”などを挙げていた。一方､有権者らは“若い人の雇用を増やして”“農業政策に力を注いで”“若い親の負担を減らして”など、新議員への期待を語る。

選挙結果には､より良い暮らしを求める有権者の強い期待が込められている。新県議は確実に実現するため、全力で議員活動に取り組んでもらいたい。そうでなければ、政治への無関心や不信を招いてしまうからだ」[(10)]。

確かに、新県議が決まったとはいえ、本県は人口減対策、経済再生、および脱「短命県」など、課題は深刻で待ったなしの状態にある。その際、重要なことは議員の政策提言力である。県の人口は1983年を境に減少傾向にあり、2010年の国政調査で137万3,000人に留まり、05年の調査を6万3,000人も下回った。選挙戦で各候補は農林水産業の振興、賃金上昇といった雇用対策、子育て支援などの人口減少対策を語った。しかし、その多くがスローガンに留まったといわざるを得ない。地域の現実をよく知っている議員に求められるのは、具体的な政策提言に他ならない。

多くの困難に直面する時代の中にあって、県議会は単なるチェック機能という“待ち姿勢”にとどまらず、議員同士の積極的な議論による政策提言や県民への説明が必要となるであろう[(11)]。

注目された投票率は､51.08%に留まり､前の2011年を0.60ポイント下回り、過去最低を更新した。有権者の選挙への無関心ぶりは、深刻な状況である。この点について、例えば『陸奥新報』は、「社説：県議選投票率の低迷―議会活動の中身が問われる」の中で、次のように論じた。

「投票率の低迷から抜け出せない要因は何か。東日本大震災の影響を受けた前回をさらに下回っており背景には一過性ではない、かなり根深いものがあると捉える時期にきているのではないか」[(12)]。

ただ、投票率は過去最低を更新したものの、前回とほぼ横ばいだった点に注意をする必要がある。県選管の啓蒙活動などで効果があったのかどうかも検証すべきであろう[(13)]。

2015年の県議選では公職選挙法違反の大きな記事は、見当らなかった。筆者の調査不足ならば幸いである。ただ、投票日4月12日の『東奥日報』には次のような、小さな記事が目に留まった。

「統一選　警告33件、県警、11日現在。県警捜査二課は11日、県議選投票日（12日）を前に、11日までの統一地方選全体の警告件数33件と公表した。2011年の前回より1件増となった。同課によると11日午後5時現在、県議選警告は22件で、内訳は文書頒布15件、文書掲示5件、言論1件、その他1件」[(14)]。

4、おわりに

県議会改革の必要性は、従来から言われてきたテーマだ。しかし、一向に実現する気配がない。近年の県議選における投票率の低下も、その辺にあるのかもしれない。2015年4月13日付の『東奥日報』のコラム「天地人」には次のような議会の実態が掲載されている。

「県議会でも一般質問の通告を受け事前に答弁資料が用意される。問題なのは議員の再質問が少ないことだろう。二の矢、三の矢が放たれないのでは、丁々発止といかないまでも議論は深まらない。議会の役割は行政と予算に対する監視監督にある。チェック機能を果たすことで行政に緊張感が生まれる。知事提出の議案に修正を迫ることをしない丸呑みの“異議なし議会”では、緊張関係の維持は難しい。当選した議員諸君は課せられた責務を肝に銘じてほしい」[(15)]。

また、県議選での投票率低下の理由については、『陸奥新報』のコラム「冬夏言」に次のような記事が紹介されており、その内容は正しく、同感である。

「有権者に“投票に行かない”と決断させる漠然とした感覚とは何か。投票しない理由を尋ねると、次のような答えが返ってくる。“誰に投票しても同じ”。“いいことを言っているのは選挙の間だけ”。過去に体験した思いが、有権者の足を投票所に向かわせないのか」[(16)]。

県議選によって県民の審判は下され、一部で“波乱”が明らかになった。例えば、弘前市選挙区では、県議会の議長と自民党県連幹事長経験者の西谷洌（5期）が落選、さらに元市政トップの重鎮で無所属の相馬錩一（7期）のベテラン議員も落選、それに代わって、菊池勲（33歳）、谷川政人（45歳）の新人若手が勝利し、世代交代を強く印象付けた[(17)]。

48人の新しい県議の顔ぶれは揃った。今後4年間にわたり、県政の監視役およびチェック機関として、住民の目線に立って責務を果たしてほしい。また、大きな課題である議会の「透明性」確保、正副議長のたらい回しの改善など、議会改革に一層力を注いでいただきたい[(18)]。

≪注≫

(1)藤本一美『戦後青森県政治史　1945年～2015年』〔志學社、2016年〕、448～449頁。
(2)「県会議員選挙」『東奥年鑑　2016年版』〔東奥日報社、2015年〕、17頁。
(3)「県議会」同上、54頁。
(4)『陸奥新報』2015年4月13日。
(5)「自民一強で知事選へ」同上。
(6)『デーリー東北』2015年4月13日。
(7)「若手躍進　県政に新風」『陸奥新報』2015年4月13日。
(8)「地域づくりへ努力　谷川さん」同上。
(9)「共産悲願　松田さん歓喜」『デーリー東北』2015年4月13日。
(10)「社説：新県議決まる　政策実現で県民の信頼を」『東奥日報』2015年4月13日。
(11)「課題深刻　待ったなしー新県議決定」同上。
(12)「社説：県議選投票率の低迷—議会活動の中身が問われる」『陸奥新報』2015年4月13日。
(13)「政策の実行力で明暗—青森県議選」『デーリー東北』2015年4月13日、米国などでも投票率は大統領選で50%台、連邦議員選で35%台、州議員選ではもっと低い。投票率の低さをそれほど気にする必要はないと、考える。むしろ、選挙の際の争点が何であるかの方が大事である。政治への関心が低いことは、一面で「平和」な状態だということでもある。また、有権者の関心が多様化している現実も無視できない。
(14)『東奥日報』2015年4月12日。
(15)「天地人」同上、2015年4月13日。
(16)「冬夏言」『陸奥新報』2015年4月14日。
(17)「新たな時代　印象づけ」『東奥日報』2015年4月14日。
(18)「時評：住民目線で責務果たせ—青森県議選投開票」『デーリー東北』2015年4月13日。

第19章、2019年の県議会議員選挙

＜目次＞

１、はじめに

戦後第19回目となる県議選は2019年４月７日、無投票当選の６選挙区を除く10選挙区で、投開票が行われた。その結果は、自民党が28議席を確保して単独過半数を維持した。国民民主党は３議席、共産党も同じく３議席を確保、公明党は２議席、立憲民主党は１議席、そして無所属は11議席という配置となった。自民党は現有30議席から２議席減らしたが、保守系無所属から２人が合流すると見られており、県政界では「自民党１強」が続く。投票率は48.38％で前回を2.70ポイント下回り、初めて50％台を割った。新旧別で見た当選者は、現職36人、元職３人、新人９人で、このうち女性は現職３人が当選した[1]。

５月13日、県議選後初の臨時県議会が招集され、「組織会」で正副議長の選挙が行われた。その結果、議長に当選６回で青森市選挙区の自民党の森内之保留（54歳）が選出され、また副議長には、当選４回で五所川原市選挙区の自民党の櫛引ユキ子（65歳）が選出された[2]。

現在、女性県議は３人だが、副議長に女性議員が選出されたのは県会史上初めてのことである。

２、2019年現議選の概要

既に述べたように、2019年４月７日に投開票された県議選では、県政の重要課題である人口減少対策が争点として浮上し、三村申吾知事の県政運営についての評価をめぐる論戦が繰り広げられた。また共産党や一部の無所属候補は「反核」を訴えたものの、原子力問題は大きな争点とはならなかった[3]。

今回の県議選で自民党は、公認候補32人・推薦２人を擁立した。だが、県

連幹事長で東津軽郡の神山久志（元議長）、五所川原市の成田一憲（元議長）に加え、八戸市の藤川友信、上北郡の沼尾啓一の現職都合４人が落選した。しかし、単独過半数は維持し、引き続き県政の主導権を握った。新人５人も当選した。

一方、国民民主党は擁立した３人とも当選し、現有議席を堅持した。共産党はむつ市で新人が落選したとはいえ、現有３議席を死守した。公明党は青森市と八戸市の現有２人を守った。社民党は８年ぶりの議席奪還に成功しなかった。無所属候補は11人が当選した[4]。

図表①は、2019年の県議選で当選した議員の氏名、所属会派、および得票数を述べたものである。最高得票者は、青森市選挙区で無所属の鹿内博（71歳）の１万4,961票であり、最低得票者は同じく青森市選挙区で無所属の渋谷哲一（67歳）の6,341票であった。

＜図表①＞　2019年の県議選の当選者、所属会派　得票数

＊青森市（定数10）

氏名	得票数
鹿内博（無）	14,961
高橋修一（自）	12,852
伊吹信一（公）	10,860
森内之保留（自）	9,736
吉俣洋（共）	9,263
山谷清文（自）	8,098
花田栄介（自）	7,910
関良（無）	7,379
一戸富美雄（無）	6,566
渋谷哲一（無）	6,341

＊八戸市（定数８）

氏名	得票数
熊谷雄一（自）	14,169
山田知（無）	10,943
田名部定男（国）	10,638
畠山敬一（公）	9,834
田中満（国）	7,711
清水悦郎（自）	7,499
大崎光明（自）	7,175
松田勝（共）	6,667

＊弘前市（定数６）

氏名	得票数
谷川政人（自）	10,156
安藤晴美（共）	10,152
川村悟（自）	9,622
齊藤爾（自）	9,107
岡元行人（自）	8,998
鶴賀谷貴（立）	8,226

＊むつ市（定数３）

氏名	得票数
菊池憲太郎（自）	11,339
山本知也（無）	9,519
越前陽悦（自）	7,810

＊五所川原市（定数３）

氏名	得票数
櫛引ユキ子（自）	9,488
寺田達也（自）	9,236
今博（国）	7,823

＊東津軽郡（定数１）

氏名	得票数
福士直治（無）	7,024

＊西津軽郡（定数１）

氏名	得票数
工藤兼光（自）	6,498

＊北津軽郡（定数１）

氏名	得票数
齊藤直飛人（自）	7,735

＊上北郡（定数４）

氏名	得票数
蛯沢正勝（自）	10,032

吉田絹恵(無)　9,450
工藤慎康(自)　9,083
木明和人(無)　9,049

＊三戸郡(定数3)
夏堀浩一(自)　8,872
澤田恵(自)　7,186
和田寛司(無)　7,041

＊南津軽郡(定数1)
阿部広悦(自)　無投票当選

＊つがる市(定数1)
三橋一三(自)　無投票当選

＊黒石市(定数1)
鳴海惠一郎(自)　無投票当選

＊平川市（定数2)
工藤義春(自)　無投票当選
山口多喜二(自)　無投票当選

＊三沢市(定数1)
小比類巻正規(自)無投票当選

＊十和田市(定数2)
丸井裕(自)　無投票当選
田中順造(自)　無投票当選

出典：「青森県議会議員選挙」『青森県選挙管理委員会』
https://www.pref.aomori.lg.jp/soshiki/senkan

次に、今回の県議選で話題を呼んだ新人当選者の喜びの声と決意を紹介しておきたい。むつ市では、無所属新人の山本知也（36歳）が9,519票を獲得して第2位に食い込んだ。山本は12年間、市職員として勤務、地域格差があることを痛感し、「解消しようにも、公務員では限界があった。政治の力で大好きなむつ下北を前進させたい」と思い、昨年秋に市役所を離れて政治の道に進んだ。市代表の元駅伝ランナーとしての経験を生かし、たすきを掛けて走った。「今日が政治の道をスタートさせる第一歩。私の掲げる“想いをつなぐ政治”を実現させたい」と意気込みを見せた[(5)]。

元三戸町議で自民党新人の澤田恵(61歳)は7,186票を獲得し第2位となり、3度目の挑戦で悲願の初当選を果たした。祖父の時代から3代にわたって県議を務めることになった。街頭では町政との連携や国政とのパイプをアピールし、三戸郡内を精力的に回り「三戸をこれ以上衰退させない」と訴えた。澤田は「より勉強し、皆さんの声を県政に反映させたい」と決意を表明した[(6)]。

県内唯一の立憲民主党公認候補の鶴賀谷貴（56歳）は、8,226票を獲得、最下位ながら第6位に食い込んだ。4年前は最下位に沈んだが、今回は、一定の手応を感じたという。「オール立憲」態勢を組んで、市議および参議選の候補予定者と連動したのが奏功した。鶴賀谷は「まだ実感をつかめていない。簡単な選挙ではないと感じて臨んできた。県議としての責任を果たしていく」、と誓った[(7)]。

16年ぶりの選挙戦となった東津軽郡では、世代交代を訴えた福士直治(48歳)が自民党県連幹事長で元議長の神山久志（71歳）を7,024票対6,032票と992票差で打ち破った。2009年の町議補選当選を契機に政治に道に進み、地域の声に耳を傾けるうちに「閉塞感が漂う自分たちの地域を何とかしなけゃいけない」との思いが増していったという。福士は「みなさんが住んでよかったと思えるような明るい地域にしていきたい」、と語った[(8)]。

3、2019年県議選の課題

2019年4月の県議選は賑々しい中で終わり、48人の県議が新たに決まった。『デーリー東北』は「時評:住民と対話し県政監視を—青森県議決まる」の中で、当選した新県議たちに次のように課題を突きつけた。

「統一地方選の前半となる青森県議選が投開票され、議員48人の顔ぶれが決まった。選挙期間中、有権者から聞こえてきたのは、地域の身近な声にしっかりと耳を傾け、首長にぶつけて欲しいという切実な願いだった。

人口減少対策につながる雇用創出や子育て支援など県政の重要課題が山積する中、議員は今後4年間、負託された思いに全力で応えていかなければならない。

全国的に議会の在り方や資質に厳しい目が向けられており、今回の選挙では、改めて議員本来の役割や本質が問われた。審議や行政視察など議員活動はさまざまだが、求められているのは県の政策が正しい方向に進んでいるのか厳しくチェックし、検証することだ」[(9)]。

こうした事実を踏まえて、『東奥日報』は次のように県議員の課題として新たな能力の発揮を喚起している。

今回の県議選から解禁された選挙運動用のビラには、多くの候補者が青森県の重要課題である人口減少や少子高齢化対策などについての提言が盛り込まれていた。近年、人口減少・少子高齢化が一段と進み、県内では小中高校の再編・統合が行われるなど、さまざまな分野でその影響が生じている。県は2025年以降の超高齢化時代を迎えて、地域で安心して老後を迎えることができるように住民同士で支え合う「青森県型地域共生社会」の実現を掲げ体制構築に力を注いできた。しかし、県議会や県議に対して、県民からは「接点が少ない」「議会活動が日常生活にどのような変化をもたらすか見えづらい」といった批判の声が生じている、という。

確かに、青森県では、人口減少の他に、男女とも全国最下位となっている平均寿命の向上や若者の定着、労働力不足に解消、農林水産業振興など課題が山積している。むろん、各地域で暮らす県民の願いや要望は多岐にわたるものの、しかし、多様な意見に耳を傾け、暮らしの向上や課題の改善につながる政策を検討する役割が新しく選出された県議に期待されているのだ。

今や、地方議会は単に、行政への監視機能だけでなく、「政策立案・提言機能」の役割も求められている、と言わねばならない。その意味で、新議員たちは政策立案・提言機能を学び能力を発揮して、行政や住民と連携して課題の改善に積極的に取り組むことを望みたい[10]。

4、おわりに

最後に、2019年4月の県議選について、県内主要紙のコラム欄で報じられた内容を紹介して終わりにしたい。そこには、今回の県議選の問題点が、明確に指摘されているからだ。

まず、『東奥日報』はコラム「天地人」の中で、投票率の低さを次のように論じている。

「県議選の投開票が行われた。三村県政を支える自民党県連の幹事長が敗れるなど、今後の県政に影響を及ぼす結果も。選挙権年齢が18歳に引き下げられて初の県議選とあって、投票率の行方も気になっていたが、またしても下落して初めて50%台を下回った。なぜこうも投票率の低迷が続くのか。1週間ほど前の本紙に、その理由を知るてがかりとなりそうな、50代の有権者の言葉があった。“県議の人たちには失礼かもしれないが、選挙の時だけ来て、あとは法事や結婚式に電報を打っているぐらいというイメージ。政治は1番遠い世界のように感じる”。こういった有権者の声を耳にするのは、県議選のときだけでない。……」[11]。

次に、『陸奥新報』のコラム「冬夏言」は、県議会が行政の追認機関であってはならないと指摘した後で、投票率の低迷を懸念している。

「“行政と議会は車の両輪”という言葉をよく聞く。人口減少や人手不足など、本県が抱える課題に対し、同じ方向を向いてスピード感を持って取り組むことが求められる。しかし、県議会が知事の追認機関であってはならない。行政施策や事業をしっかりとチェックし、時にはブレーキを掛けることも必要だ。日ごろから県民と向き合い、声を拾い、より良い地域社会を実現するための提言をすることこそ県議の重要な役目となる。今回の投票率は48.38%で過去最低を更新。有権者の半数以上が投票しなかったという事実は、政治への諦め、無関心を象徴している。決して現在の県政に満足しているわけでない。……」[12]。

さらに、『デーリー東北』は、コラム「天鐘」の中で、無投票投票の現状について次のように断じており、重要な指摘である。

「地域を映し出すと言えば、統一選前半の青森県議選で新しい顔触れが決まった。こちらの選択肢は限られよう。16選挙区のうち6選挙区が無投票だった。立候補者も過去最少。いくら投票率アップを声高に言われても選ぶ対象がないのでは……。地方議員のなり手が、特に若い世代が不足しているという。全国共通の問題は少子化の影響だけでないだろう。政治を志す若手はなぜ現れないのか。根本から見直す時期のようだ。選ぶ機会がなければ、不満を抱えて無関心になっていく」[13]。

≪注≫

(1)『東奥日報』2019年4月8日、『陸奥新報』2019年4月8日。
(2)『東奥日報』2019年5月14日。
(3)『デーリー東北』2019年4月8日。
(4)『東奥日報』2019年4月8日。
(5)「山本さん初当選“想い届ける”」『デーリー東北』2019年4月8日、「初陣当選“下北を前進”」『東奥日報』2019年4月8日。
(6)「澤田さん、再々挑戦で悲願」『デーリー東北』2019年4月8日。
(7)『東奥日報』2019年4月8日。
(8)「福士さん“アリが勝った”」同上。
(9)「時評：住民と対話し県政監視を―青森県議決まる」『デーリー東北』2019年4月8日。
(10)「問われる政策能力―新県議決定」『東奥日報』2019年4月8日。
(11)「天地人」同上。
(12)「冬夏言」『陸奥新報』2019年4月8日。
(13)「天鐘」『デーリー東北』。

第20章、県議会議員の補欠選挙

＜目次＞

１、はじめに

補欠選挙とは特別選挙の１つで、議員の欠員を補充するために行う選挙である。公職選挙法第113条に規定されており、公職選挙法第112条の規定による繰上げ補充ができず、また再選挙（第109，第110条）の場合と異なり、いったん当選して正当に議員となった者につき欠員が生じ、それが一定数の欠員に達したときに実施される。この欠員の定数は、県議会の議員の場合、同一選挙区において２人以上である。なお、これら補欠議員の任期は前任者の残り任期にとどまる（第260条１項）。

２、戦後県議会議員補欠選挙の実施年月日、当選者、得票数

・三戸郡補欠選(1948年8月18日)	三浦道雄	8,256票
・弘前市補欠選(1949年2月13日)	小野吾郎	7,921票
・八戸市補欠選(1949年2月13日)	月舘章太郎	9,698票
・北津軽郡補欠選(1949年2月13日)	神伊太郎	11,099票
・西津軽郡補欠選(1949年2月13日)	毛内豊吉	13,474票
・上北郡補欠選(1954年11月29日)	菅原光珀	17,933票
	三村泰右	14,876票
・上北郡補欠選(1958年6月18日)	小山田茂	16,724票
	工藤一成	12,568票
・五所川原市補欠選(1958年11月27日)	木村慶藏	8,399票
・西津軽郡補欠選(1969年9月23日)	石田清治	13,073票
	神四平	12,769票
・八戸市補欠選(1969年11月30日)	河村忠輔	7,875票
	柾谷伊勢松	15,683票

選挙	当選者	得票数
・弘前市補欠選(1970年1月25日)	藤田重雄	26,222票
	福島力男	18,763票
・南津軽郡補欠選(1970年1月25日)	今井盛男	9,904票
	佐藤寿	9,190票
・むつ市補欠選(1973年10月28日)	杉山粛	8,697票
・黒石市補欠選(1977年7月30日)	鳴海広道	13,786票
・三沢市補欠選(1978年10月22日)	林肇	無投票当選
・弘前市補欠選(1986年7月27日)	相馬錩一	17,964票
	相馬堅茂	13,915票
・東津軽郡補欠選(1990年3月25日)	神山久志	9,738票
・南津軽郡補欠選(1998年4月26日)	阿部広悦	14,266票
	長尾忠行	12,255票
・八戸市補欠選(1998年4月26日)	滝沢求	30,934票
	田名部定男	21,280票
・黒石市補欠選(1998年4月26日)	中村弘	13,215票
・東津軽郡補欠選(2002年8月25日)	松森俊逸	無投票当選
・十和田市補欠選(2006年2月26日)	田中順造	12,477票
	丸井裕	9,349票
・黒石市補欠選(2014年6月22日)	鳴海惠一郎	無投票当選
・北津軽郡補欠選(2014年9月7日)	齊藤直飛人	4,589票

出典：「青森県議会議員選挙」『青森県選挙管理委員会』
https://www.pref.aomori.lg.jp/soshiki/senkan

3、おわりに

戦後、県議の補欠選挙は24回実施され、都合34人が当選した。県議選に比べると補欠選では、得票数が高い。その理由は、定数が1ないし2人と本選挙に比べて少ないからである。補欠選挙が行われるのは、現職議員が他の選挙(首長選や国政選挙）に出馬した時や、死去した場合がほとんどである。

結び

以上において、第２次世界大戦以降の青森県における県議選の概要と課題を述べてきた。それを概観するなら、さしあたり、特色として次の３点を指摘できるように思われる。

第１点は、巻末の付属資料①に示しているように、投票率が終始一貫して低下し続けていることである。実際、戦後１回目の県議選＝1947年４月の時には、投票率が86.12％もあった。しかし、18回目の県議選＝2015年４月の段階では、何と51.08％にまで低下している（2019年４月の県議選では、48.38％とついに50％を切った）。確かに、その他の選挙でも投票率は低下傾向にあるとはいえ、県議選での投票率の低さは深刻な状態である。近年、選挙に対する有権者の関心の低さは、一体何に原因があるのか。社会的価値観が多様化する中で、選挙―政治への関心は総体的に減じているのかもしれない。

第２点は、1947年から2019年までの約60年間を通じて、この間、保守勢力が多数派を占め、ことに1955年以降は、自民党が一時期（＝1995年から2000年の５年間）を除いて、常に与党の座に君臨し、正副議長職はもちろん、常任委員会の委員長職を全て独占してきた事実である（付属資料参照）。青森県では、革新勢力が極めて弱体であって、「保守王国」が長らく健在である。

そして、第３点は、1970年代以降、いわゆる「無投票当選者」の数が増大していることである。県議選では、特定の選挙区で、定数通りの候補者しか存在しない状況が増大している。付属資料の中でも示したように、当初（1975年）は、１選挙区１人の無投票当選者だったものが、その数がしだいに増大し、例えば、1995年の県議選では、５選挙区で都合12人もの無投票当選者を輩出している。その後も無投票当選者は続出している（補欠選でも、３事例）。選挙の洗礼を受けずに、議員に当選することは、「代表民主主義」の形骸化につながり、困った事態である。立候補者のみならず、政党戦略の在り方も再考されるべきであろう。

なお、県議選の場合、選挙制度は、いわゆる「中選挙区制」と「小選挙区制」を併用しており、概して、都市部では定数が複数（10人、８人、６人）と多く、一方、農村部では少数（３人、２人、１人）で、そのため、定数が多いところと少ないところでは、選挙戦略が基本的に異なる点にも留意する必要があろう。

その他に留意すべきは、当然のこととはいえ、選挙結果が、その時々の政治的環境に大きく左右されることだ。例えば、中央政界での政党の集合離散、県政界でのスキャンダル、および新しい政治争点の発生などに影響されやすい。また、ある県議選で大きな敗北を喫すると、次回の県議選ではその反省に立って復活するなど、票の「移動（スイング)」が生じている。

いずれにせよ、現職の県議は挑戦者に備えて、日ごろから他の雑草が育たないように選挙区の「草刈り」に励んでいる。平均すると約４分の１は、毎回入れ替わるからだ。多選・高齢の議員は交代し、若い新人に道を譲ることで、議会の活動が活性化すると思われる。

第 二 部

歴代正副議長―経歴・得票数

第1章、議長：櫻田清芽、副議長：中野吉太郎

(1947年5月15日就任)

＜目次＞

1、はじめに

戦後1回目の県議選は、1947年4月30日に行われ、その結果は、党派別でいうと、自由党19、民主党16、社会党5、国協党2、および無所属5議席の内訳で定数47議席がうまった。その後、自由党の切り崩しが展開され、民主党は24議席、一方、自由党は18議席となった。

正副議長を決める臨時県議会－「組織会」は5月5日に招集され、紆余曲折があったものの、議長には、民主党で弘前市選出の当選4回の櫻田清芽（61歳）が、また副議長には、同じく民主党で、上北郡選出の当選2回の中野吉太郎（68歳）が選ばれた。第二部では、第一部の県議選の概要と課題を踏まえて、戦後歴代正副議長たちの輪郭（経歴、県議選での得票数）を紹介する。

2、櫻田清芽

櫻田清芽は1885年11月22日、弘前市の植田町に生まれた。県立弘前中学から明治大学予科に進学。1910年、陸奥日報社（青森日報の前身）に入社。以後30余年におよぶ記者生活を送り、陸奥日報社編集長、弘前新聞主筆兼社長を務めた。1921年、弘前市議会議員に当選、市議会議長を務めた。以来市議会議員を20年兼ねて、1931年9月、県議に当選すること4期。この間、1944年には副議長、1947年には、議長に就任した。1951年には、満期退職。同年4月、弘前市長に転身して当選、これを1期務めた。県公安委員長、弘前青果株式会社社長などを歴任。1958年12月31日に死去、享年73であった[(1)]。

櫻田は旧津軽藩の士族の出身である。ネプタ喧嘩で鳴らしたかっての壮士で、新聞人として陸奥日報の編集長、また弘前新聞社長（主筆）の経歴を有する筆

の人であった。しかしその一方で、寸鉄人をさす弁舌でも有名だ。櫻田には古武士の面影があり、地方政界の重鎮として長期にわたって活躍した[(2)]。

＊県議選での得票

・1931年９月25日の県議選	2,203票（第一位）	政友会
・1935年９月25日の県議選	2,898票（第一位）	々
・1939年９月25日の県議選	1,717票（第一位）	々
・1947年４月５日の県議選	7,453票（第一位）	国民協同党
（平均得票数）	**3,568票（以下小数点以下四捨五入）**	

３、中野吉太郎

中野吉太郎は1880年12月３日、上北郡七戸町に生まれた。尋常小学校卒、1919年、中吉合資会社を設立。1924年以来、七戸町議会議員に３期当選。1931年、製材兼木材商開業、1946年、県林産組合理事、上北郡地区製材業組合長、東北木材商事株式会社監査役などを歴任。1939年９月、県議選に出馬して当選、３期務めた。県議を３期務めたにすぎないものの、県政界に隠然たる勢力を持ち、また民主党内でもその発言力はよく壮年議員を押さえ、副議長就任時は老齢68歳で県議会最長年者だった。白髪の横顔は、接する人には政治家と思う好印象を与える温厚誠実の人であり、農林業を営み林政方面には一見識を持っていた[(3)]。1949年、副議長在職中に死去、享年69であった[(4)]。

＊県議選での得票

・1939年９月の県議選	2,184票（第三位）	民政党
・1947年４月の県議選	5,684票（第四位）	民主党
・1951年４月の県議選	5,112票（第三位）	々
（平均得票数）	**4,327票**	

４、おわりに

新しく選出された県議の会派構成は、自由党19、民主党16、社会党５、国協党２、無所属５議席であった。しかし、津島文治知事は民主党であったので、自由党への切り崩し工作が展開され、その結果、民主党24議席、自由党18議席となり、民主党が第１党＝与党となった。

議長候補として、党籍離脱を条件に国協党の櫻田清芽が浮上し、議長は自由党からでなく、民主党から出すことになった。だが、南部地方から中野吉太郎を担ぐ動きが生じ、党内で櫻田か中野かで激論となった。しかし最終的には、議長、副議長を２ヵ年交代とすることで了承、櫻田が先に２年、残り２年を中野が就任することで決着を見た(5)。

≪注≫

(1) 笹森貞二『弘前市長列伝』〔津軽書房、1988年〕、86頁、『青森県議会史　自昭和21年～至昭和27年』〔青森県議会、1959年〕、991頁。
(2)「両議長の横顔」『東奥日報』1947年５月16日、『青森県人名大事典』〔東奥日報社、1969年〕、266頁。
(3)「両議長の横顔」『東奥日報』1947年５月16日。
(4) 前掲書『青森県議会史　自昭和21年～至昭和27年』、993頁。
(5)『東奥日報』1947年５月16日、同上『青森県議会史　自昭和21年～至昭和27年』、35頁。

第２章、議長：中島清助、副議長：中村清次郎

（1951 年５月 10 日就任）

＜目次＞

１、はじめに

戦後２回目の県議選は、1951 年４月 30 日に行われた。その結果は、自由党 22、民主党 12、社会党右派３、社会党左派２、社会民主１、無所属 10 議席という配置となった。ただ、中央政界で民主党が改進党に移行したのに伴い、民主党の県支部も改進党に移行し、また３人の議員が自由党に入党。そこで、県議会の構成は、自由党 25、改進党 11、社会党６、無所属８議席という配置となり、自由党が議会で過半数を制することになった。

５月 10 日に招集された臨時県議会―「組織会」は舞台裏でもめたものの、最終的に自由党が押し切り、議長には、自由党で三戸郡選出の当選３回の中島清助（53 歳）を、また副議長には、同じく自由党で西津軽郡選出の当選２回の中村清次郎（52 歳）を選んだ[(1)]。

２、中島清助

中島清助は 1898 年７月７日、下北郡田名部町（現・むつ市）に生まれた。田名部尋常高等小学校卒。卒業後は、家業に従事したものの、26 歳で頭角を現し、大湊電灯株式会社取締役や日中貿易海産商を営む青年実業家となった。1929 年、田名部町議に当選し、同議長に就任。1939 年には、県議に転身して当選、これを４期務め、1950 年副議長に、1951 年には、議長に就任した。1951 年から 1955 年まで４年間議長を務めた。1957 年、県畜連会長に就任、また県りんご振興会社社長、自民党県連会長などを歴任。家業は酒造業および海産物商であり、干しアワビの海外輸出で知られる。1982 年４月 14 日に死去、享年 83 であった[(2)]。

中島は敗戦の1945年、下北一円の食糧事情が悪化し、「米よこせ運動」で危機打開に参画、また1952年、米占領軍の「関根演習地拡張反対」に立ち上がった。政友会、自由党を経て、自民党に所属した県政界の重鎮であった[(3)]。

＊県議選での得票

・1939年9月の県議選	3,135票（第一位）	政友会
・1947年4月の県議選	4,848票（第三位）	自由党
・1951年4月の県議選	5,245票（第四位）	々
・1955年4月の県議選	8,522票（第一位）	々
（平均得票数）	**5,438票**	

3、中村清次郎

中村清次郎は1899年4月21日、西津軽郡鰺ヶ沢町に生まれた。西海高等小学校卒。早くから政治家を志し、西海岸青年同志会に入って活動。1930年、鰺ヶ沢町議会議員に当選、1944年まで町議を務めた。1947年、県議に転身して当選、連続3期務め、この間1951年には、副議長に就任。1959年、鰺ヶ沢町長選に出馬して当選、これも連続3期務めた。鰺ヶ沢商業組合理事長、県漁連会長などに就任した県水産会の重鎮だ。自民党県連政調会長などを務めた。中村は若い頃から俳句に親しんだ、という。1975年に死去、享年76であった[(4)]。

＊県議選での得票

・1947年4月5日の県議選	6,584票（第二位）	民主党
・1951年4月30日の県議選	5,100票（第二位）	自由党
・1955年4月23日の県議選	5,921票（第一位）	々
（平均得票数）	**5,868票**	

4、おわりに

臨時県議会が1951年5月10日に招集され、「組織会」では、楽屋裏でもめにもめ、議長に自由党の中島清助が、そして副議長に、同じく自由党の中村清次郎が選出された。これは中立系が同調した結果であって、改進党、社会党は独自の立場をとった。この議長選挙を契機に以後、中立系は是々非々主義の立場をとるようになった。だが、後に自由党に同調するようになる[(5)]。

≪注≫

(1)「議長は中島氏当選」『デーリー東北』1951年5月11日。
(2)『青森県人名大事典』〔東奥日報社、1969年〕、799頁。
(3)『青森県人名事典』〔東奥日報社、2002年〕、479頁。
(4)前掲書『青森県人名大事典』、487頁、『青森県議会史　自昭和21年～至昭和27年』〔青森県議会、1959年〕、994頁。
(5)同上『青森県議会史　自昭和21年～至昭和27年』、397頁、『デーリー東北』1951年5月11日。

第3章、議長：大島勇太朗、副議長：阿部敏雄

(1955年5月13日就任)

<目次>

1、はじめに

戦後3回目の県議選は、1955年4月23日に行われた。結果は、定数50の中で過半数を占める政党は存在せず、多数派工作の結果、最終的な議席配分は、民主21、自由党15、左派社会党4、右派社会党2、県政クラブ8に落ち着いた。

新しい議会では、多数派が存在せず、そのため、正副議長の選出は困難を極めた。しかし、最終的に正副議長には、比較第1党である民主党で、三戸郡（後に八戸市）選出の当選5回目を数える大島勇太朗（55歳）と、同じく民主党で北津軽郡選出の当選2回を数える阿部敏雄（57歳）を選んだ[(1)]。

2、大島勇太朗

大島勇太朗は1900年1月25日、上長苗代村（現・八戸市）に生まれた。県立八戸中学卒、早稲田大学を中退し、家業の農業に従事した。若くして政治の道に入り、1929年、上長苗代村議に当選。1930年、県議に転じて初当選した。1936年10月、山内亨派の選挙違反に連座して県議を失格、1936年の県議選には不出馬。戦後、1951年には県議に復帰、1967年まで通算6期務めた。この間1955年、議長に就任。県農協中央会会長、自民党県連総務会長などを歴任した[(2)]。

大島は林業や治山に尽力、県治山林道会長、県農協中央会会長などを就任。政治面はもとより、面倒見のよい人柄で多くの人望を得た。1974年に死去、享年75であった。ちなみに、息子の理森も県議を経て、衆議院議員となり、現在、衆議院議長である[(3)]。

＊県議選での得票

・1930年4月の県議補欠選＜三戸郡＞		5,177票(第一位)	民政党
・1935年9月の県議選	々	2,138票(第二位)	々
・1951年4月の県議選	々	6,329票(第一位)	無所属
・1955年4月の県議選	々	5,574票(第二位)	民主党
・1959年4月の県議選	＜八戸市＞	8,702票(第三位)	自民党
・1963年4月の県議選	々	8,472票(第六位)	々
(平均得票数)		**6,065票**	

3、阿部敏雄

阿部敏雄は1898年、羽野木沢村(現・五所川原市)に生まれた。青森師範卒後、小学校教員となり、沿川小学校校長などを務めた。以後、リンゴジュース、リンゴ酒の醸造販売に従事。戦後の1947年、県議に初当選、1951年に落選。しかし1955年、返り咲く。

この間、1955年5月、副議長に就任。後に、ラジオ青森監査役、自民党県連幹事長などを歴任。1968年に死去、享年71であった(4)。

＊県議選での得票

・1947年4月の県議選	6,660票(第三位)	自由党
・1955年4月の県議選	7,148票(第三位)	民主党
(平均得票数)	**6,904票**	

4、おわりに

1955年5月12日に招集された臨時県議会の「組織会」は、議長選挙で大混乱となった。最終的に議長は民主党の大島勇太朗に、また副議長は阿部敏雄に決まったものの、その過程で自由党や県政クラブは本会議を総退場するという事態を招いた。

正副議長の選出は、民主党、左派社会党、右派社会党の一部議員が結束、強行突破作戦の挙にでたことが功奏し、正副議長とも民主党によって占められた。その背景には、県議会で第1党が野党（自由党）で、与党（民主党）が第2党であるという“ネジレ現象”があったからだ。そのため、議長選出の駆け引きが繰り返され、民主党（20人）、左派社会党（4人）、右派社会党（1人）の25人の議員のみで正副議長選挙を行うという、好ましくない先例を残した(5)。

≪注≫

(1)「県正副議長誕生の瞬間―野党の策戦奏功す」『デーリー東北』1955年5月14日。
(2)『青森県人名事典』〔東奥日報社、2002年〕、95頁。
(3)『青森県議会史　自昭和16年～至昭和20年』〔青森県議会、1974年〕、935頁。
(4)『青森県人名大事典』〔東奥日社、1969年〕、15～16頁、前掲書『青森県人名事典』、16頁。
(5)「社説：遺憾な県議会議長選任」『東奥日報』1955年5月14日、「県正副議長誕生の瞬間―野党の策奏功す」『デーリー東北』1955年5月14日。

第4章、議長：田澤吉郎、副議長：白鳥大八

(1957年12月20日就任)

<目次>

1、はじめに

1957年12月20日、第52回県議会定例会では、「明治乳業嘆願書」問題を契機に、議長の大島勇太朗と副議長の阿部敏雄が更迭され、新正副議長には、自民党で南津軽郡選出の当選3回を数える田澤吉郎（39歳）と、同じく自民党で青森市選出の当選2回目の白鳥大八（45歳）が選ばれた。

11月に招集された第51回定例会では、畜産振興の譲渡問題を巡って明治乳業と雪印乳業などの大資本が介在、その対立が議会内に波及、正副議長の更迭となった。明治乳業に対しても酪農振興の役割を与えるべきだという議論は、県南部選出議員の中にあった。9月の定例会では、経済常任委員会が明治乳業の請願書を採択したことを契機に、11月定例会を開催、旧自由党系と津軽地方の旧民主党系が合流、当該問題に最も関与した“明治派”の大島議長を追及する声が生じた。その背景には、“雪印派”の津島文治前知事の策動があった、と見られている。

この時は、折しも常任委員会の改組時で、これも絡んで自民党内は動揺、雪印派と目される議員が本会議を欠席し、会期4日間中議会は空転するなど、県民から強い批判を浴びた。この責任をとって、正副議長が辞意を表明するに至った。

県議会は第52回定例会を12月17日に招集、20日には、大島議長と阿部副議長の辞表が受理され、直ちに選挙を行い、議長には田澤吉郎、副議長には白鳥大八を選出した。田澤は県議会議員3期目で39歳にすぎなかったが、県政史上例のない若さで議長に就任した。田澤の妻は津島文治・元知事の長女で、田澤は津島の娘婿だ。田澤は後に、衆議院議員に転身、農林大臣などを務め、

自民党の重鎮として県政界に多大な影響力を行使した[(1)]。

2、田澤吉郎

田澤吉郎は1918年1月1日、南津軽郡田舎館村に生まれた。父は豪農で村の指導者周助、吉郎はその11男にあたる。東奥義塾高校を経て、早稲田大学政経学部卒。1947年、県議に当選、以後3期連続当選。1957年、39歳の若さで議長に就任した。田澤は元知事・津島文治の娘婿として知られ、津島県政時代は遠慮して1度も質問に立たなかった、という。その人柄は六尺の長身に似わず童顔とともに至って温厚で、良家の育ちを思わせる。正論を通す人柄が好感を呼び、それが田澤をして、「温厚・誠実な天性の大衆政治家」といわせる所以である[(2)]。

1960年、衆議院議員に転身して当選。以後12期36年にわたり国政に尽力、国土庁長官、農林大臣、および防衛庁長官を歴任。また県政界内では「田竹時代」を担い、大きな政治力を発揮。議員引退後は、東奥義塾理事長や弘前学院大学学長などを務め、2001年に死去、享年83であった[(3)]。

＊県議選での得票

・1947年4月の県議選	5,984票(第一位)	民主党
・1951年4月の県議選	5,553票(第五位)	自由党
・1955年4月の県議選	8,479票(第一位)	々
(平均得票数)	**6,672票**	

3、白鳥大八

白鳥大八は1912年8月20日、荒川村（現・青森市）に生まれた。早稲田大学法学部卒後、安田火災海上保険会社に勤務したが、1944年戦災で帰郷。早くから政界入りし、1947年、荒川村長に当選。1951年、県議に転じて初当選、1967年まで連続5期当選。この間、1957年に45歳で副議長を、また1967年には54歳で議長を務めた。白鳥はスポーツマンとして知られ、県議団野球チームで投手を務めた。地味な人柄だが、誠実で頭も切れる、という。県町村会長、下湯温泉社長、県信用組合協会会長などを歴任。1989年に死去、享年77であった[(4)]。

＊県議選での得票

・1951年４月の県議選（東津軽郡）	4,550票（第一位）	自由党
・1955年４月の県議選（青森市）	8,047票（第三位）	民主党
・1959年４月の県議選　　々	8,451票（第六位）	自民党
・1963年４月の県議選　　々	8,300票（第五位）	々
・1967年４月の県議選　　々	9,450票（第二位）	々
（平均得票数）	**7,760票**	

４、おわりに

1957年12月17日に招集された県議会の定例会では、議長の選任問題が正式に日程に上り、12月20日、大島議長の辞任が承認された。続いて正副議長の選挙に移り、その結果、自民党の田澤吉郎と白鳥大八が正副議長に当選した。当初、議長候補には、菅原光珀や中村清次郎の名が上ったものの異論が出た。この際、斬新な空気を議会内に注入すべきである声が生じ、３期当選したにすぎない最年少の田澤に落着し、39歳という県政史上例のみない若い新議長が実現した[(5)]。

≪注≫

(1)詳細は藤本一美『戦後青森県政治史　1945年～2015年』〔志學社、2016年〕、第一部第13章を参照。
(2)『青森県人名事典』〔東奥日報社、2002年〕、404頁、『東奥日報』1952年12月21日。
(3)同上、『青森県人名事典』、404頁。
(4)『陸奥新報』1967年５月７日、『東奥日報』1967年５月７日。
(5)「県議会」『東奥年鑑　昭和33年版』〔東奥日報社、1958年〕、31頁。

第5章、議長：菅原光珀、副議長：外川鶴松

(1959年5月8日就任)

＜目次＞

１、はじめに

戦後４回目の県議選は1959年４月23日に投開票され、51人の当選者が決定した。当選直後の色分けは、自民党35、社会党４、無所属12議席（保守系10、革新系２）であった。今回の選挙では、元県議の返り咲きも含めて新人議員は26人に達し、定数の過半数を占めた。自民党と社会党の２大政党下（「55年体制」）における最初の選挙であり、５月８日に招集された臨時県議会の空気は、派閥争いの醜態もなく、スムーズに正副議長の選任から常任委員会の割り当ても行われた。その背景には、従来当選していた議員が演じる議長選挙が世論のひんしゅくを買ったことで、“既成政治家”からの脱皮を強く意識した新人議員が多かったからだ。

５月８日に招集された臨時会―「組織会」で、議長には、自民党で十和田市選出の当選４回の菅原光珀（60歳）が、また副議長には、同じく自民党で北津軽郡選出の当選３回目の外川鶴松（56歳）が選ばれた。自民党は40人中16人の新人議員を抱え、新人団が一致団結して党内調整に大きな役割を演じた。議長選では、新人団から「一部幹部によってのみ議会の人事をいじくりまわすのはよくない」という意見がでた。新しい議員団は次のような要望書を作成、中島清助・議員総会長につきつけた。①正副議長は希望者の立候補制をとり、全員の投票で決める、②経験者は除く、③任期は２ヵ年とする－という内容だった(1)。

２、菅原光珀

菅原光珀は1898年７月23日、三本木村（現・十和田市）に生まれた。1919年、

県立八戸中学を卒業。1929年、三本木町議員に当選し４期務めた。1947年には、議長に就任。同年４月、県議選に上北郡選挙区で民主党から出馬して初当選、通算５期務めた。その間に1959年５月、議長に就任。就任に際し次のように語った。「とにかく公平にやる。それ以外にない。円滑な運営を図るため、まとめ役として充分職責を全うしたい」[(2)]。菅原は、県教育委員会委員、県交通安全協会会長、東北合板会社社長などを歴任、自民党県連副総務など務めた。県政界の長老として活躍、地方自治の発展に大きく貢献した。1968年に死去、享年70であった[(3)]。

＊県議選での得票

・1947年４月の県議選	（上北郡）	7,282票（第一位）	民主党
・1954年11月の県議補選	々	17,933票（第一位）	々
・1955年４月の県議選	々	7,975票（第一位）	々
・1959年４月の県議選	（十和田市）	6,346票（第二位）	自民党
・1963年４月の県議選	々	6,586票（第二位）	々
	（平均得票数）	**9,224票**	

３、外川鶴松

外川鶴松は1903年10月11日、北津軽郡板柳町に生まれた。高等尋常小学校卒。1937年、板柳町議会議員に当選。1951年、県議に転身して初当選、以後連続５期当選した。この間、1959年から1961年まで副議長を務めた。県議在任中、板柳町農協組合長として、農家の生活向上に尽力、また板柳町立高校の県立移管に活躍するなど、政治家としてその功績が称えられ、勲四等瑞宝章を受章、従５位である[(4)]。外川は県りんご振興株式会社、および県りんごジュース株式会社監査役などに就任、また自民党県連副会長を務めた。1971年９月１日に死去、享年68であった[(5)]。

＊県議選での得票

・1951年４月の県議選	6,839票（第三位）	社民党
・1955年４月の県議選	7,989票（第二位）	自由党
・1959年４月の県議選	9,176票（第二位）	自民党
・1963年４月の県議選	7,748票（第二位）	々
・1967年４月の県議選	8,841票（第二位）	々
（平均得票数）	**8,119票**	

4、おわりに

第41回臨時県議会は1959年5月8日に招集され、「組織会」で波乱もなく、議長に十和田市選出の自民党・菅原光珀が、また副議長に北津軽郡選出の自民党・外川鶴松がすんなりと選ばれた。簡単に話し合いがついたのは、自民党の新人議員たちが、議長選出に際して、むやみに時間を引き延ばす愚を避け前職に遠慮してもらい、任期を2ヵ年にするなどの内容の要望書を中島清助・議員総会会長に伝えたことなどが、人選を早める結果となった[6]。

≪注≫

(1)藤本一美『戦後青森県政治史　1945年～2015年』〔志學社、2016年〕、93～94頁。
(2)『東奥日報』1959年5月9日。
(3)『青森県人名事典』〔東奥日報社、2002年〕、347頁。
(4)同上、370頁。
(5)『青森県議会史　自昭和26年～至昭和34年』〔青森県議会、1960年〕、1109頁。
(6)「県議会」『東奥年鑑　昭和34年版』〔東奥日報社、1959年〕、34頁。

第6章、議長：小倉豊、副議長：中村拓道

（1961年10月30日就任）

＜目次＞

1、はじめに

1961年5月の県議会定例会は、工専誘致問題と議長交代劇で大きくもめた。5月22日、県議会の第66回定例会が招集、正副議長の交代問題で会期を延長したものの、自民党の意思不統一により結論を得ることができないまま閉会。そこで7月20日、第46回臨時会を開会。だが、青森、八戸への工専誘致をめぐって大混乱。また、第46回臨時議会の開会に先立って自民党県議員団内で、正副議長の交代問題がこじれ、菅原光珀、外川鶴松の正副議長が自民党県議員団を離脱（党籍はそのまま）、22日の開会冒頭、正副議長不信任案の提出が検討され、「正副議長は円満に交代する。時期は次期県議会冒頭とする」ことで話し合いがついた。

県議会の第67回定例会を前に、9月26日、自民党県議員団は一本化に成功。しかし、議案審議の方はおろそかとなり、またもや正副議長交代問題は未解決のままに自然閉会、正副議長の交代問題を解決できなかった。膠着状態を打開すべく、10月30日、第48回臨時会が招集され、冒頭、菅原、外川正副議長が辞任。後任には内定していた自民党で南津軽郡選出の当選3回の小倉豊（47歳）を議長に、また同じく自民党で八戸市選出の当選3回の中村拓道（50歳）を副議長に選んだ。これまで自民党は、議長2年交代の「党内密約」を実現することに力を注いできた。だが、その結果が今回のように重要な審議をそっちのけで、党内政治―結束の弱さに振り回されて醜態を演じたのは遺憾であった[1]。

2、小倉豊

小倉豊は1914年6月1日、五郷村（現・青森市浪岡）に生まれた。東奥義塾を3年で中退。職業は農業で1942年、五郷村村議に当選、また、1947年には五郷村長に当選した。1951年、県議に転身して当選、これを連続5期務めた。この間、1961年から1963年まで議長に就任。議長になるのに3回も待ちぼうけを食わされたという。晴れて議長となった小倉は次のように述べた。「議長に推されたことは身にあまる光栄だ。私は浅学非才、議会のこの重大な責任を全うすることができるかどうか危惧の念をもつが議会のみなさまの援助をたまわって、本県の諸行政、諸施策の健全な議会運営を通じて、寄与していきたい」[(2)]。小倉は県海外移民協会長、日本海外協会連合会理事などを歴任、また自民党県連総務など務めた。1977年に死去、享年63であった[(3)]。

＊県議選での得票

・1951年4月の県議選	5, 340票（第六位）	無所属
・1955年4月の県議選	6, 443票（第五位）	民主党
・1959年4月の県議選	8, 006票（第三位）	自民党
・1963年4月の県議選	9, 655票（第一位）	々
・1967年4月の県議選	6, 584票（第三位）	々
（平均得票数）	**7, 206票**	

3、中村拓道

中村拓道は1911年4月22日、青森市に生まれた。幼少の頃父母に死別。苦学して県立青森中学、青森師範学校を卒業、上北郡の小学校教師となった。1941年県庁に入り、職業科拓務主事。戦後、進駐軍三沢維持管理事務所長を経て、1950年、山崎岩男・労働政務次官秘書を務める。1951年、県議に当選し4期連続当選。この間、1961年、副議長に就任。1965年には、八戸市長に出馬して当選。八戸市長選の時には無所属で出馬、労働者を含めた多様な市民を味方につけた「八戸方式」（保守勢力が革新系と手を組み、「保革連合」で現職を打ち破る戦略）により、市長3期目の岩岡市長を破り当選。八戸市長時代は「大衆政治家」だといわれ、福祉施設の整備拡張に尽力した[(4)]。自民党県連総務、同政調副会長などを歴任。1969年には、衆議院議員に出馬して当選、1972年も連続当選。2期目の任期中の1974年に死去、享年63であった[(5)]。

＊県議選での得票

・1951年4月の県議選	6, 785票（第二位）	民主党
・1955年4月の県議選	11, 370票（第一位）	々
・1959年4月の県議選	8, 138票（第五位）	自民党
・1963年4月の県議選	12, 888票（第二位）	々
（平均得票数）	**9, 795票**	

4、おわりに

今回の新議長誕生は難産だった。5月に表面化した正副議長交代劇は、自民党の「内部不統一」で、県議会を混乱の極に導き、県民から大きな不信感を招いた。しかし、ようやく話し合いがつき、10月30日、小倉豊、中村拓道の正副議長が決まった。約半年間、県議団の分裂で議会運営は混乱したので、新しい正副議長の下で、議会の正常化が期待されたのはいうまでもない[(6)]。

≪注≫

(1)藤本一美『戦後青森県政治史　1945年～2015年』〔志學社、2016年〕、106頁。
(2)「県議会－正副議長が交代」『東奥日報』1961年10月31日。
(3)『青森県議会史　自昭和28年～至昭和34年』〔青森県議会、1960年〕、1114頁。
(4)『青森県人名事典』〔東奥日報社、2002年〕、487頁。
(5)前掲書『青森県議会史　自昭和28年～至昭和34年』、1113頁、同上『青森県人名事典』、487頁。
(6)「県議会－正副議長が交代」『東奥日報』1961年10月31日、「難産だった新議長誕生－自民党、醜態の連続」『陸奥新報』1961年11月1日、詳細は「県議会」『東奥年鑑　昭和37年版』〔東奥日報社、1962年〕、37～38頁を参照。

第７章、議長：三浦道雄、副議長：藤田重雄

（1963年５月４日／同年５月５日就任）

＜目次＞

１、はじめに

戦後５回目の県議選は1963年４月17日に行われ、52人の定数に98人が立候補した。選挙の結果は、自民党37、社会党６、民社党１、共産党２、無所属６議席。自民党と社会党が伸び悩んだのに対して、共産党が２人を当選させて健闘した。

５月４日、県議会の臨時会が開催され、「組織会」で新しい正副議長を選出。議長には、自民党で三戸郡選出の５期目の三浦道雄（48歳）が、また副議長には、翌５日に、自民党で弘前市選出の３期目の藤田重雄（57歳）を選んだ。議長職をめぐっては、第１区（南部）と第２区（津軽）で２年交代が慣例となっており、５期目の三浦と上北郡選出の三村泰右（自）の就任が焦点となったものの、まず先に三浦が議長に、そして２年後に、三村が議長に就任することで決着を見た[1]。

２、三浦道雄

三浦道雄は1918年11月12日、南部の五戸町に生まれた。県立八戸中学、盛岡高等農林、法政大経済学部、および海軍経理学校卒。戦後1947年、五戸町議に当選、議長を務めた。1948年の県議選補欠選では、民主党公認で三戸郡選挙区から県議に初当選、1951年から９回当選（1971年落選、1975年に返り咲く）するなど、長期間にわたり県議として活動。その間、1963年、48歳で議長に就任し、1969年まで務めた。三浦は議会運営に尽力し、県政界の長老として活躍。また、事業家として1960年から1993年に死去するまで南部鉄道・バス会社の社長・会長に就任。その他に、五戸町商工会会長、農業組合会長な

どを歴任するなど、三戸郡地方で経済および農業など多方面で大きな功績を残した[(2)]。自民党県連副会長などを歴任し、1993年に死去、享年74であった[(3)]。

＊県議選での得票

・1948年8月の県議補選	8,256票(第一位)	民主党
・1951年4月の県議選	5,973票(第二位)	〃
・1955年4月の県議選	4,470票(第五位)	〃
・1959年4月の県議選	8,926票(第一位)	自民党
・1963年4月の県議選	6,438票(第四位)	〃
・1967年4月の県議選	8,096票(第二位)	〃
・1975年4月の県議選	10,934票(第一位)	〃
・1979年4月の県議選	12,011票(第三位)	〃
・1983年4月の県議選	13,654票(第一位)	〃
(平均得票数)	**8,751票**	

3、藤田重雄

藤田重雄は1906年5月15日、高杉村（現・弘前市）に生まれた。青森師範二部を卒業した後、1944年まで小学校教員を務めた。1944年には高杉村長に就任。戦後1955年、県議に転身して当選、1983年まで通算6期務めた。この間、1963年に副議長に就任。1967年に落選するも1971年に返り咲き、1977年には議長に就任。藤田は県リンゴ振興株式会社取締役、自民党県連政調会長などを歴任。趣味はスポーツと囲碁である。全国都道府県議長会副会長などを歴任。1965年、長年地方自治に尽力した功により県褒章を、また1983年には地方自治功労で勲三等瑞宝章を受章。1995年、正五位に叙せられた[(4)]。1995年に死去、享年89であった[(5)]。

＊県議選での得票

・1955年4月の県議選	5,923票(第三位)	無所属
・1959年4月の県議選	7,224票(第五位)	自民党
・1963年4月の県議選	8,496票(第二位)	〃
・1971年4月の県議選	17,815票(第一位)	無所属
・1975年4月の県議選	15,657票(第一位)	自民党
・1979年4月の県議選	14,396票(第二位)	〃
(平均得票数)	**11,585票**	

4、おわりに

本論の冒頭でも紹介したように、議長の選任は自民党内の事情により、三浦道雄（5期）と三村泰右（5期）が争い、最終的に紛争回避策として、三浦と三村が2年で交代することで決着し、三浦が先に議長に選出された。一方、副議長の方は、比較的スムーズに進み、慣例により当選3期で第2区の藤田重雄（弘前市選出）が選ばれた[(6)]。

≪注≫

(1)「議長に三浦氏選出、副議長、あすに持越し」『デーリー東北』1963年5月5日。
(2)『青森県人名事典』〔東奥日報、2002年〕、653頁。
(3)『青森県人名大事典』〔東奥日報社、1969年〕、828頁。
(4)前掲書『青森県人名事典』、602～603頁。
(5)『青森県議会史　自昭和28年～至昭和34年』〔青森県議会、1960年〕、1112～1113頁、前掲書『青森県人名大事典』、821頁。
(6)「議長に三浦氏選出」『デーリー東北』1963年5月5日、『陸奥新報』1963年5月7日、「県議会」『東奥年鑑　昭和39年版』〔東奥日報社、1964年〕、48頁。

第8章、議長：三村泰右、副議長：米沢鉄五郎

(1964年6月19日／1965年6月11日就任)

＜目次＞

１、はじめに

県議会第78回定例会は1964年6月18日に開会、会期を10日間と決めた。定例会初日、竹内俊吉知事が提案理由を説明した後、三浦道雄議長が議長職の辞表を提出、この取り扱いをめぐって各派交渉委員会がもめた。社会党と共産党の両党は、「議長ポストを政治的取引の道具にしている」と反対して食い下がった。結局、再開後の本会議で議長辞職は承認され、後任の新しい議長に、自民党で上北郡選出の当選5回の三村泰右（67歳）が選ばれた。

越えて、1965年6月1日、県議会の第82回定例会が開会、最終日の6月11日、自民党は副議長の交代で紛争したが、自民党で青森市選出の当選3回の米沢鉄五郎（69歳）が副議長に選ばれた[(1)]。

２、三村泰右

三村泰右は1897年10月29日、南部地方の上北郡百石町に生まれた。尋常高等小学校卒。1933年、百石町議員に当選、以後連続3期務めた。長年にわたり町政に参与。1947年、県議に転身して当選、1951年に落選。だが1954年、県議補欠選で返り咲き、1955年から連続3期当選した（通算5期）。1964年から1965年まで議長を務めた[(2)]。自民党県連幹事長、上北土建協会会長などに就任。三村は、県農協中央会会長など農業団体の長として農業振興に尽し、また県将棋連盟相談役、土木建築業の三村興業社長などを歴任。1989年には、功績を認められて百石町名誉市民となった。県議を務めた三村輝文は息子で、また現知事の三村申吾は孫である。1991年に死去、享年94であった[(3)]。

＊県議選での得票

・1947年４月の県議選	6,898票(第二位)	自由党
・1954年11月の県議補選	14,876票(第二位)	々
・1955年４月の県議選	7,705票(第二位)	民主党
・1959年４月の県議選	7,500票(第三位)	自民党
・1963年４月の県議選	8,783票(第二位)	々
(平均得票数)	**9,152票**	

３、米沢鉄五郎

米沢鉄五郎は1896年7月15日、油川町（現・青森市）に生まれた。尋常高等小学校卒。1921年、県警巡査を拝命。1932年には、県警刑事課長、1937年、弘前市警察署長を務めた。1945年、青森市助役に就任、1951年、青森市議に当選。1955年、県議に転身して当選、これを連続３期務めた。1965年、副議長に就任。米沢は警察官であり、警察署長を退任した後、青森市助役、市議、および県議を歴任した異色の経歴の持ち主だ(4)。青森市体育協会会長、県猟友会会長、および県クレー射撃協会長などを歴任。また自民党県連総務などを務めた。米沢は県スポーツ功労章、県褒賞を受けている。1974年に死去、享年78であった(5)。

＊県議選での得票

・1955年４月の県議選	7,291票(第五位)	自由党
・1959年４月の県議選	9,019票(第二位)	自民党
・1963年４月の県議選	9,245票(第三位)	々
(平均得票数)	**8,518票**	

４、おわりに

本章の冒頭でも述べたように、1964年6月18日に開催された第78回定例会は議長辞任や佐々木秀文議員の発言をめぐって紛糾。会期の冒頭、三浦議長は「一身上の都合」で辞表を提出した。しかし、辞表の理由が漠然過ぎるとして、社会党と共産党の両党がこれを問題にした。

各派交渉会では、三浦議長を事情聴取した。だが、自民党側は押切り、後任の議長選が行われ、自民党の三村泰右が議長に就任。議長交代劇の背景には、１年後に三村泰右に議長職を譲り渡すという申し合わせが昨年から出来ていたのであり、与党自民党の筋書き通りの展開となった。野党側が、自民党内の事情だけで議長を交代させる“裏取引”に、強く反発したのは、いうまでもない[(6)]。

なお、副議長は自民党議員の申し合わせで、１区（南部）、２区（津軽）が任期半分ずつを分けることになっており、藤田重雄副議長が党議に基づいて辞表を提出。後任については、米沢鉄五郎（青森市選挙区）と沢田操（三戸郡選挙区）が候補に上った。しかし、沢田議員が年長の米沢議員に譲り米沢に落ち着いた[(7)]。

≪注≫

(1)藤本一美『戦後青森県政治史　1945年～2015年』〔志學社、2016年〕、121～122頁、「県議会」『東奥年鑑　昭和40年版』〔東奥日報社、1965年〕、34頁、「県議会」『東奥年鑑　昭和41年販』〔東奥日報社、1966年〕、38頁、『東奥日報』1964年６月19日、1965年６月12日。
(2)『青森県人名事典』〔東奥日報、2002年〕、669頁。
(3)『青森県議会史　自昭和38年～至昭和41年』〔青森県議会、1983年〕、1460頁。
(4)前掲書『青森県人名事典』、732頁、『陸奥新報』1965年６月12日。
(5)前掲書『青森県議会史　自昭和38年～至昭和41年』、1462頁。
(6)前掲書、藤本一美『戦後青森県政治史　1945年～2015年』、124頁。
(7)『東奥日報』1965年６月12日。

第9章、議長：毛内豊吉 (1965年10月2日就任)

＜目次＞

１、はじめに

県議会の第85回定例会は、1965年10月2日、新しい議長に自民党で西津軽郡選出の当選4回の毛内豊吉(53歳)を選んだ。6月定例会から持越しとなっていた議長交代は、9月定例会の最終日に自民党の調整が成功。毛内豊吉が議長に就任し、三村泰右と交代した。毛内は1967年4月の改選時まで1年6ヵ月間、議長職を務めることになった[1]。

議長の交代問題は、自民党議員団の申し合わせで、第1区（南部）、第2区（津軽）が任期を半分ずつ分け合うことになっていた。申し合わせによれば、三村議長の任期は先の6月定例会で切れていた。しかし、下北開発問題を軌道に乗せるまでという理由で、辞任を今回の定例会に持ち越していたのだ。一方的な自民党の都合について、社会党から、辞任の理由が「一身上の都合」では納得できない、留任すべきだという声がでた。だが、三村議長は辞意を撤回しなかった。最終的に、本会議には自民党議員30人だけが出席し、自民党単独審議で新議長に毛内豊吉を選んだ[2]。

２、毛内豊吉

毛内豊吉は1912年2月27日、西津軽郡車力村に生まれ、車力村の豪商の出である。五所川原小学校、大舘中学を経て、明治大学政経学部を卒業。明治大学時代は、親の仕送りを断り苦学して卒業。1932年、29歳で酒造業を引き継いだ。戦後の1947年、戦後初の「民選」で車力村長に当選。だが、1949年の県議補欠選に転出して当選、県議を1951年から通算3期務めた（1955年落選、1959年に返り咲く)。1965年には、当選回数が4回と少なかったものの議長に選ばれた[3]。毛内は車力村体協の初代会長に就任、津軽大橋は竹内俊吉知事との合作だ、といわれている。車力村農業会専務理事、自民党県連総務会長などを歴任。1983年に死去、享年71であった[(4)]。

＊県議選での得票

・1949年2月の県議補選	13,474票（第一位）	自由党
・1951年4月の県議選	4,661票（第四位）	々
・1959年4月の県議選	6,126票（第三位）	自民党
・1963年4月の県議選	7,351票（第四位）	々
（平均得票数）	**7,903票**	

3、おわりに

自民党の議長人事問題は常に内紛を含み多数党の、いわば“ガン”であることを証明した。ただ、自民党内にも、今回の議長交代劇を通じて浮かんできた任期中の細切れ交代を再検討する声が上がり、今後、議長選任方法について慎重に検討する動きが生じたのは喜ばしいことだ[(5)]。

≪注≫

(1)『陸奥新報』1965年10月3日。
(2)『青森県議会史　自昭和38年～至昭和41年』〔青森県議会、1983年〕、976頁。
(3)『青森県人名事典』〔東奥日報社、2002年〕、685頁。
(4)前掲書『青森県議会史　自昭和38年～至昭和41年』、1461頁。
(5)『陸奥新報』1965年10月3日。

第10章、議長：白鳥大八、副議長：秋山皐二郎

(1967年5月6日就任)

<目次>

１、はじめに

戦後６回目の県議選は、1967年４月15日に施行された。1965年の国勢調査の結果、定数は１つ減り51人となった。立候補者は15選挙区で98人、戦後の県議選では最低であった。選挙の結果は、長老が相次いで落選するなど、自民党は48人の候補者を擁立したものの、28人しか当選せず、過半数の26をようやく２議席上回る退潮ぶりであった。これに対して、社会党は10人、共産党は２人を当選させた[(1)]。

県議選に伴う臨時県議会―「組織会」が５月６日に招集された。会期は３日間で、議長に自民党で青森市選出の当選５回を数える白鳥大八（54歳）が、また、副議長に同じく自民党で八戸市選出の当選３回の秋山皐二郎（54歳）が選ばれた。今回、正副議長の選出に際し、自民党による従来の２年交代、第１区と第２区持ち回りという悪しき慣行が打破された[(2)]。

２、白鳥大八

(第４章を参照)

３、秋山皐二郎

秋山皐二郎は1913年２月22日、八戸市に生まれた。県立八戸中学を経て、中央大学法学部卒。1939年、陸軍中尉。1952年、八戸市議に当選、４期務めた。1959年、県議に転身して当選、３期務めた。県議時代、八戸市選挙区で１万3,000票を獲得して連続トップ当選するなど、県内でも最高得票だった。またこの間、1967年、副議長に就任。その後1969年、八戸市長に出馬して当選、

５期務めた。秋山は八戸魚市場社長、八戸漁連会長、および県漁業信用基金協会理事長などを歴任、漁業の街八戸で県議きっての水産通だ[(3)]。秋山は八戸中時代､野球部のマネージャーとして甲子園の土を踏んでいる。趣味は野球で、県議の野球チームでは内野手を務め堅い守備に定評がある。自民党県連政調会長などを務め､勲三等旭日章など受章。2007年９月28日に死去､享年94であった。八戸市名誉市民でもある[(4)]。

＊県議選での得票

・1959年４月の県議選	13,439票（第一位）	無所属
・1963年４月の県議選	13,722票（第一位）	自民党
・1967年４月の県議選	13,725票（第一位）	々
（平均得票数）	**13,629票**	

４、おわりに

県議会の正副議長を決める自民党の議員総会が1967年５月６日に開催され、正副議長に白鳥大八と秋山皐二郎が決まった。議員総会で議論となったのは、正副議長の任期をこれまでのように２年にするのか、それとも４年とするかであった。古参議員は２年、新人議員は４年を主張。新人議員の大多数は、従来の「１区、２区にこだわるのはおかしい」。「議長の権威を高めるために４年間とすべきだ」と指摘し､新人議員の原則論に押し切られた形で「議長４年任期」で一致した。

自民党がこれまでの慣行を打破、地方自治法の趣旨に従い議長の任期を４年とし、また第２区（津軽)、第１区（南部）といった地域にこだわらない方針を決めたのは、県議会の民主化の観点から大きな前進であった[(5)]。

≪注≫

(1)藤本一美『戦後青森県政治史　1945年～2015年』〔志學社、2016年〕、139頁。
(2)「県議会」『東奥年鑑　昭和42年版』〔東奥日報社、1967年〕、137頁。
(3)『陸奥新報』1967年５月７日、『東奥日報』1967年５月７日。
(4)『青森県人名事典』〔東奥日報社、2002年〕、755頁。
(5)『青森県議会史　自昭和42年～至昭和45年』〔青森県議会、1985年〕、102頁。

第11章、議長：古瀬兵次、副議長：茨島豊蔵

(1969年12月8日／同年10月7日就任)

＜目次＞

1、はじめに

第100回定例県議会は1969年12月2日に招集され、会期を8日までの7日間と決めた。提出議案は23億2,080万円にのぼる一般会計補正予算案をはじめ23件と報告5件であった。議会での論戦は、明年度からの農政の方向、および陸奥湾小川原湖地区の大規模工業開発に焦点があてられた。

前定例会から懸案となっていた議長問題は、白鳥大八議長が次期青森市長選に立候補することを理由に最終日に辞任。後任には、下北郡選出の当選5回を数える長老で、自民党の古瀬兵次（66歳）が選ばれた。一方、副議長の方は、前の第99回定例県議会で、当選2回で三戸郡選挙区の自民党の茨島豊蔵(59歳)が選ばれていた。これは、議会最終日の10月7日、八戸市長選に出馬が決定していた秋山皐二郎副議長が辞任したからだ[(1)]。

2、古瀬兵次

古瀬兵次は1903年1月18日、兵庫県神崎町に生まれた。神崎町補修学校卒。1932年、神崎町議員に当選。1934年、北海道で鉱山業長に就任。その後、大間鉄道建設のため青森県に転居。戦後、大畑振興製材所を設立、また1951年、県議会議員に当選、これを通算9期務めた。この間、1969年、議長に就任。古瀬は県遠洋漁業株式会社社長などを歴任、1963年には、日ソ漁業交渉日本政府代表として訪ソ。1987年4月の県議選にも出馬、10期目を狙ったが84歳の高齢もあって落選。10期目の挑戦は全国的にも珍しく、1,653票差の第3位で落選、政界を引退[(2)]。古瀬は波乱に富んだ人生を歩んできた。人夫—農業—建設請負—鉱山監督—鉱山経営—漁業である。木材会社の他、サケ、マス、

マグロの計3隻の船主で、日本鮭鱒連合会長を務めるなど、全国漁業界に顔が売れている。1992年、大畑町名誉町民第1号となり、同町役場正面玄関前にブロンズ像が立っている。自民党県連幹事長、副会長に就任。全国議長会より自治功労者として3回も表彰され、1976年には、勲三等瑞宝章を受章した。1992年に死去、享年89であった[(3)]。

＊県議選での得票

・1951年4月の県議選	5,776票（第三位）	無所属
・1955年4月の県議選	6,227票（第四位）	々
・1959年4月の県議選	7,607票（第三位）	自民党
・1963年4月の県議選	8,255票（第二位）	々
・1967年4月の県議選	8,077票（第二位）	々
・1971年4月の県議選	8,384票（第二位）	々
・1975年4月の県議選	7,634票（第二位）	々
・1979年4月の県議選	8,420票（第一位）	々
・1983年4月の県議選	8,858票（第二位）	々
（平均得票数）	**7,693票**	

3、茨島豊蔵

茨島豊蔵は1910年6月22日、三戸郡階上村に生まれた。県立八戸中学を経て、明治大学法学部卒。1937年、商工省燃料局に就職。その後、東京重機工業株式会社社長に就任。終戦時は、陸軍大尉として、青森地区司令部の後方主任。戦後、1947年「階上の海岸で魚を釣っているところを村長にかつぎ出されて」階上村長を2期務めた。1955年、県議に転身して初当選。その後連続2回も次点で落選したが、1967年に9票差で返り咲いた。茨島にはられるレッテルは、“自民党の良識派”である[(4)]。1969年10月には、副議長に就任。1988年12月19日に死去、享年78であった[(5)]。

＊県議選での得票

・1955年4月の県議選	4,733票（第四位）	民主党
・1967年4月の県議選	7,013票（第四位）	自民党
（平均得票数）	**5,873票**	

4、おわりに

県議会自民党議員団は、1969年12月8日、「議員総会」を開催した。議長の辞意を明らかにしていた白鳥大八の後任に、古瀬兵次を推すことを満場一致で決め、難航していた議長人事に終始符を打った。白鳥は、不文律であった議長2年交代を白紙に戻し、4年任期いっぱいを条件に受けた経緯もあり、議事運営に支障がなかったと、辞意を拒み続けていたが押し切られ、新ルールは元のもくやみに逆戻りした(6)。

なお、副議長に関しては、秋山皐二郎が11月9日に行われる八戸市長選へ出馬するための措置であり、茨島豊蔵が新たに選ばれていた。

≪注≫

(1)「議長に古瀬氏を選ぶ」『デーリー東北』1969年12月9日。
(2)「この人」『東奥日報』1969年12月10日。
(3)『青森県議会史　自昭和50年～至昭和53年』〔青森県議会、1989年〕、1451～1452頁、『青森県人名事典』〔東奥日報社、2002年〕、252頁。
(4)「この人」『東奥日報』1969年10月8日。
(5)『青森県議会史　自昭和42年～至昭和45年』〔青森県議会、1985年〕、1459頁。
(6)「議長に古瀬氏を選ぶ—くずれた新ルール」『デーリー東北』1969年12月9日、「社説：後味の悪い県議会議長交代」『陸奥新報』1969年12月10日。

第12章、議長：寺下岩蔵、副議長：秋田正

（1971年5月8日就任）

<目次>

1、はじめに

戦後7回目の県議選は、1971年4月11日に行われた。定数51人に92人が立候補、保守と革新、新旧両陣営が激突し接戦が繰り広げられた。開票の結果は、自民党27、社会党9、公明党1、共産党2、農政連3、および無所属9議席であった。自民党は改選前と同じく、議席の過半数を占めて第1党の座を堅持した。今回の県議選では、公明党と県農協政治連盟（以下、「農政連」と略）が初めて公認候補を擁立し、既成政党に挑戦したのが注目された[(1)]。

県議改選後初の臨時会―「組織会」は、5月8日に開会された。自民党で八戸市選出の当選5期目の寺下岩蔵（65歳）を議長に、また同じく自民党で五所川原市選出の当選3期の秋田正（59歳）を副議長に選んだ。自民党は、常任委員会の全委員長・副委員長の席をすべて独占した。なお、議長の選出をめぐっては、八戸市選出の寺下岩蔵と三戸郡選出の小坂甚義との“順番”調整が難航したものの、最後は寺下の県連幹事長として党務に貢献した実績がものをいった[(2)]。

2、寺下岩蔵

寺下岩蔵は1906年3月15日、南部の八戸町に生まれた。八戸尋常小学校卒後、左官屋の手伝い、土木労働者、トビ職などを転々し、1931年、土木建築請負業寺下組を創設。1959年から1963年まで、寺下建設株式会社社長を務め、この間、1947年、八戸市議に当選。1951年には、県議に転じて連続2期、当選した。1959年には落選したものの、1963年、返り咲き、連続3期合わせて通算5期20年間県議を務めた。この間、1971年、議長に就任。寺下は自民党

県連幹事長、会長などを歴任。また1973年、参議院選に出馬して当選、これを２期務めた。1975年には、北海道開発庁次官に就任した[3]。寺下は調整役として手腕を発揮、八戸工業大学の設立に尽力。県アマチュア・ボクシング連盟会長、南部芸能協会会長などに就任。党務に専念し、終始裏方役に徹した。1980年４月19日に死去、享年74であった[4]。

＊県議選での得票

・1951年４月の県議選	6,092票(第四位)	民主党
・1955年４月の県議選	6,829票(第三位)	〃
・1963年４月の県議選	10,461票(第五位)	自民党
・1967年４月の県議選	8,227票(第五位)	〃
・1971年４月の県議選	9,963票(第三位)	〃
(平均得票数)	**8,314票**	

３、秋田正

秋田正は、1912年２月27日、中川村（現・五所川原市）に生まれた。五所川原農学校卒。中川村農協組合長、中川村議に当選、（合併で）五所川原市議を経て、1949年、37歳の若さで五所川原市助役に就任。1963年、県議に転身して当選、これを連続５期務めた。この間、1971年には、副議長に、1979年には議長に就任した。一貫して農業経営の安定、農村地域への工業導入促進に力を注ぎ、県議会では農政通を自認。県議選初当選以来、連続５期当選の実績が示すように、五所川原市民の信任も厚い。３期目の時に副議長に推薦され、満場一致で祭り上げられたが、それは秋田の人柄のよさによるものだ。青年時代から政治に関わり、政治感覚はシャープで、趣味は魚釣り[5]。秋田は自民党県連政調会長などを務め、1973年と1978年、全国議長会より自治功労者として表彰された。1983年２月６日に死去、享年70であった[6]。

＊県議選での得票

・1963年４月の県議選	8,002票(第一位)	自民党
・1967年４月の県議選	6,801票(第二位)	〃
・1971年４月の県議選	7,544票(第二位)	〃
・1975年４月の県議選	8,618票(第一位)	〃
・1979年４月の県議選	8,976票(第一位)	〃
(平均得票数)	**7,988票**	

4、おわりに

改選後初の臨時県議会は1971年5月8日に招集され「組織会」では議長に寺下岩蔵が、また副議長には秋田正が選出された。しかし、自民党の正副議長選びに反発した野党との話し合いが長びき、本会議の開催が大幅に遅れるなど、スタート早々波乱含みとなり、県民の期待を裏切った。

新しい議長に選ばれた寺下は、「議長のいすを汚すことになったが、みなさんの協力がなければ正常な議会運営がむずかしい」と協力を要請。また、新しく副議長に選ばれた秋田は「議長の補佐役として重責を果たしたい」と挨拶した[(7)]。

≪注≫

(1)藤本一美『戦後青森県政治史　1945年～2015年』〔志學社、2016年〕、177、179頁。
(2)「正副議長候補　寺下、秋田氏を選ぶ」『デーリー東北』1971年5月8日、「県議会」『東奥年鑑　昭和46・47年版』〔東奥日報社、1971年〕、72頁。
(3)「この人」『東奥日報』1971年5月10日。
(4)『青森県議会史　自昭和42年～至昭和45年』〔青森県議会、1985年〕、1454頁、『青森県人名事典』〔東奥日報、2002年〕、448頁。
(5)「この人」『東奥日報』1971年5月13日。
(6)『青森県議会史　自昭和50年～至昭和53年』〔青森県議会、1989年〕、1447～1448頁。
(7)「寺下氏、秋田氏　正副議長を選出―臨時県議会開く」『陸奥新報』1971年5月9日。

第13章、議長：小坂甚義、副議長：岡山久吉

（1972年6月30日就任）

＜目次＞

1、はじめに

県議会の第110回定例会は、1972年6月26日に招集された。だが、開会初日から正副議長問題で紛糾。議長の寺下岩蔵、副議長の秋田正は、自民党議員団の申し合わせにより、緊急質問の後に辞表を提出した。だが、これは一種の“密約”によるもので、自民党議員団は議会の開会に先立ち「議員総会」を開催、議長候補に三戸郡選出で自民党の当選6回の小坂甚義（51歳）を、また副議長候補に上北郡選出で同じく自民党の当選4回の岡山久吉（62歳）を推薦した。

野党は、正副議長の任期は4年が原則であって、党内事情で後任人事の選挙を議事日程に追加するのは納得できかねるとして反対、議会は空転した。議長人事は4日後の30日、本会議で行われることになり、同日、寺下、秋田の正副議長の辞職が承認され、小坂甚義と岡山久吉が新たに正副議長に選出された[1]。

2、小坂甚義

小坂甚義は1920年8月29日、三戸郡新郷村に生まれた。県立八戸中学を経て、法政大学、および秋田鉱山専門学校を卒業。戦争中は機甲将校で、戦車隊長を務めた。20代で県農協理事となり、県の農協団体を牛耳った。小坂地区の素封家で、祖父、父ともに県議の「政治家一家」だ。1948年、新郷村農業共済組合長に就任、1949年には、県信用農協連理事に就任。1951年、県議に出馬して当選、連続7期務めた。この間、1972年には議長を務めた。小坂は、六大学のテニスで優勝したスポーツマンでもあり、議員団野球の全国大会でも優勝している。野党を押さえる円熟した議事さばきに定評があり、県議会の最

長老であった[(2)]。自民党県連幹事長、同副会長を歴任。全国議長会より自治功労者として表彰、また1974年には、藍綬褒章を受章した。1988年9月6日死去、享年68であった[(3)]。

＊県議選での得票

・1951年4月の県議選	5,200票（第四位）	自由党
・1955年4月の県議選	4,827票（第三位）	々
・1959年4月の県議選	7,704票（第三位）	自民党
・1963年4月の県議選	6,621票（第三位）	々
・1967年4月の県議選	7,457票（第三位）	々
・1971年4月の県議選	8,134票（第三位）	々
・1975年4月の県議選	8,315票（第四位）	々
（平均得票数）	**6,894票**	

3、岡山久吉

岡山久吉は1910年3月5日、上北郡甲地村（現・東北町）に生まれた。野辺地尋常高等小学校卒。甲地村森林組合長として、優良材の主産地を目指した。1941年、甲地村議に初当選、連続4期当選、この間、副議長を務めた。1952年、甲地村森林組合長に就任。1959年には、県議に転じて当選、これも連続4期務め、1972年、副議長に就任。岡山は誠実な人柄と党務へのひたむきな努力を買われライバルを押さえ副議長に推された。「貧乏百姓の生まれだが、それだけに政治の場でものを申したい」というのが、政界入りのキッカケで、農政、林政問題では一家言である。モットーは「思いついたらすぐに実行に移すこと」[(4)]。自民党県連政調会長、同総務会長を歴任、全国議長会より自治功労者として表彰。1970年、藍綬褒章を受章、1994年に死去、享年84であった[(5)]。

＊県議選での得票

・1959年4月の県議選	8,829票（第一位）	自民党
・1963年4月の県議選	8,487票（第三位）	々
・1967年4月の県議選	8,420票（第二位）	々
・1971年4月の県議選	9,860票（第一位）	々
（平均得票数）	**8,899票**	

4、おわりに

県議会の議長ポストは、1971年5月の統一地方選挙の後、自民党内で寺下岩蔵と小坂甚義が激しく争い、寺下議長、秋田副議長が誕生した経緯があった。その際、収拾条件として、1972年6月の定例会で寺下が辞任、後任は小坂とし、任期は1973年12月の定例会までとする、という一種の“密約”が交わされた。

自民党は6月21日、「議員総会」を開催。寺下、秋田・正副議長の辞意表明を菊池議員総会長が取り次ぐ形で表明するにとどめ、定例会冒頭、後任人選に取り組んだ。26日に開会した定例会では、緊急質問のあとに正副議長が辞表を提出した。

その後、自民党の議員総会では、寺下、秋田正副議長の後任に、6期当選の小坂甚義（三戸郡選出）を議長候補に、また副議長候補に4期当選の岡山久吉（上北郡選出）を決定した。野党は、①正副議長の任期は4年が原則で、自民党内の事情で突然議事日程に追加するのは納得できない、②開会冒頭辞任するのは理由が明らかでない、③自民党による議長タライ回しである—などの理由を挙げて強硬に反対したため、選出は6月30日まで持ち越された。ただ、野党も必ずしも足並みがそろわず、議長問題をめぐる与野党対立による審議の空転は避けられ、30日、小坂議長と岡山副議長が選出された。「論理として野党に分があったものの、多数党である自民党の“お家の事情”に押し切られた形」となり、議長交代劇に終止符がうたれた(6)。

≪注≫

(1)「小坂議長、岡山副議長」『デーリー東北』1972年7月1日、藤本一美『戦後青森県政治史 1945年～2015年』〔志學社、2016年〕、182頁。
(2)「この人」『東奥日報』1972年7月1日。
(3)『青森県議会史　自昭和50年～至昭和53年』〔青森県議会、1989年〕、1452頁。
(4)「この人」『東奥日報』1972年7月1日。
(5)『青森県議会史　自昭和46年～至昭和49年』〔青森県議会、1987年〕、1582頁。
(6)「県議会」『東奥年鑑　昭和49年版』〔東奥日報社、1973年〕、70頁、前掲書『青森県議会史　自昭和46年～至昭和49年』、669～670頁。

第14章、議長：小野清七、副議長：工藤重行

（1973年12月19日就任）

＜目次＞

１、はじめに

県議会の第116回定例会は1973年12月3日から19日までの17日間開催、最終日の19日、本会議で議長の小坂甚義と副議長の岡山久吉が辞任し、後任の選任が行われた。これは自民党内の“密約”に基づくもので、野党は「在職１年半、これといった失点のない小坂議長の交代には問題がある」と反発、辞任の弁明を求める動議が提出されるなど終日紛糾した。

ただ、動議の方は否決され、野党退席のまま後任の正副議長の選任を実施。新しい議長には自民党で東津軽郡選出の当選５回の小野清七（62歳）が、また副議長には、同じく自民党で黒石市選出の当選３回の工藤重行（61歳）が選ばれた[1]。

２、小野清七

小野清七は1911年1月18日、東津軽郡蓬田村に生まれた。蓬田村広瀬尋常高等小学校卒。村役場書記をふり出しに、農獣医の資格も取った。1947年、蓬田村農協会長、県農業会議副会長を歴任、農業の生産向上に尽力。1951年から、県信用理事、県畜産会理事などを務めた。1955年、県議に出馬して当選、以後、連続９期連続当選、しかも、すべて第１位であった。小野は「ミスター新幹線」と異名をとるほど東北新幹線の盛岡以北の完成に情熱を傾けた[2]。1973年12月から1975年5月まで議長に就任。自民党県連総務会長、幹事長などを務め、全国知事会より、自治功労者として表彰。1973年には、藍綬褒章を受章。1987年、脳梗塞で倒れ1990年に死去、享年79であった[3]。

＊県議選での得票

・1955年４月の県議選	6, 835票（第一位）	無所属
・1959年４月の県議選	5, 908票（第一位）	自民党
・1963年４月の県議選	8, 106票（第一位）	々
・1967年４月の県議選	7, 359票（第一位）	々
・1971年４月の県議選	8, 433票（第一位）	々
・1975年４月の県議選	8, 691票（第一位）	々
・1979年４月の県議選	10, 114票（第一位）	々
・1983年４月の県議選	8, 243票（第一位）	々
・1987年４月の県議選	10, 902票（第一位）	々
（平均得票数）	**8, 278票**	

３、工藤重行

工藤重行は1912年７月４日、尾上村（現・黒石市）に生まれた。黒石尋常小学校高等科卒。1927年、建設業に従事、1934年、建設業工藤組を創設。1947年、尾上町議に当選、３期務めた。1956年、黒石市議に当選、２期務めた。その後1963年、県議に転身して当選、これも３期務めた。この間、1973年に副議長に就任。建設会社の社長として、誠実な人柄で地域社会の信望も厚かった。また、政治家として、地域や県政の発展に尽力した[(4)]。工藤は黒石市建設協会長、南黒建設協会長、黒石市ガス会社社長などを歴任、自民党県連副委員長など務めた。全国議長会より自治功労者として表彰され、1974年には、藍綬褒章を受章。1987年に死去、享年75であった[(5)]。

＊県議選での得票

・1963年４月の県議選	6, 313票（第二位）	自民党
・1967年４月の県議選	9, 358票（第一位）	々
・1971年４月の県議選	9, 538票（第一位）	々
（平均得票数）	**8, 403票**	

４、おわりに

県議会第116回定例会最終日の1973年12月19日、自民党県議団は、舞台裏工作の筋書き通り、「民主クラブ」との合同議員総会を開催。小坂甚義議長の斡旋で自民党と民主クラブが一本化し、小坂議長の花道を開く形式をとった。

小坂議長の交代については在職１年半で、これといった失点がなかった。野党から批判の声が噴出する中で「密約の議長交代劇」が演じられ、本会議では野党が欠席のまま、自民党のみで後任の正副議長が決まったのは遺憾であった[(6)]。

≪注≫

(1)「県議会」『東奥年鑑　昭和50年版』〔東奥日報社、1974年〕、73頁。
(2)『陸奥新報』1973年12月20日、『青森県人名事典』〔東奥日報社、2002年〕、127～128頁。
(3)『青森県議会史　自昭和46年～至昭和49年』〔青森県議会、1987年〕、1579～1580頁。
(4)前掲書『青森県人名事典』、218頁。
(5)前掲書『青森県議会史　自昭和46年～至昭和49年』、1578～1579頁。
(6)『東奥日報』1973年12月20日。

第15章、議長：中村富士夫、副議長：松尾官平

(1975年5月10日就任)

＜目次＞

１、はじめに

1975年4月13日に県議選が行われ、自民党は定数52中39人が当選を果たし、大幅に議席を伸ばした。これに対して、社会党は７、公明党は２、共産党は１、および無所属は３議席にとどまり、革新側が大きく後退した。

５月８日に招集された県議会の第68回臨時会―「組織会」では、自民党は県議選の圧勝を受けて強気の議会運営に転じ、正副議長はもちろんのこと、常任委員会の委員長の全ポストを独占した。議長には、自民党で弘前市選出の６期目の中村富士夫（67歳）が、また副議長には、同じく自民党で三戸郡選出の４期の松尾官平（48歳）が選ばれた[(1)]。

２、中村富士夫

中村富士夫は1908年１月１日、弘前市に生まれた。東京高等工科学校土木工学科卒。1932年、弘前市の土木課長を経て、1934年、県庁の土木課に勤務。1936年、都庁に入ったものの、1946年、弘前市役所に“返り咲き”、都市計画課長、水道課長を経て、1955年に退職。同年、県議選に出馬して当選、連続６期務めた。この間、1975年、議長に就任。中弘からの議長は1947年の櫻田清芽以来のことだ。中村は“中富士さん”の愛称で親しまれ、話術巧みで県政界の重鎮だった。弘前市役所時代、アクの強い性格だけに市議を向こうに回してケンカもした。「それならいっそ県会議員になって……」が政界入りの動機だった。座右の銘は“誠実”で、趣味は釣りと将棋である[(2)]。1978年、自民党県連副会長。全国議長会より、自治功労者として表彰、また1972年、藍綬褒章を受章している。1984年2月27日に死去、享年76であった[(3)]。

＊県議選での得票

・1955年４月の県議選	4,919票（第二位）	自由党
・1959年４月の県議選	8,229票（第二位）	自民党
・1963年４月の県議選	7,056票（第四位）	々
・1967年４月の県議選	8,775票（第三位）	々
・1971年４月の県議選	11,696票（第三位）	々
・1975年４月の県議選	11,768票（第三位）	々
（平均得票数）	**8,741票**	

３、松尾官平

松尾官平は1927年１月25日、南部の三戸町に生まれた。盛岡農林専門学校農科を卒業、中央大学経済学部を中退し、家業の酒造業に従事。1948年、酒造会社「金五」に入社、工場長に就任。三戸町商工会会長に就任。1963年、県議に出馬して当選５期務め、この間、1973年、県商工連合会長に就任。また1975年には、副議長を務めた。祖父、父、息子も県議を務めた「政治家一家」だ。「地域に奉仕する。父が受けた恩を返す」―これが県議に向かわせたという。若さと行動力が売り物で、趣味は写真、浮世絵鑑賞。著作も多数ある[(4)]。

松尾は1980年、参議院選補選に出馬して当選、通算３期務めた。1995年には、副議長に就任。1986年、自民党県連会長を務め、1998年、勲一等瑞宝章を受け、1999年には、三戸町名誉市民となった。2013年７月30日に死去、享年86であった[(5)]。

＊県議選での得票

・1963年４月の県議選	8,326票（第一位）	自民党
・1967年４月の県議選	11,709票（第一位）	々
・1971年４月の県議選	11,487票（第一位）	々
・1975年４月の県議選	9,869票（第二位）	々
・1979年４月の県議選	14,735票（第一位）	々
（平均得票数）	**11,225票**	

４、おわりに

1975年２月２日の県知事選では、現職の竹内俊吉が３期12年の実績を背景に圧倒的勝利を収めて野党候補を退けた。また、４月13日に行われた県議選でも、自民党は定数 52 中 39 議席を獲得して圧勝するなど、「保守王国」の強さと安定を見せつけ、それは正副議長の人事や委員会委員長の独占につながった。

≪注≫

(1)『東奥日報』1975年5月9日。
(2)「この人」『東奥日報』1975年5月11日、「スポット」『陸奥新報』1975年5月12日。
(3)『青森県議会史　自昭和50年～至昭和53年』〔青森県議会、1989年〕、1445頁。
(4)「この人」『東奥日報』1975年5月11日、「スポット」『陸奥新報』1975年5月12日、『青森県人名事典』〔東奥日報社、2002年〕、1043頁。
(5) 同上『青森県人名事典』、1043頁、藤本一美『戦後青森県の保守・革新・中道勢力―青森県選出の国会議員』〔志學社、2017年〕、184～188頁。

第16章、議長：山田寅三、副議長：福沢芳穂

（1976年6月22日就任）

<目次>

1、はじめに

県議会の第126回定例会は1976年6月11日に招集、22日までの12日間開催した。議案は10件、補正予算なしの変則議会で焦点がぼやけた。論議は低調であって、むしろ正副議長の選出が中心となった。

定例会最終日の6月22日、本会議で中村富士夫の議長辞任が了承。後任議長の選挙では、自民党で青森市選出の当選6回の山田寅三（74歳）が選ばれた。またこの後、副議長の松尾官平からも辞意が提出され、選挙の結果、同じく自民党で弘前市選出の当選3回の福島芳穂（63歳）が選ばれた(1)。

2、山田寅三

山田寅三は1902年3月28日、札幌市に生まれた。京橋築地工学校工作機械科卒。映画配給会社の勤務を経て、1933年、青森市の映画館「文芸館」の支配人となった。1934年、県映画協会会長に就任。戦時中は軍用犬協会支部長を務め、戦後も警察犬協会長と犬に関わりが多い。1947年、青森市議に当選、1951年、県議に転じて当選、通算6期務めた（1967年落選、1971年返り咲く）。この間、1976年、議長に就任。歯切れのいい弁舌がこの人の売り物だ。山田は「あすなろ国体」で、映画弁士で鍛えたさわやかで歯切れのよい挨拶で好評を博した(2)。自民党県連副会長、三内温泉株式会社社長を歴任、また全国議長会より、自治功労者として表彰され、勲四等旭日小綬章を受章。1982年11月5日に死去、享年80であった(3)。

＊県議選での得票

・1951年４月の県議選	6,228票(第一位)	無所属
・1955年４月の県議選	8,133票(第二位)	々
・1959年４月の県議選	7,352票(第七位)	々
・1963年４月の県議選	7,760票(第七位)	自民党
・1971年４月の県議選	10,518票(第二位)	々
・1975年４月の県議選	9,051票(第九位)	々
(平均得票数)	**8,174票**	

３、福沢芳穂

福沢芳穂は1913年１月４日、弘前市に生まれた。県立弘前中学卒。東目屋村教育委員に就任。1955年、弘前市会議員に当選、連続４期務めた。1967年、県議に転身して当選、これも連続４期務めた。この間、1976年、副議長に就任。県私立学校審議会会長などを歴任。趣味は読書[(4)]。自民党県連副幹事長などを歴任し、全国議長会より、自治功労者として表彰され、1978年には、藍綬褒章を受章。1993年５月14日に死去、享年80であった[(5)]。

＊県議選での得票数

・1967年４月の県議選	9,764票(第一位)	無所属
・1971年４月の県議選	10,832票(第六位)	自民党
・1975年４月の県議選	13,096票(第二位)	々
・1979年４月の県議選	10,769票(第六位)	々
(平均得票数)	**11,115票**	

４、おわりに

正副議長の交代は、1975年春の県議選直後の臨時県議会で中村が議長に、そして松尾が副議長に選任された時点において“約束”されていた。任期４年間を前半１年半、後半を１年半ずつさらに分け合うことで、自民党内の暗黙の了解があったのだ。

議長候補には、古参議員で議長未経験の山田寅三が次は出馬しない理由で“花道”が与えられて、すんなりと内定。一方、副議長の方は候補者の調整に手間取り、今期限りで引退をほのめかしている福沢芳穂を推すことで了承された[(6)]。

自民党県議による正副議長のたらい回しは、1959年から繰り返されている

“悪例”であって、交代劇のたびに混乱をもたらした。密約で正副議長を決定する自民党に対して、県民や野党から「議長の私物化」だとの批判の声が強い(7)。

≪注≫

(1)「県議会」『東奥年鑑　昭和53年版』〔東奥日報社、1977年〕、166頁。
(2)「この人」『東奥日報』1976年6月23日、『青森県人名事典』〔東奥日報社、2002年〕、712頁。
(3)『青森県議会史　自昭和50年～至昭和53年』〔青森県議会、1989年〕、1445頁、前掲書『青森県人名事典』、712頁。
(4)『青森県人名大事典』〔東奥日報社、1969年〕、819頁。
(5)前掲書『青森県議会史　自昭和50年～至昭和53年』、1445頁。
(6)『東奥日報』1976年6月23日。
(7)『陸奥新報』1976年6月23日。

第17章、議長：藤田重雄、副議長：成田芳造

（1977年12月16日就任）

＜目次＞

１、はじめに

県議会の第132回定例会は1977年12月１日から16日までの日程で開会され、定例会最終日の16日、議長の山田寅三と副議長の福沢芳穂が一身上の理由で辞表を提出。これに対して、野党は１党独裁による「ポストのたらい回し」であると議会運営委員会から引きあげ、本会議をボイコットした。そこで、自民党は単独で正副議長の選挙を行い、自民党で弘前市選出の当選６回の藤田重雄（71歳）を議長に、また、同じく自民党で青森市選出の当選３回を数える成田芳造（53歳）を副議長に選んだ。このように、自民党が1975年４月から1977年４月までの任期中、中村富士夫、山田寅三、および藤田重雄の３人の議長を誕生させたことについて、野党や県民から大きな批判を浴びたのは、いうまでもない[1]。

２、藤田重雄

（第７章を参照）

３、成田芳造

成田芳造は1924年３月21日、青森市に生まれた。旧制青森商業を経て、中央大学法学部卒。1948年、高等試験司法科合格、1949年、弁護士登録（東京弁護士会）、1957年、青森県弁護士会に登録。1960年には、青森県弁護士会副会長に就任。1967年、県議に出馬して当選、連続３期務めた。この間、1977年、副議長を務めた。趣味は読書、スポーツ観戦で、好物は魚類[2]。成田は自民党県連副幹事長など就任、全国議長会より、自治功労者として表彰。勲五等瑞

宝章も受章した。2013年12月に死去、享年89であった[3]。

＊県議選での得票

・1967年4月の県議選	8, 242票(第六位)	自民党
・1971年4月の県議選	10, 268票(第四位)	々
・1975年4月の県議選	10, 397票(第七位)	々
(平均得票数)	**9, 636票**	

4、おわりに

1977年12月17日の『東奥日報』の社説に次のような記事が掲載された。「自民党議員団は、県議会定例会の最終日、予定通り正副議長の交代を行った。……多数をたのんで、正副議長のポストをもてあそんでいるかのようだ。4年の任期を細切れにして議員が各々交代で議長ポストに就任することは、議長の権威を落とすばかりでなく、議会全体がもの笑いのタネになることである」[4]。

『東奥日報』の社説の指摘は、正にその通りである。戦後4年間の任期をまっとうしたのは1951年から1955年までの第22代議長の中島清助だけで、あとは1年交代がザラである。年功序列に従って、次々と議長を“乱造”しているのが現実の姿であり、再考を望みたい[5]。

≪注≫

(1)「県議会」『東奥年鑑　昭和54年版』〔東奥日報社、1978年〕、186頁。
(2)『青森県人名事典』〔東奥日報社、2002年〕、989頁。
(3)『青森県議会史　自昭和50年～至昭和53年』〔青森県議会、1989年〕、1444～1445頁、同上『青森県人名事典』、989頁。
(4)「社説：たるみ切った県議会」『東奥日報』1977年12月17日。
(5)「県議会を顧みて―議長問題　タライ回しに批判」同上。

第18章、議長：秋田正、副議長：滝沢章次

(1979年5月11日就任)

＜目次＞

１、はじめに

1979年4月8日、県議選が行われ、自民党は定数49人中34議席を確保した。一方、社会党は6、公明党は1、共産党は2、新自由クラブは1、無所属は8議席に留まった。今回、県政史上初めて2人の女性議員が当選したのが特筆された。

県議選では、郡部で現職が圧勝したものの、市部では、新旧交代が目立った。実際、青森市選挙区で、自民党の現副議長の成田芳造が、また弘前市選挙区で社会党県委員長の山内弘が落選するなど、県議の新旧交代を印象づけた[(1)]。

議改選後、初めての臨時会－「組織会」が5月11日に招集され、議長には自民党で五所川原市選出の当選5回の秋田正（67歳）を、また副議長には、同じく自民党で八戸市選出の当選4回目の滝沢章次（45歳）を選んだ[(2)]。

３、秋田正

(第12章参照)

４、滝沢章次

滝沢章次は1933年8月27日、八戸市に生まれた。明治大学政経学部卒。1958年、光星学院高校講師。三浦一雄・衆議院議員の秘書を経て、1960年、八戸市議補選で当選、２期務め、1967年には、県議選に転身して当選し、これを連続５期務めた。この間、1979年、副議長に就任。議会内では主に教育関係を担当し、県政に新しい施策を吹き込んだ。自民党内でも政策通として定評があった。明大時代には、アイスホッケー部の“名ＧＫ”として鳴らしたスポー

ツマンで､趣味は旅行と歴史物の読書[3]。県私学審議会議議長､県農業会議会長､県信用農業協同組合連合会会長、光星学院専務理事などを歴任。全国議長会より自治功労者として表彰。1996 年 9 月 12 日に死去、享年 63 であった[4]。

＊県議選での得票

・1967年４月の県議選	7, 809票（第七位）	無所属
・1971年４月の県議選	9, 582票（第四位）	々
・1975年４月の県議選	9, 223票（第五位）	自民党
・1979年４月の県議選	9, 976票（第五位）	々
・1983年４月の県議選	9, 132票（第八位）	々
（平均得票数）	**9, 144票**	

５、おわりに

今回新しく議長に選出された秋田正は、県議連続５期当選のベテラン議員である。これまでの政治的手腕が高くそれが評価され、従来の「最多選で、議長未経験最優先」という自民党県連の鉄則を破って議長の座に就いた。

一方、副議長に就任した滝沢章次は「生粋の政党人」として有名で、津軽から議長が出た場合は、県南から選び均衡を維持した。しかし当初から、滝沢議員が副議長候補に上がっていたので、野党は正副議長の「たらい回し」だと強く反発した[5]。

≪注≫

（1）藤本一美『戦後青森県政治史　1945年～2015年』〔志學社、2016年〕、225頁。
（2）「県議会」『東奥年鑑　1980年版』〔東奥日報社、1979年〕、176頁。
（3）「この人」『東奥日報』1979年４月12日、「こんにちは」『陸奥新報』1979年４月13日。
（4）『青森県議会史　自昭和50年～至昭和53年』〔青森県議会、1989年〕、1446～1447頁。
（5）「プロフィール」『陸奥新報』1979年５月12日。

第19章、議長：菊池利一郎、副議長：佐藤寿

（1980年7月14日就任）

＜目次＞

1、はじめに

県議会の第142回定例会は1980年6月30日に招集され、7月14日まで開催。最終日の7月14日、本会議で正副議長の辞職に伴う、後任の正副議長の選挙が行われ、新議長には、自民党所属で下北郡選出の当選5回の菊池利一郎（61歳）が、また副議長には同じく自民党で南津軽郡選出の当選4回の佐藤寿（60歳）が選ばれた[(1)]。

今回の定例会では、1979年の県議改選に伴う正副議長選の際に、多数派会派の自民党が決めた「任期中、3人の議長で運営するものとし、その任期の最初が1年、あとは1年半ずつ」という申し合わせの1年目にあたり、議長交代が適切に行われるのかが注目された。事前の予想通り、議長の秋田正、副議長の滝沢章次が正副議長職の辞意を表明、後任の正副議長選挙が実施されることになった。野党がこれに反発したことはいうまでもなく、正副議長の選出は社会党が本会議をボイコットする中で行われた[(2)]。

2、菊池利一郎

菊池利一郎は1919年1月24日、下北郡川内町に生まれた。東京成城中学校中退。菊池林業専務取締役、川内町商工会会長、下北製材協会専務取締役などを歴任。1963年、県議に出馬して当選、連続6期務めた。1979年の選挙を除き、すべてトップ当選で、この間、1980年には、議長に就任。菊池は数々の修羅場をくぐってきた県政界のベテランとして知られ、スポーツは野球、サッカー、ラグビー、および柔道と万能だ[(3)]。菊池は自民党県連幹事長、同副会長に就任し、全国議長会より、自治功労者として表彰。1989年8月30日に死去、享

年70であった[4]。

＊県議選での得票

・1963年4月の県議選	9,808票(第一位)	自民党
・1967年4月の県議選	8,531票(第一位)	々
・1971年4月の県議選	8,999票(第一位)	々
・1975年4月の県議選	8,029票(第一位)	々
・1979年4月の県議選	7,518票(第二位)	々
・1983年4月の県議選	9,762票(第一位)	々
(平均得票数)	**8,775票**	

3、佐藤寿

佐藤寿は1920年5月14日、南津軽郡常盤村に生まれた。県立弘前中学を経て、県立青年学校教員養成所卒。女鹿沢青年学校教諭を務め、戦後も青年団活動に専念、政治の世界に入る。1962年、常盤村村長に当選し、一期務めた。1970年1月、県議補選に出馬して当選、通算6期務めた（1983年落選、1987年に返り咲く）。この間、1980年、副議長に、また1993年には、議長に就任。議長就任時は議会最長老の73歳であった。常盤スイカ、常盤養鶏、トキワ養豚と、常盤という名前の生産物はすべて、村長時代の業績で、アイデア村長として知られた。副議長に就任するまで、西津軽郡選出の自民党の神四平と激しいつばぜり合いを演じ、それだけに「和」をことのほか意識。趣味は弘中時代から続けている詩吟と書画鑑賞、座右の銘は「真心」[5]。自民党県連政調会副会長などを歴任、1996年には、勲四等旭日章を授章。2007年9月7日に死去、享年87であった[6]。

＊県議選での得票

・1970年1月の県議補選	9,190票(第二位)	自民党
・1971年4月の県議選	9,577票(第三位)	々
・1975年4月の県議選	11,901票(第二位)	々
・1979年4月の県議選	9,876票(第三位)	々
・1987年4月の県議選	11,780票(第三位)	々
・1991年4月の県議選	8,926票(第四位)	々
(平均得票数)	**10,208票**	

4、おわりに

県議会の第142定例会は、正副議長の交代が焦点であった。それは、1979年の県議会の組織会以来の自民党側の「密約」であり、野党から強い反対の声が挙った。順調だった今回の定例会において、実質審議を棚上げし、正副議長の交代問題で約2時間半にわたって本会議を空転させた[(7)]。

次期議長は、自民党内で1979年から菊池利一郎に決まっていたのですんなりと選考。しかし、副議長は佐藤寿（南津軽郡選出、当選4回）と神四平（西津軽郡選出、当選4回）が候補に上り、その順番をめぐって論議を呼んだが、最終的に佐藤寿に落ちついた。「任期を3分割して3人議長の誕生」を2年交代にすべきだ、という反省の声が与野党から生じたのは当然である[(8)]。

≪注≫

(1)『東奥日報』1980年7月15日。
(2)「議長に菊池氏、副・佐藤氏―脚本通りの交代劇」『デーリー東北』1986年7月15日、「県議会」『東奥年鑑　1982年版』〔東奥日報社、1981年〕、177～178頁。
(3)「この人」『東奥日報』1980年7月15日、「きょうの顔」『陸奥新報』1980年7月15日。
(4)『青森県議会史　自昭和50年～至昭和53年』〔青森県議会、1989年〕、1446～1447頁。
(5)「この人」『東奥日報』1980年7月15日、1993年7月10日、「きょうの顔」『陸奥新報』1980年7月16日、1993年12月18日。
(6) 前掲書『青森県議会史　自昭和50年～至昭和53年』、1449～1450頁、『青森県人名事典』〔東奥日報社、2002年〕、896頁。
(7)「議会運営にシコリを残す」『デーリー東北』1980年7月15日。
(8)「県議会を顧みる」『東奥日報』1980年7月15日。

第20章、議長：脇川利勝、副議長：神四平

(1981年12月19日就任)

<目次>

１、はじめに

県議会の第148回定例会は1981年12月1日から18日まで、18日間の日程で行われた。しかし、正副議長の交代をめぐる混乱から会期を１日延長、19日間開催された。この時の定例会は、議長の菊池利一郎と副議長の佐藤寿にとって、自民党内の申し合わせによるいわば「任期切れ」の議会となっていた。だから、会期前から次期正副議長候補の選任をめぐり、党内で思惑がくすぶっていた。だが、最終的に党内調整の結果、議長には、自民党で西津軽郡選出の当選４回の脇川利勝（58歳）に、また副議長には、同じく自民党で西津軽郡選出の当選４回の神四平（63歳）に絞られた。だが、地域・派閥争いから議員総会は大混乱に陥った。そこで、会期を１日延長した上で正副議長を選出して定例会を閉じたのである(1)。

２、脇川利勝

脇川利勝は1923年9月9日、西津軽郡深浦町に生まれた。県立木造中学を経て、青森師範学校卒後、国民学校教諭や鯵ヶ沢高校教諭を務めた。高校では体育を担当、柔道、相撲、柔剣道などが得意であった。体重が93.5キロの巨漢だ。教師在職中に青年団運動にのめり込み、「新しい日本づくりは青年の力を結集して」と政治の道に邁進。1959年、県議選に出馬して当選し、通算４期務めた（1963年、67年と連続落選、1971年に返り咲く）。この間、1981年には議長に就任。趣味は読書、酒はかなりいける方だ、という(2)。脇川は1957年、脇川建設工業を創設し、同社長に就任。県ダンプカー協会会長、全国ダンプカー協会副会長、青森県漁港県建設協会会長などを歴任。また、自

民党県連会長等に就任。1977 年、全国議長会より自治功労者として表彰され、1997 年には、勲一等瑞宝章を受章。2014 年 1 月 20 日に死去、享年 90 であった [(3)]。

＊県議選での得票

・1959年４月の県議選	6, 620票（第二位）	自民党
・1971年４月の県議選	13, 791票（第一位）	〃
・1975年４月の県議選	9, 782票（第三位）	〃
・1979年４月の県議選	10, 876票（第三位）	無所属
（平均得票数）	**10, 267票**	

３、神四平

神四平は 1918 年 10 月 7 日、西津軽郡鰺ヶ沢町に生まれた。旧制木造中学卒。1938 年から 1945 年まで軍隊で、陸軍曹長。1954 年、鳴沢村長に当選、合併後 1964 年、鰺ヶ沢町助役を務め、1969 年、県議補選に出馬して当選、通算４期務めた。この間、1981 年、副議長に就任。剣道５段、柔剣道４段の腕前だ。1954 年、腐敗選挙で揺れていた村内を収拾するためにと、若い仲間に担がれて村長選に出馬、それが政治の世界に入る契機となった。俳句歴９年、何かあると１句ひねるのがこの人の特徴である [(4)]。神は自民党県連総務会長などを歴任し、勲五等双光旭日章を受章。2004 年 8 月 22 日に死去、享年 85 であった [(5)]。

＊県議選での得票

・1969年９月の県議補選	12, 769票（第二位）	自民党
・1971年４月の県議選	10, 916票（第三位）	〃
・1975年４月の県議選	11, 593票（第二位）	〃
・1979年４月の県議選	12, 467票（第二位）	〃
（平均得票数）	**11, 936票**	

４、おわりに

今回の定例会もまた、正副議長の交代をめぐり大混乱。会期延長の末、12 月 19 日に閉会した。古参の順からいえば、議長職は当選６期の花田一、副議長職は当選４期の神四平が最有力と見られていた。だが、自民党の選考委員会の結果は、議長を脇川利勝に、副議長を神四平に決定。その際、問題となったのが、津軽と南部のバランスをとるため、交互に据えるという慣例だ。自民党の議員総会はこの問題をめぐり大紛糾、議会が空転、野党から突き上げを食った。混乱の原因は、自民党会内の「ポスト欲」の激突に他ならない[6]。

≪注≫

(1)「県議会」『東奥年鑑　1983年版』〔東奥日報社、1982年〕、178～179頁。
(2)「この人」『東奥日報』1981年12月20日、「きょうの顔」『陸奥新報』1981年12月20日。
(3)『青森県人名事典』〔東奥日報社、2002年〕1449頁。
(4)「きょうの顔」『陸奥新報』1981年12月20日、「このひと」『東奥日報』1981年12月20日。
(5) 前掲書『青森県人名事典』、911頁、『青森県議会史　自昭和50年～至昭和53年』〔青森県議会、1989年〕、1449頁、「きょうの顔」『陸奥新報』1981年12月20日。
(6)「社説：自民、県議会空転の反省を」『陸奥新報』1981年12月21日、「県議会の混乱―良識論“多数”に埋没、記者座談会」『東奥日報』1981年12月20日。

第21章、議長：吉田博彦、副議長：中里信男

(1983年5月10日就任)

<目次>

１、はじめに

1983年4月10日に行われた県議選では、自民党は32人の当選者に終わった。だが、無所属から当選者５人を引き抜き37議席とした。一方、社会党は７人、共産党は２人、公明党は２人、民社党は１人、および無所属は８人当選した。

今回の選挙では、新旧交代の荒波に襲われ、現職議員が新人に追撃されて多数落選を喫した。実際、自民党は、元副議長の佐藤寿、県連総務会長の木村章一、および副幹事長の山内和夫らが落選、それに代わって新人15人が誕生した[(1)]。

越えて、5月10日から３日の日程で第73回臨時会―「組織会」が招集され、その冒頭の10日、新議長に、自民党で上北郡選出の当選５回の吉田博彦(60歳)が、また副議長には、同じく自民党で八戸市選出の当選４回の中里信男（54歳）が選ばれた。ただ、自民党内の「選挙委員会」がもめたため、正副議長の任期についてはふれないままの“見切り発車”となった[(2)]。

２、吉田博彦

吉田博彦は元々六戸町の旧家の出身だが、1922年7月31日に東京で生まれた。父親の仕事関係で東京、大阪暮らしが長かった。戦後六戸町に戻った。東京農大を中退。六戸村議を経て、1955年、六戸町長に当選、連続３期務めた。六戸町長時代に、通信教育で産業能率大を卒業した勉強家だ。1967年、県議に転身して当選、連続５期務め、1983年には、議長に就任。村議から県議まで選挙では負けを知らない。北村正武知事とは従弟同士。県議会内では「農林族」として活躍、働くことが趣味だという。ゴルフが大好きで、「ゴルフ歴は県内で１番古いほう」だと自負[(3)]。吉田は、自民党県連政調副会長など歴任、1977年、

藍綬褒章を受章し、また同年、全国議長会より自治功労者として表彰された。1995年9月15日に死去、享年73であった[4]。

＊県議選での得票

・1967年4月の県議選	11,697票(第一位)	自民党
・1971年4月の県議選	9,686票(第二位)	々
・1975年4月の県議選	10,417票(第三位)	々
・1979年4月の県議選	13,733票(第二位)	々
・1983年4月の県議選	11,000票(第三位)	々
(平均得票数)	**11,307票**	

3、中里信男

中里信男は1928年7月10日、岩手県に生まれた。盛岡工業学校卒、秋田鉱山専門学校を中退。1957年、東北建機工業株式会社取締役に就任。1964年、八戸鉄工協同組合理事長、八戸鉄工連合会会長などを歴任。1967年、八戸市議に当選。1971年、県議に転出して当選、4期務めた。この間、1983年、副議長に就任。鉄鋼業出身だけに「鉄のように硬い人」との評。中里は「中小企業の立場に立って政策に反映させるのが私の政治家としての役割」と言い切る。趣味は山歩き、狩猟、およびクレー射撃。『中小企業経営の手引き―健全企業の在り方をめぐって』〔1982年〕などの著作もある。好きな言葉は「誠心」[5]。1989年から2001年まで、八戸市長を3期務め、自民党県連政調副会長など歴任。通産大臣賞、発明功労賞、特許庁長官賞を受賞している。2013年7月15日に死去、享年86であった[6]。

＊県議選での得票

・1971年4月の県議選	9,464票(第五位)	自民党
・1975年4月の県議選	10,579票(第四位)	々
・1979年4月の県議選	13,030票(第一位)	々
・1983年4月の県議選	15,551票(第二位)	々
(平均得票数)	**12,156票**	

4、おわりに

既述のように、県議会は正副議長に吉田博彦と中里信男を選出した。議会の主導権を握る自民党内（37人）で、ポストの“たらい回し”をめぐって長老と15人の新人たちが激しく対立し、最終的に新人たちに押し切られた形で決着、新人たちは、「はばたく会」を結成した。

確かに、正副議長のたらい回しは全国的傾向であって、何も本県に固有の問題ではない。全国都道府県議会議長会の調べでは、議長4年任期は6県にすぎず、1年交代が21県もあるという。今回新人議員の申し入れは、①正副議長は任期4年を全うさせる、②次善策として最低2年間とする、という内容。「長老支配」にかみついた新人議員たちの申し入れは正論である(7)。

≪注≫

(1)藤本一美『戦後青森県政治史　1945年〜2015年』〔志學社、2016年〕、252〜253頁。

(2)「県議会」『東奥年鑑　1984年版』〔東奥日報社、1983年〕、180頁、「正副議長人事の舞台裏―たらい回し許さぬ」『デーリー東北』1983年5月11日。

(3)「この人」『東奥日報』1983年5月11日、『陸奥新報』1983年5月11日、「ひと」『デーリー東北』1983年5月11日。

(4)『青森県人名大事典』〔東奥日報社、1969年〕、845頁、『青森県議会史　自昭和50年〜至昭和53年』〔青森県議会、1989年〕、1451頁。

(5)「この人」『東奥日報』1983年5月11日、「ひと」『デーリー東北』1983年5月11日。

(6)前掲書『青森県議会史　自昭和50年〜至昭和53年』、1446頁、『青森県人名事典』〔東奥日報社、2002年〕、975頁。

(7)「解説：長老、新人　激しく対立」『東奥日報』1983年5月11日、「社説：議長権威を自ら低める議会」『陸奥新報』1983年5月12日、「正副議長人事の舞台裏―たらい回しは許さぬ」『デーリー東北』1983年5月11日。

第22章、議長：石田清治、副議長：毛内喜代秋

(1984年10月12日就任)

＜目次＞

１、はじめに

県議会の第158回定例会は、1984年6月6日から21日まで開催。昨年、1883年5月の第73回臨時議会で、吉田博彦議長－中里信男副議長体制がスタートしてから1年経過していた。そこで、自民党内から今定例会中に正副議長を交代する声が挙がった。しかし、重要案件を抱え、混乱を避けたいという思惑と後任人事を絞り切れない理由から見送りとなった(1)。

次いで、第159回定例会が9月27日から10月12日まで開催。議会最終日の10月12日、自民党は、党内にくすぶっていた正副議長交代を強行した。新しい議長候補には、自民党所属で西津軽郡選出の当選5回を数える石田清治(70歳)を、また副議長候補には、同じく自民党所属で青森市選出の当選3回の毛内喜代秋（57歳）を選び、議員総会に諮って了承を得た。だが、これには野党はこぞって反対するなど、議会運営委員会がマヒし混乱。自民党は本会議を、野党欠席のまま正副議長選挙を行い、強引に石田―毛内の正副議長コンビを実現させた(2)。

２、石田清治

石田清治は1914年3月5日、西津軽郡柴田村（現・つがる市）に生まれた。東京農大卒業後、青森県庁に勤務。1951年、柴田村議、柴田村農協組合長を経て、村議会議長に就任。1952年、柴田村長に当選、1959年には、木造町収入役、同助役を務めるなど、政治歴は古い。県農業共済組合連合会長、西津軽郡土地改良区理事長を経て、1969年、県議会議員補欠選（西津軽郡選挙区）に出馬して当選、連続5期当選。この間、1984年には、議長に就任。石田は、

木造新田1万1,000ヘクタールを受益面積にする西津軽土地改良区理事長、県農業共済連合会長など土地改良を中心に農業団体の重職を担い、農業土地改良の推進者として知られる。白髪がよく似合う“おじさま”タイプで、趣味は将棋、山歩き(3)。自民党県連党紀委員長などを歴任、1997年に死去、享年83であった(4)。

＊県議選での得票

・1969年9月の県議補選	13,073票(第一位)	自民党
・1971年4月の県議選	11,522票(第二位)	々
・1975年4月の県議選	12,558票(第一位)	々
・1979年4月の県議選	12,845票(第一位)	々
・1983年4月の県議選	12,453票(第三位)	々
(平均得票数)	**12,490票**	

2、毛内喜代秋

毛内喜代秋は1926年11月1日、五所川原町に生まれた。仙台逓信講習所卒後、五所川原郵便局員を務め、1945年4月、東奥日報社に入社。混乱期を記者として活躍し、社会部次長、整理部次長、およびラジオテレビ部長などを歴任、1969年に退社。1970年、青森市議に、また1975年、県議に転じて当選し、通算6期務めた(1987年落選、1991年に返り咲く)。その間、1984年、副議長に、1998年には議長に就任。新聞記者出身だけに、カンと行動力には定評がある。毛内は議員活動のかたわら、中小企業の振興に務め、県中小企業団体連合会理事、県信用保証協会理事に就任。スポーツは県、市の朝野球協会の副会長を務めるほどの愛好家で、「和」の大切さを強調する円熟の人だ。趣味はゴルフ(5)。1974年、県都食品協同組合長、青森市朝野球協会会長などを歴任した(6)。

＊県議選での得票

・1975年4月の県議選	10,956票(第四位)	無所属
・1979年4月の県議選	11,949票(第五位)	々
・1983年4月の県議選	12,304票(第八位)	自民党
・1991年4月の県議選	11,665票(第四位)	々
・1995年4月の県議選	10,113票(第七位)	々
・1999年4月の県議選	9,699票(第七位)	々
(平均得票数)	**11,114票**	

4、おわりに

県議会の最終日の10月12日、議長交代劇で本会議が空転。「たらい回し人事」について野党が、茶番劇、サル芝居だと反乱したのだ。結局、脚本通り、本会議で自民党多数でもって新正副議長が誕生した。しかし、１期２人制から１期３人制が慣例化し前回、改革を唱えた１年生議員からも交代論が出る始末で、結局、元のもくあみに戻ってしまった(7)。

≪注≫

(1)「県議会」『東奥年鑑　1985年版』〔東奥日報社、1984年〕、177頁。
(2)「県議会」『東奥年鑑　1986年版』〔東奥日報社、1985年〕、172頁。
(3)「この人」『東奥日報』1984年10月14日、「きょうの顔」『陸奥新報』1984年10月14日。
(4)『青森県議会史　自昭和50年～至昭和53年』〔青森県議会、1989年〕、1449頁。
(5)「この人」『東奥日報』1984年10月14日、1998年10月14日、「きょうの顔」『陸奥新報』1984年10月14日、1998年10月14日。
(6)前掲書『青森県議会史　自昭和50年～至昭和53年』、1444頁、『青森県人名事典』〔東奥日報社、2002年〕、1065頁、毛内は2003年４月の県議選にも青森市選挙区からも出馬したものの、8,262票(第10位)に留まり落選。
(7)「冬夏提言」『陸奥新報』1984年10月13日、「批判黙殺、たらい回し」『東奥日報』1984年10月13日。

第23章、議長：今井盛男、副議長：野沢剛

（1986年3月24日就任）

＜目次＞

１、はじめに

県議会の第165回定例会は1986年2月28日から3月24日まで開催、3月24日の最終日、自民党が正副議長の交代を強行した。全野党が審議をボイコットする中で、自民党が単独で、議長に自民党で南津軽郡選出の当選5回の今井盛男（59歳）を、また副議長には、同じく自民党で八戸市選出の当選3回を数える野沢剛（60歳）を選んだ。このため、各党が合意していた「東北新幹線対策特別委員会」の設置はご破算となるなど、野党の反発を招いた県議会は、混乱の中で閉会を余儀なくされた[(1)]。

２、今井盛男

今井盛男は1926年11月10日、南津軽郡平賀町に生まれた。弘前工業学校機械化卒業後、中島飛行機制作所に勤務。戦後、リンゴ移出商、家電販売業を経営、1955年、平賀町議に当選、連続4期務めた。1970年1月の県議補欠選に出馬して当選、6期務めた。この間、1986年、議長に就任。県議30年の政治の大ベテランで、財政、経済にはうるさ型だ。県議会では、議会運営委員長をこなして手腕は実証済み。今井は商工人で、県信用保証協会理事、県商工連合会副会長を歴任するなど、中小企業者に顔が広い。学生時代から卓球、相撲、テニスなどを愛するスポーツマンの一方、自らピアノを弾き、クラシック音楽を楽しむ趣味をもつ[(2)]。平賀商工会長、全国都道府県議会議長会副会長などを歴任、また自民党県連副幹事長に就任。1996年には、勲三等瑞宝章を受章した[(3)]。

＊県議選での得票

・1970年１月の県議補選	9, 904票（第一位）	自民党
・1971年４月の県議選	9, 872票（第二位）	々
・1975年４月の県議選	11, 283票（第三位）	々
・1979年４月の県議選	13, 831票（第一位）	々
・1983年４月の県議選	11, 752票（第四位）	々
・1987年４月の県議選	12, 427票（第二位）	々
（平均得票数）	**11, 512票**	

３、野沢剛

野沢剛は1925年８月８日、八戸市に生まれた。県立八戸中学卒。卒業後に予科練を志望し、特攻隊に配属された。1953年、妻神建設株式会社常務取締役に就任。1959年、八戸市議に当選し、４期連続当選。1975年、県議に転身して当選、連続７期務めた。この間、1986年、副議長に就任。剛の名前が示すように“質実剛健”の人で、政治信条は「誠心誠意」。剣道は５段の腕前(4)。1986年、県消防協会会長に就任、自民党県連副幹事長など歴任。藍綬褒章や消防長官功労賞を受けた。2011年12月10日に死去、享年86であった(5)。

＊県議選での得票

・1975年４月の県議選	8, 749票（第七位）	自民党
・1979年４月の県議選	9, 358票（第七位）	々
・1983年４月の県議選	10, 020票（第六位）	々
・1987年４月の県議選	11, 492票（第五位）	々
・1991年４月の県議選	9, 547票（第六位）	々
・1995年４月の県議選	11, 512票（第四位）	新進党
・1999年４月の県議選	10, 166票（第五位）	無所属
（平均得票数）	**10, 121票**	

４、おわりに

本章の冒頭でも指摘したように、自民党は大義名分のない正副議長の交代を断行、しかも、県政の重要な課題である、新幹線特別委員会の設置を犠牲にしてしまった。こうした事態について、『東奥日報』は次のように批判した。正論である。

「野党のボイコット、自民党の単独審議は異常な事態といわねばならない。その責任の大半は理不尽ともいえる議長交代を強行した自民党にあるといってよい。背景にポストに対する異常な執着という多分に私的な動機のほか、多数派が常に抱いている派閥争いという要求を見逃すわけにいかない」[6]。

≪注≫

(1)「県議会」『東奥年鑑　1987年版』〔東奥日報社、1986年〕、166頁。
(2)『東奥日報』1986年3月25日、「きょうの顔」『陸奥新報』1986年3月26日。
(3)『青森県人名事典』〔東奥日報社、2002年〕、780頁。
(4)『東奥日報』1986年3月25日、「きょうの顔」『陸奥新報』1986年3月26日。
(5)前掲書『青森県人名事典』、1001頁。
(6)「社説：なぜいま正副議長交代か」『東奥日報』1986年3月25日。

第24章、議長：原田一實、副議長：森内勇

（1987年5月12日就任）

＜目次＞

１、はじめに

戦後11回目の県議選は1987年4月12日に行われ、新しい51人の県議が決まった。自民党28、社会党８、共産党３、公明党２、民社党１、および無所属９議席であった。自民党は９議席を失って苦杯（その後、無所属から２人加えて30議席）。一方、社会党、共産党の革新勢力が躍進した。今回の県議選では、新人15人が当選したのが特筆される[(1)]。

県議会の第76回臨時会―「組織会」が５月12日に開会され、新しい議長には自民党で北津軽選出の当選５回の原田一實（57歳）を、また副議長には、同じく自民党で、青森市選出の当選３回の森内勇（49歳）を選んだ。議会で過半数を占めた自民党は、正副議長職のみならず委員会の正副委員長職ポストをすべて独占した[(2)]。

２、原田一實

原田一實は1929年７月10日、北津軽郡金木町嘉瀬（現・五所川原市）に生まれた。県立木造中学卒、日本大学農学部を中退。日大時代は相撲部に籍を置いた。1960年、金木町議当選、連続３期当選し、議長を務めた。1971年、県議に転出して当選、連続５期当選。この間、1987年、議長に就任した。金木町議３期、県議５期と政治歴は30年を超す。原田はその実行力を買われ、町議、県議の時、議長に就任している。「農政をいかに確立するか。増える農家負担。米問題などに議会としての指針をしっかりと持ち対処していきたい」と第１次産業を重視する。原田は“ドンチュウ”のニックネームで慕われ、趣味は読書と旅行だ[(3)]。自民党県連幹事長などを歴任、県土地改連盟会長、全国土地改

連理事などを務め、県相撲連盟会長に就任、藍綬褒賞や勲三等瑞宝章を受けた。2011 年 11 月 13 日に死去、享年 82 であった [4]。

＊県議選での得票

・1971年４月の県議選	8, 037票（第二位）	自民党
・1975年４月の県議選	9, 751票（第二位）	々
・1979年４月の県議選	無投票当選	々
・1983年４月の県議選	10, 923票（第二位）	々
・1987年４月の県議選	11, 386票（第一位）	々
（平均得票数）	**10, 024票**	

３、森内勇

森内勇は 1938 年３月２日、青森市に生まれた。若い頃から民謡が好きで歌手を目指し、東京師導音楽学校を卒業。19 歳の時、北海道で馬の買い付けを手掛け、1957 年、森内畜産を創業、農政畑を歩いた。青森市農業協同組合理事などを歴任し、1974 年、自民党公認で青森市議に当選、１期務めた。1979 年、新自由クラブ公認で県議に転身して当選（その後、自民党に復党）、連続５期務めた。この間、1987 年、副議長に就任。「努力」「まじめ」が信条で、酒が入れば民謡も飛び出す。趣味はゴルフ。現県議で議長の森内之保留は息子だ [5]。森内は県食肉環境衛生同業組合理事長、協同組合青森ビーフ流通センター会長などを歴任し、自民党県連総務会副会長を務めた。2005 年には、外ヶ浜町長選に出馬して当選、３期務めた [6]。

＊県議選での得票

・1979年４月の県議選	10, 866票（第八位）	新自ク
・1983年４月の県議選	13, 084票（第六位）	自民党
・1987年４月の県議選	11, 729票（第六位）	々
・1991年４月の県議選	14, 306票（第一位）	々
・1995年４月の県議選	12, 872票（第二位）	々
（平均得票数）	**12, 571票**	

４、おわりに

1987 年５月 12 日、県議会の臨時会―「組織会」が開会され、予想通り正副議長は多数党である自民党の原田一實と森内勇が選出された。今回、自民党は現職11人が大量に落選、現有議席を9減らし、公認候補者の当選は新人を含めて28人にとどまった。そのためかどうかは知らないが、議長交代の密約は表面化せず、スンナリと決定した。しかし、議員の任期を、議長は工藤省三（5期）、佐藤寿（5期）を含めた3人でたらい回しにするそうだ、という。困った悪習だと言わざるを得ない[(7)]。

≪注≫

(1)藤本一美『戦後青森県政治史　1945年～2015年』〔志學社、2016年〕、274頁。
(2)「県議会」『東奥年鑑　1988年版』〔東奥日報社、1987年〕、166頁。
(3)「この人」『東奥日報』1987年5月13日、「きょうの顔」『陸奥新報』1987年5月13日、『青森県人名事典』〔東奥日報社、2002年〕、1017頁。
(4)「きょうの顔」『陸奥新報』1987年5月13日、同上『青森県人名事典』、1017頁、
(5)「この人」『東奥日報』1987年5月13日、「きょうの顔」『陸奥新報』1987年5月13日。
(6)『青森県議会史　自昭和58年～至昭和61年』〔青森県議会、1998年〕、1270頁。
(7)「議長に原田、副議長森内氏―今回も津軽から選出」『陸奥新報』1987年5月13日。

第25章、議長：工藤省三、副議長：山内和夫

（1989年3月20日就任）

＜目次＞

１、はじめに

県議会の第117回定例会は1989年2月28日から3月20日まで開催、県議会最終日の3月20日、正副議長の交代が追加議題に取り上げられた。新しい議長には、自民党所属で上北郡選出の当選5回の工藤省三（62歳）が、また副議長には、同じく自民党所属で青森市選出の当選3回の山内和夫（57歳）が選ばれた。これには、社会党と共産党が、自民党の「たらい回し」人事だと強く反発したものの、本会議では賛成多数で自民党側に押し切られた[(1)]。

２、工藤省三

工藤省三は1926年12月7日、上北郡天間林村に生まれた。三本木農業学校卒。1943年、農業に従事。1946年、天間林村の工藤製材所に勤務、天間林村一本木開拓農協組合長、工藤組代表取締役などを歴任。1971年、県議に出馬して当選、連続9期務めた。この間、1989年、議長に就任。最後の2003年は、無投票当選だ。趣味は釣りとマージャン。現県議の工藤慎康は、省三の孫で、上北郡選挙区では「工藤王国」が議席を堅持している[(2)]。工藤は、自民党県連幹事長などを歴任し、1986年には、全国議長会より自治功労者として表彰。2010年11月16日に死去、享年83であった[(3)]。

＊県議選での得票

・1971年４月の県議選	8,342票（第三位）	無所属
・1975年４月の県議選	11,463票（第一位）	自民党
・1979年４月の県議選	14,334票（第一位）	〃
・1983年４月の県議選	16,602票（第一位）	〃

・1987年4月の県議選	12,166票(第一位)	自民党
・1991年4月の県議選	13,131票(第三位)	々
・1995年4月の県議選	13,970票(第一位)	無所属
・1999年4月の県議選	12,794票(第二位)	自民党
・2003年4月の県議選	無投票当選	々
(平均得票数)	**12,850票**	

3、山内和夫

山内和夫は1931年7月18日、青森市に生まれた。県立青森工業高校を経て、政治大学校卒。青年団で活躍し、青森市連合青年団長を務めた。1951年、山内板金株式会社に勤務。1963年、県連合青年団長に就任。1967年、青森市議に当選、連続2期務めた。1975年、県議に転身して当選、通算8期務めた（1983年に落選、1987年に返り咲く）。この間、1989年、副議長に、2004年には議長に就任。「まじめすぎる」とは自他ともに認める性格だ。山内は「政治に信頼を」が政治信条で、座右の銘は「誠実」。趣味は山歩き、読書、および美術鑑賞である[(4)]。自民党県連総務会長などを歴任し、1981年、県トランポリン協会会長、県環境衛生同業組合理事長などを務めた[(5)]。

＊県議選での得票数

・1975年4月の県議選	11,731票(第三位)	自民党
・1979年4月の県議選	12,548票(第三位)	々
・1987年4月の県議選	16,245票(第一位)	々
・1991年4月の県議選	13,929票(第二位)	々
・1995年4月の県議選	12,788票(第三位)	々
・1999年4月の県議選	11,643票(第四位)	々
・2003年4月の県議選	11,994票(第三位)	々
・2007年4月の県議選	11,373票(第六位)	々
(平均得票数)	**12,781票**	

4、おわりに

今回の正副議長交代は、1期4年間に3人体制を慣例としている自民党のお家芸が背後にあり、人事回転を速めるため「慣例」を維持したのだ。原田一實、森内勇の正副議長は1987年5月に就任してから、満2年近くになる。そこで、交代時期について前年1988年9月の議会から論議されていたが、新幹線問題や自民党議員団の分裂で見送られていた。このため、今回、正副議長の交代が浮上、最終的には、野党の反対を押し切り、議長には工藤省三を、副議長には山内和夫を選出したわけだ(6)。

≪注≫

(1)「工藤省議長に山内副議長」『デーリー東北』1989年3月21日、「県議会」『東奥年鑑　1990年版』〔東奥日報社、1989年〕、185頁。
(2)「きょうの顔」『陸奥新報』1989年3月21日、「この人」『東奥日報』1989年3月21日。
(3)『青森県議会史　自昭和58年～至昭和61年』〔青森県議会、1998年〕、1277頁。
(4)「この人」『東奥日報』1989年3月21日、2004年6月26日、「きょうの顔」『陸奥新報』1989年3月21日、2004年6月26日。
(5)『青森県人名事典』〔東奥日報社、2002年〕、1073頁、『青森県議会史　自昭和54年～至昭和57年』〔青森県議会、1996年〕、1304頁。
(6)「工藤省議長に山内副議長」『デーリー東北』1989年3月21日、「新議長に工藤省三」『東奥日報』1989年3月21日。

第26章、議長：鳴海広道、副議長：芳賀富弘

(1991年5月13日就任)

＜目次＞

１、はじめに

1991年4月7日に県議選が行われ、51人の新県議が決定した。結果は、自民党30人、公明党２人、社会党１人、民社党１人、農政連１人、および無所属が16人で、社会党は7議席から一挙に１議席に、また共産党は3議席からゼロへと惨敗した。これに対して、自民党は現職が全員当選、現有議席と同じ30議席を確保した。その後、保守系無所属から10人が大量に入党し、最終的に40議席という大所帯となった(1)。

第79県議会の臨時会は5月13日に招集、「組織会」が開かれた。同日の本会議で、議長には自民党で黒石市選出の当選6回の鳴海広道（50歳）が、また副議長には、同じく自民党で弘前市選出の当選3回の芳賀富弘（66歳）が選ばれた。自民党は県議選での圧勝を踏まえて、正副議長職のみならず、全ての常任委員会の委員長職を独占した(2)。

なお、先の181回定例会（1990年2月28日～3月22日）の最終日の22日、議長交代問題で紛糾、自民党内の協議により、結局、工藤省三の議長続行で決着していた。このような議会運営上のゴタゴタは、他の会派から厳しく批判された(3)。

２、鳴海広道

鳴海広道は1941年3月10日、黒石町に生まれた。柏木農業高校卒、日本大学法学部を中退。1967年、黒石市議に当選、２期務めた。1975年、県議に転じて当選、通算6期務め、この間、1991年5月、議長に就任。県議会議長に就任した時の挨拶で、「県政の課題として、東北新幹線の早期着工と農政の新

しい展開」を挙げた。鳴海の好きな言葉は「ベストを尽くす」。趣味はゴルフ、躰道（五段）、読書で、アルコールは苦手の左党[4]。1998年には、黒石市長に出馬して当選、4期務めた。鳴海は自民党県連政調会長などを歴任し、1985年、全国議長会より自治功労者として表彰。また、青森県躰道協会会長、浅瀬石川土地改良区理事長などに就任した[5]。

＊県議選での得票数

・1975年4月の県議選	11,567票(第一位)	自民党
・1978年7月の県議補選	13,786票(第一位)	々
・1979年4月の県議選	13,631票(第一位)	々
・1983年4月の県議選	14,569票(第一位)	々
・1987年4月の県議選	13,856票(第一位)	々
・1991年4月の県議選	無投票当選	々
(平均得票数)	**13,482票**	

3、芳賀富弘

芳賀富弘は1925年4月26日、弘前市に生まれた。旧制木造中学を経て、青森医専を卒業。1957年、医学博士を取得し、1958年、板柳町立病院、弘前市立石川病院勤務を経て、1964年、芳賀産婦人科医院を開業。1983年、県議に出馬して当選、5期連続務めた。この間、1991年、副議長に就任。「医療、福祉の向上のため尽力してきたが、限界を感じ」、医師から県議に転身した。1988年、東北新幹線盛岡以北の着工順番が第3位となり、そのため自民党を離れて「自由クラブ」を結成。しかし1999年、本格着工で、自民党に復党。医院は娘の夫にまかせて、政治活動に専念。趣味はゴルフと釣り。好きな言葉は「心」[6]。青森県臨床婦人科医会副理事長、弘前特別養護老人ホーム理事長などを歴任、1999年、日本文化功労賞、2001年には、リンカーン世界平和賞を授賞。2010年12月に死去、享年85であった[7]。

＊県議選での得票

・1983年4月の県議選	10,639票(第六位)	自民党
・1987年4月の県議選	12,800票(第三位)	々
・1991年4月の県議選	13,244票(第一位)	々
・1995年4月の県議選	13,169票(第一位)	無所属
・1999年4月の県議選	9,692票(第五位)	々

（平均得票数）　　11,909票

4、おわりに

自民党県議団は1991年5月13日、議員総会を開き、正副議長候補について、「選考委員会」の報告を求め、議長に県連幹事長の鳴海弘道を、また副議長に芳賀富弘を選んだ。従来、議長は当選5回以上、副議長は3回以上という慣例をもとに、当選の連続性や副議長の経験を加味し、「党への貢献度」（選挙戦での“論功行賞”）を最優先させた。この点こそが40人を抱える大所帯の自民党内で異論をはさませない最良の策として功奏したのだ(8)。

自民党は、県議選での圧勝を踏まえて、各常任委員会の正副委員長を独占しただけでない。議会運営委員会の10人の委員も独占（5人以上の会派からのみ正委員）、県議会史上、一会派の議運独占は初めてのことだ(9)。

≪注≫

(1)藤本一美『戦後青森県政治史　1945年～2015年』〔志學社、2016年〕、299～300頁。
(2)『東奥年鑑　1992年版』〔東奥日報社、1991年〕、168頁。
(3)「県議会」『東奥年鑑　1991年版』〔東奥日報社、1990年〕、166頁。
(4)「この人」『東奥日報』1991年5月14日、「きょうの顔」『陸奥新報』1991年5月14日、『青森県人名事典』〔東奥日報社、2002年〕、991頁。
(5)『青森県議会史　自昭和58年～至昭和61年』〔青森県議会、1998年〕、1273頁、前掲書『青森県人名事典』、991頁。
(6)この人」『東奥日報』1991年5月14日、「きょうの顔」『陸奥新報』1991年5月14日。
(7)前掲書『青森県議会史　自昭和58年～至昭和61年』、1271頁、前掲書『青森県人名事典』、1003頁。
(8)「人選、貢献度を重視―自民党県議団」『陸奥新報』1991年5月14日。
(9)『東奥日報』1991年5月14日。

第27章、議長：小原文平、副議長：沢田啓

（1992年10月15日／同年2月28日就任）

＜目次＞

１、はじめに

県議会の第191回定例会は1992年9月30日に招集、10月15日まで開催された。最終日の10月15日、鳴海弘道が議長を辞任。その後任に、自民党で上北郡選出の当選5回の小原文平（70歳）が選ばれた。続いて、翌年1993年2月26日に招集された第193回定例会で、議長交代問題が浮上したものの、自民党は最終日の2月25日、小原議長の続投を決めた[(1)]。

一方、副議長については、前副議長の芳賀富弘が弘前市長選に立候補し、県議を辞職して空席となった。そこで、第189回定例会最終日の1992年2月28日、副議長に自民党で、三戸郡選出の当選3期の沢田啓（63歳）が選ばれた[(2)]。

２、小原文平

小原文平は1922年9月27日、上北郡七戸町に生まれた。家業は肥料店。早稲田大学文学部哲学科を卒業後、1949年、七戸高校教諭を務めた。その後、南部縦貫鉄道に勤務し、専務を経て、南部縦貫鉄道専務、小平商店社長、七戸町商工会会長などを歴任。1971年、県議に出馬して当選、通算6期務めた。1987年に落選したが、1991年に返り咲く。翌1992年、議長に就任。この間、「県議会新幹線対策特別委員会」の委員長として奔走、“ミスター新幹線”という異名をとった。県商工連合会会長として県全体の産業振興に力を注ぎ、同僚議員からは「温厚、誠実な人柄」と人望も厚い。趣味は「無芸大食」、上京の折、歌舞伎芝居を見るのが楽しみだそうだ[(3)]。自民党県連副会長などに就任し、1986年には、全国議長会より自治功労者として表彰された。1999年に死去、享年77であった[(4)]。

＊県議選での得票

・1971年4月の県議選	7,825票(第四位)	自民党
・1975年4月の県議選	10,616票(第二位)	々
・1979年4月の県議選	11,077票(第四位)	々
・1983年4月の県議選	13,722票(第二位)	々
・1991年4月の県議選	15,419票(第一位)	無所属
・1995年4月の県議選	11,053票(第二位)	自民党
(平均得票数)	**11,619票**	

3、沢田啓

沢田啓は1929年1月21日、三戸町に生まれた。三本木農業学校を経て、東京獣医畜産専門学校を卒業。1970年、三戸農協組合長、青森県肉用牛協会会長などを歴任。1983年、3度目の挑戦で県議に当選し、連続5期務めた。その間、1992年、副議長に就任。父の操も県議3期務めた政治家一家だ。1988年、東北新幹線盛岡以北の着工順位で3位に後退、自民党に反発、「自民クラブ」を結成し、自ら会長を務めた。沢田は獣医師の資格を有し、青森県に黒毛和種（肉用牛）の導入に尽力した。沢田はひげとパイプがトレードマークで、趣味はカメラと狩猟[(5)]。県農業共済組合会会長、県畜産農協連合会会長などを歴任した。獣医師としての功績で、農林水産大臣賞を受けている。2009年3月16日に死去、享年80であった[(6)]。

＊県議選での得票数

・1983年4月の県議選	13,159票(第二位)	自民党
・1987年4月の県議選	13,033票(第一位)	々
・1991年4月の県議選	12,573票(第一位)	々
・1995年4月の県議選	11,969票(第三位)	々
・1999年4月の県議選	9,980票(第三位)	々
(平均得票数)	**12,143票**	

4、おわりに

1992年2月28日、県議会第189回定例会が開会、同日、空席となっていた副議長に自民党の沢田啓（三戸郡選出、当選3回）を選んだ。副議長のポストは、前副議長の芳賀富弘が1月26日告示の弘前市長選に立候補し、県議を辞職したため空席となっていたのだ[7]。

県議会191回定例会の最終日の1992年10月15日、議長の選出は、人選をめぐって紛糾。自民党議員団が「議員総会」や「議長選考委員会」を繰り返し、本会議がストップするなど、議会の空転に野党から厳しい批判の声が上がった。結局、鳴海弘道議長が辞表を提出したのを受けて、新議長に自民党の小原文平（上北郡選出、当選5回）が選ばれた。なお、沢田啓副議長は留任した。一連の紛糾の背景には、代議士派閥の駆け引きや議員個人の思惑があったと、いわれている[8]。

≪注≫

(1)「県議会」『東奥年鑑　1994年版』〔東奥日報社、1993年〕、171～172頁。
(2)「県議会」『東奥年鑑　1993年版』〔東奥日報社、1992年〕、172頁。
(3)『青森県人名事典』〔東奥日報社、2002年〕、130頁、「きょうの顔」『陸奥新報』1992年10月17日、「この人」『東奥日報』1992年10月17日
(4)『青森県議会史　自昭和58年～至昭和61年』〔青森県議会、1998年〕、1277頁、前掲書『青森県人名事典』、130頁。
(5)「この人」『東奥日報』1992年2月29日。
(6)前掲書『青森県人名事典』、899頁、前掲書『青森県議会史　自昭和58年～至昭和61年』、1279頁。
(7)『東奥日報』1992年2月28日(夕)。
(8)「県議会議長に小原氏」『陸奥新報』1992年10月16日、「県議会議長に小原氏」『東奥日報』1992年10月16日、「小原氏を選任―自民、人選をめぐり紛糾」「ポスト軽視の行為だ」『デーリー東北』1992年10月16日。

第28章、議長：佐藤寿、副議長：清藤六郎

（1993年12月17日就任）

＜目次＞

1、はじめに

県議会の第196回定例会は1993年11月30日から18日間開催され、最終日の12月17日、小原文平議長と沢田啓副議長が辞表を提出した。後任の議長には、自民党で南津軽郡選出の当選6回の佐藤寿（73歳）が、また副議長には、同じく自民党で南津軽郡選出の当選3回の清藤六郎（70歳）が選ばれた。このように、いつものような、自民党の悪しき慣例による正副議長の交代劇について、野党側は一段と反発を強め、「交代の理由」が全く見当たらないと強く批判した[(1)]。

2、佐藤寿

（第19章を参照）

3、清藤六郎

清藤六郎は1923年6月28日、黒石町に生まれた。1952年、日本大学専門部歯科を卒業。1966年、歯科医院を開業。1983年、県議に出馬して当選、連続5期務めた。この間、1993年、副議長に就任。ひょうひょうとした話し方が魅力だという。趣味は狩猟で、座右の銘は「特にないが、人と付き合うのに、心の触れ合う付き合いをしたい」と語る[(2)]。自民党県連政調副会長などを歴任し、また県重量挙げ協会会長、県バトミントン協会会長、県バイアスロン協会会長、県体育協会会長、および日本重量挙げ協会副会長などを務めた。2018年4月16日に死去、享年94であった[(3)]。

＊県議選での得票数

・1983年４月の県議選	13,515票(第一位)	無所属
・1987年４月の県議選	11,737票(第四位)	自民党
・1991年４月の県議選	10,352票(第三位)	無所属
・1995年４月の県議選	無投票当選	々
・1999年４月の県議選	7,193票(第四位)	々
(平均得票数)	**10,699票**	

４、おわりに

1993年11月30日に招集された第196回定例会では、議長交代問題が焦点となり、最大会派で事実上選任権を有する自民党内の調整難航が予想された。だが、1992年10月のように、本会議を７時間も空転させ、深夜までもつれた時に比べれば、比較的スムーズに終了した[(4)]。

正副議長は、佐藤寿―清藤六郎コンビの南津軽郡選出となった。ただ、過去にも脇川利勝議長―神四平副議長コンビのように、西津軽郡の同一選挙区から選出された事例があり、従来も正副議長のいずれかを津軽と南部で分けあったり、別の選挙区から選出したりしていた[(5)]。

自民党内では、議長が５回以上の当選組、副議長が３回当選組などの暗黙の了解が存在し、しかも津軽と南部のバランスを考慮して選出するのが通例だった。だが、三八地区で調整がつかなかった。副議長経験者が議長に就任したのは、慣例を破った人事ではあるものの、それが必ずしも「議会改革」であったとはいえない[(6)]。

≪注≫

(1)「県議会」『東奥年鑑　1995年版』〔東奥日報社、1994年〕、167頁。
(2)「この人」『東奥日報』1993年12月18日、「きょうの顔」『陸奥新報』1993年12月18日。
(3)『青森県議会史　自昭和58年～至昭和61年』〔青森県議会、1998年〕、1276頁、「この人」『東奥日報』1993年12月18日。
(4)「県会議長に佐藤氏」『東奥日報』1993年12月18日。
(5)「県会議長に佐藤氏　副は清藤氏―同一選挙区　異例の人事」『陸奥新報』1993年12月18日。
(6)『東奥日報』1993年12月18日。

第29章、議長：高橋長次郎、副議長：丸井彪

（1995年5月10日就任）

＜目次＞

1、はじめに

任期満了に伴う県議選は1995年4月9日に行われ、10選挙区で39人の当選者が決まり、無投票の5選挙区の12人と合わせて51人の新しい県議が確定した。知事選の敗退で野党に転落した自民党は、現有議席を6つ減らして当選者は26人に留まり、過半数割れとなった。一方、与党の新進クラブ（党）は、推薦を合わせて現有議席に5議席上乗せして9人が当選し、友党の公明党も、2議席を確保。革新勢力では社会党が2議席を奪回、また共産党も2議席確保、無所属は10議席であった[(1)]。

新議会の「組織会」として第80回臨時会が5月10日に招集された。新議長に自民党所属で八戸市選出の当選6回の高橋長次郎（71歳）が、また副議長に、同じく自民党所属で十和田市選出の当選4回の丸井彪（64歳）が選ばれた。最大野党の自民党が正副議長の座を独占したものの、所属議員の造反の可能性や反発などで、内部説得に時間を費やし、会派内に不協和音を抱えての対応だった[(2)]。

2、高橋長次郎

高橋長次郎は1923年11月13日、南部の八戸町に生まれた。八戸白銀尋常小学校卒。1949年、八戸市議に当選、連続2期務めた。1975年、県議に転身して当選、連続7期を誇る。この間、1995年、議長に就任。4期目の1989年には、自民党公認で参議院選にも出馬したが、次点2位で落選。高橋は、八戸漁連会長などを歴任した八戸市水産界の重鎮で、「浜のタカチョウさん」の愛称で親しまれる豪放磊落な人柄だ。議長選では、51票中48票を獲得したのが

特筆される。趣味は読書、将棋、および囲碁で、座右の銘は「和をもって尊し」[3]。八戸漁連会長、県サケマス漁業振興会会長、全国大型イカ釣り協会会長などを歴任し、また、自民党県連幹事長などを務めた。1985年、全国議長会より自治功労者として表彰、1986年には、黄綬褒章を受章した。2008年7月9日に死去、享年84であった[4]。

＊県議選での得票数

・1975年４月の県議選	12,076票（第一位）	自民党
・1979年４月の県議選	12,952票（第二位）	々
・1983年４月の県議選	12,713票（第三位）	々
・1987年４月の県議選	14,042票（第三位）	々
・1991年４月の県議選	14,370票（第二位）	々
・1995年４月の県議選	11,213票（第五位）	々
・1999年４月の県議選	10,105票（第七位）	々
（平均得票数）	**12,496票**	

３、丸井彪

丸井彪は1931年２月16日、十和田町に生まれた。三本木農業学校卒後の1948年、藤坂村農業協同組合に勤務。1973年、丸井商事取締役社長に就任、1981年、十和田重車輛取締役社長などを歴任した。1982年９月、県議の兄が急死し、支持者の後押しもあって1983年の県議選にピンチヒッターで初当選、以来、連続６期務めた。この間、1995年、副議長に就任。「性格は短気。いろんな役職を経験してかなり丸くなった」と自己分析する。座右の銘は「和」で、趣味は一人旅と庭木[5]。1994年には、自民党県連政調会長に就任[6]。

＊県議選での得票数

・1983年４月の県議選	13,761票（第一位）	自民党
・1987年４月の県議選	12,593票（第一位）	々
・1991年４月の県議選	11,665票（第一位）	々
・1995年４月の県議選	無投票当選	々
・1999年４月の県議選	12,663票（第一位）	々
・2003年４月の県議選	10,874票（第一位）	々
（平均得票数）	**12,311票**	

4、おわりに

新議長に選出された高橋長次郎は、本会議の投票で48票獲得した一方、副議長の丸井彪は自民党だけの25票に留まった。正副議長ともに自民党の候補だった。しかし、2人の得票差は「議長は第1会派（自民党）から、副議長は第2会派（新進クラブ）からだすべき」との考えにより、自民党、共産党以外の各会派と無所属議員が投票で示した同一歩調の結果であった[(7)]。

なお、この他に新進側が求めていた6常任委員会の正副委員長のポストの「ドント方式」による配分も自民党が了承するなど、自民党にとって、知事選で野党に転落した上に、議席が26と過半数を割った影響が随所で見られた[(8)]。

≪注≫

(1)藤本一美『戦後青森県政治史　1945年～2015年』〔志學社、2016年〕、330～331頁。
(2)「県議会」『東奥年鑑　1996年版』〔東奥日報社、1995年〕、172頁、「旧態依然の議長人事」『デーリー東北』1995年5月11日。
(3)「この人」『東奥日報』1995年5月11日、「きょうの顔」『陸奥新報』1995年5月11日、「ひと」『デーリー東北』1995年5月11日。
(4)『青森県議会史　自昭和58年～至昭和61年』〔青森県議会、1998年〕、1272頁。
(5)「この人」『東奥日報』1995年5月11日、「きょうの顔」『陸奥新報』1995年5月11日、「ひと」『デーリー東北』1995年5月11日。
(6)前掲書『青森県議会史　自昭和58年～至昭和61年』、1274頁。
(7)「県議会―副議長選は1票差」『東奥日報』1995年5月11日。
(8)「議長高橋長氏　副丸井氏」『陸奥新報』1995年5月11日。

第30章、議長：高橋弘一、副議長：長峰一造

（1997年8月28日就任）

＜目次＞

１、はじめに

県議会の第83回臨時会は1997年8月26日に招集、３日間開会された。最終日の28日、議長の高橋長次郎と副議長の丸井彪が「一身上の都合」を理由に正副議長職を辞任した。後任の議長には、自民党所属で青森市選出の当選６回を数える高橋弘一（62歳）が、また副議長には、新自由クラブ所属で北津軽郡選出の当選４回の長峰一造（71歳）が選ばれた。

自民党は結党以来、第１会派として正副議長のポストを独占してきたものの、今回初めて第２会派から副議長が誕生したのが特筆される。それは、県議会での「保・保連合」のなせる業であった(1)。

今回、珍しく約２年４ヶ月の間、正副議長の交代がなかった。その背景には、会派勢力が与野党間で拮抗して、議会で過半数確保が困難であった他に、高橋長次郎が全国県議会議長会会長に就任したという、「特殊事情」によるものであった(2)。

２、高橋弘一

高橋弘一は1934年11月20日、青森市に生まれた。県立青森工業高校卒。1953年、高橋鉄工所専務取締役に就任。1969年、青森青年会議所理事長、1970年、青森市議に当選、連続２期務めた。1975年、県議に転身して当選、連続８期務め、この間、1997年、議長に就任。現在、息子の修一も県議４期目の「政治家一家」だ。青工時代、バレー選手として活躍、議長就任時には、身長178センチ、体重88キロのいでたちだった。青森市消防団長も務め、空手道場を開き、子供たちに訓練の場を提供。趣味はスポーツ。愛称は「たかこうさん」で、モットー

は「明朗かっ達」[3]。高橋は自民党県連総務副会長、青森市体育協会会長などを歴任、1985年、全国議長会より、自治功労者として表彰。1994年には、藍綬褒章を受章した[4]。

＊県議選での得票数

・1975年4月の県議選	10,443票(第五位)	自民党
・1979年4月の県議選	16,096票(第一位)	々
・1983年4月の県議選	17,670票(第一位)	々
・1987年4月の県議選	14,150票(第二位)	々
・1991年4月の県議選	12,832票(第三位)	々
・1995年4月の県議選	13,302票(第一位)	々
・1999年4月の県議選	13,822票(第一位)	々
・2003年4月の県議選	11,084票(第五位)	々
(平均得票数)	**13,675票**	

3、長峰一造

長峰一造は1925年9月28日、北津軽郡鶴田町に生まれた。五所川原農学校卒。1954年、農業実習生として渡米。リンゴつくり一筋で、県りんご協会会長時代にリンゴ輸入を懸念する生産者に推されて政治の世界入りした。1955年、鶴田町妙堂崎農協専務理事に就任、青森県りんご協会理事・会長などを歴任。1983年、県議選に出馬して当選、5期務め、その間、1997年、副議長に就任。趣味はカラオケ、庭木手入れで、座右の銘は「一心万宝」[5]。長峰は県りんご協会顧問、青森県キャンプ協会会長などに就任、1952年、農林大臣賞を受賞、また1990年には、黄綬褒章を受章した。2008年7月1日に死去、享年72であった[6]。

＊県議選での得票数

・1983年4月の県議選	10,806票(第三位)	無所属
・1987年4月の県議選	10,206票(第二位)	自民党
・1991年4月の県議選	10,724票(第三位)	々
・1995年4月の県議選	無投票当選	新進ク
・1999年4月の県議選	9,452(第二位)	無所属
(平均得票数)	**10,297票**	

4、おわりに

1997年8月の時点で、自民党は47議席中19議席を占めているにすぎず、最大会派とはいえ過半数割れであった。一方、新進クラブなど与党3党は20議席を確保した。自民党が議長職を手にするには、新進側との協調が不可欠であり、ポスト配分で合意が内々できていた、という。だから、さしたる混乱もなく、正副議長の交代が比較的スムーズに終了したのである[(7)]。

≪注≫

(1)「県議会」『東奥年鑑　1999年版』〔東奥日報社、1998年〕、75頁、『陸奥新報』1997年8月29日。
(2)『陸奥新報』1997年8月29日。
(3)「この人」『東奥日報』1997年8月29日、「きょうの顔」『陸奥新報』1997年8月29日。
(4)『青森県人名事典』〔東奥日報社、2002年〕、932頁、『青森県議会史　自昭和58年～至昭和61年』〔青森県議会、1998年〕、1269頁。
(5)「この人」『東奥日報』1997年8月29日、「きょうの顔」『陸奥新報』1997年8月29日。
(6)前掲書『青森県議会史　自昭和58年～至昭和61年』、1269頁、前掲書『青森県人名事典』、978頁。
(7)「議長に高橋氏、副は新進・長峰氏」『東奥日報』1997年8月29日。

第31章、議長：毛内喜代秋、副議長：中村寿文

(1998年10月12日就任)

＜目次＞

１、はじめに

県議会の第215回定例会は1998年9月25日に招集され、10月12日まで開催した。最終日の12日、高橋弘一が議長職を、また長峰一造が副議長職をそれぞれ辞任した。後任の議長には、自民党で青森市選出の当選５回の毛内喜代秋（71歳）が、また副議長には県政会所属で八戸市選出の当選４回の中村寿文（59歳）が選ばれた。副議長に県政会所属の中村寿文が選出されたのは、県政会が与党で、自民党が野党に転落したからに他ならない[(1)]。

今回のように、半年の議長任期は県議会史上最短で、副議長では２番目であり、県議会の任期が約６ヵ月しかない中での正副議長の交代劇は、野党から強い批判を浴びた。何故なら、「任期中は議長３人」という慣例を大会派主導で押し切ったからだ[(2)]。

２、毛内喜代秋

(第22章を参照)

３、中村寿文

中村寿文は1939年８月４日、南部の八戸市に生まれた。県立八戸高校を経て、慶応義塾大学法学部卒。1963年、東北電力に入社。1974年には退社し、船田中衆議院議員の秘書を務めた。周囲の要望を受け、父の志を継いで政治家の道へ。1983年県議に出馬して当選、連続５期務めた。この間、1998年、副議長に就任。2001年には、八戸市長に当選、１期務めた。政治信念は「信なくば立たず」で、趣味は登山、書店めぐり[(3)]。父も県議、八戸市長、衆議院議員

を務めた中村拓道で、親子２代にわたり県議、市長、および副議長に就任した[(4)]。

＊県議選での得票数

・1983年４月の県議選	21,853票(第一位)	無所属
・1987年４月の県議選	17,390票(第一位)	自民党
・1991年４月の県議選	15,514票(第一位)	々
・1995年４月の県議選	14,558票(第一位)	新進党
・1999年４月の県議選	11,738票(第二位)	無所属
(平均得票数)	**16,211票**	

４、おわりに

1998年の正副議長交代劇について、『東奥日報』は「社説：“反省”は県議会にも必要だ」の中で次のように批判した。

「県議会の最終日、にわかに正副議長が交代した。どう見ても県民のひんしゅくを買ってきた“たらい回し”人事の再現である。今度もまた、両ポストを分ける大会派、野党・自民党と与党・県政会による水面下の調整、つまり“談合”でことが運ばれた、とみなされるてん末だ。来年４月の統一地方選で改選を迎える県議。わずか半年しかない議長の任期は、戦後の県議会史上で最も短いものになる」[(5)]。

『東奥日報』がいみじくも指摘しているように、悪しき慣行を維持する大会派の「御都合主義」がのさばっている、としか言いようがない。正副議長交代の談合は、「地方分権」の潮流に逆行するものであり、保守系県議には深い反省が求められる。

≪注≫

(1)「県議会」『東奥年鑑　2000年版』〔東奥日報社、1999年〕、85頁。

(2)「任期わずか半年なのに……県議機会正副議長交代」『東奥日報』1998年10月13日。

(3)「この人」『東奥日報』1998年10月14日、「きょうの顔」『陸奥新報』1998年10月14日。

(4)『青森県議会史　自昭和58年～至昭和61年』〔青森県議会、1998年〕、1272頁、『青森県人名事典』〔東奥日報社、2002年〕、980頁。

(5)『東奥日報』1998年10月14日。

第32章、議長：太田定昭、副議長：間山隆彦

（1999年5月12日就任）

<目次>

1、はじめに

県議選が1999年4月11日に行われ、無投票当選を含めて51人の新県議が決まった。自民党21、県民協会16、公明党2、共産党2、社民党1、および無所属9議席である。新たな勢力図は、与党が県民協会、公明党、および与党系無所属を加えて23議席で過半数に届かず、野党は自民党、共産党、社民党、野党系無所属を加えて27議席であった。この結果は、県民が、大筋で県政与党を支持すると審判を下した一方で、木村守男県政に絶対的安定を与えなかった、ことを意味する[(1)]。

新県議の「組織会」である第84回臨時会は5月13日に開会され、新議長に自民党で南津軽郡選出の当選5回の太田定昭（61歳）が、また副議長に、与党統一会派の政風・公明で八戸市選出の当選5回の間山隆彦（53歳）が選ばれた。公明党出身の副議長は、県政史上初めてのことである[(2)]。

2、太田定昭

太田定昭は1937年9月28日、南津軽郡浪岡町（現・青森市）に生まれた。東奥義塾高校卒後1956年、農業に従事。1967年、浪岡町議に当選、連続3期務めた。1979年、県議に転じて当選、通算5期務めた（1987年落選、1991年に返り咲く）。この間、1999年、議長に就任。与野党折衝などここ一番の行動力には定評がある。愛馬の「クロ」と2時間かけて自宅周辺を散歩するのが日課だ。「親孝行で、思いやりのある人」とは夫人の評。座右の銘は「協調」で、趣味は野球である[(3)]。太田は浪岡町連合青年団長、南津軽郡連合青年団長を歴任、また自民党県連政調会長、同幹事長などを務めた。1977年、全国知事

会より、自治功労者として表彰。2011年8月8日に死去。享年73であった[(4)]。

＊県議選での得票

・1979年4月の県議選	10,105票(第二位)	無所属
・1983年4月の県議選	13,428票(第二位)	自民党
・1991年4月の県議選	12,635票(第二位)	々
・1995年4月の県議選	無投票当選	々
・1999年4月の県議選	12,312票(第二位)	々
(平均得票数)	**12,120票**	

3、間山隆彦

間山隆彦は1944年7月20日、八戸市に生まれた。県立八戸高校を経て、日本大学法学部卒。1968年、八戸市役所に勤務。1970年、公明党本部で衆議院議員秘書となり、1975年、八戸市議当選、2期務めた。1983年、県議に転じて当選、連続6期務め、この間、1999年、副議長に就任。1991年から公明党県本部長として組織を束ねてきた。周囲の評では「温厚で親しみやすい性格」だという。八高時代は相撲部に所属、水泳も得意のスポーツマン。好きな言葉は「努力」と「忍耐」。趣味は読書、ドライブ[(5)]。間山は、公明党県本部書記長、同本部長などを歴任し、藍綬褒章を受章した[(6)]。

＊県議選での得票

・1983年4月の県議選	10,881票(第四位)	公明党
・1987年4月の県議選	11,461票(第六位)	々
・1991年4月の県議選	9,645票(第四位)	々
・1995年4月の県議選	9,905票(第七位)	々
・1999年4月の県議選	10,150票(第六位)	々
・2003年4月の県議選	11,596票(第二位)	々
(平均得票数)	**10,606票**	

4、おわりに

1999年5月の正副議長の選出プロセスについて、『東奥日報』は「社説：“なれ合い県議会”はごめんだ」の中で、次のように顛末を説明している。

「勢力拡大にしのぎを削った末、与党統一会派“政風・公明”と野党の自民党会派は、いずれも22人の同数に留まった。これを受け両陣営が協議した結果、人事での対立と混乱を避けるため、今回の正副議長選では自民党が議長、政風・公明が副議長におさまる妥協案で決着した」(7)。

正副議長の決着については、『陸奥新報』もまた「社説：県民にわかりやすい県議会に」の中で、与党３党の統一問題に言及して次のように批判している。

「間山代表は急転直下の合流の根拠を“与野党関係者の誠意”と語った。が、当初掲げた統一会派入りの条件のうちクリアされたのは会派名に“公明”を残しただけである。何のための一本化なのか県民には分かりにくい」(8)。

≪注≫

(1)藤本一美『戦後青森県政治史　1945年～2015年』〔志學社、2016年〕、354頁。
(2)「議長に自民・太田氏―副は間山氏(正風・公明)」『東奥日報』1999年５月13日。
(3)「この人」同上。
(4)『青森県議会史　自昭和58年～至昭和61年』〔青森県議会、1998年〕、1276頁、「この人」『東奥日報』1999年５月13日。
(5)『青森県人名事典』〔東奥日報社、2002年〕、1047頁、「この人」『東奥日報』1999年５月13日、「きょうの顔」『陸奥新報』1999年５月13日。
(6)前掲書『青森県議会史　自昭和58年～至昭和61年』、1272頁、同上『青森県人名事典』、1047頁。
(7)『東奥日報』1999年５月13日。
(8)『陸奥新報』1999年５月13日。

第33章、議長：秋田柾則、副議長：平井保光

(2000年10月11日就任)

<目次>

１、はじめに

県議会の第223回定例会は2000年10月11日、最終日を迎えた。この日の本会議では､議長の太田定昭と副議長の間山隆彦が「一身上の都合」を理由に、正副議長の辞職願を提出した。投票の結果、新議長に、自民党所属で西津軽郡選出の当選５回の秋田柾則（68歳）が、また新副議長に、政風・公明党所属で下北郡選出の当選４回の平井保光（77歳）が選ばれた。

正副議長の任期は、本来、議長任期中の４年のはずである。しかし、これまで「４年間に３人の交代」が慣例化しており､今回もこれに習った形となった。県民や野党から、“たらい回し”だとの批判はあったものの、全く改善される兆しはない(1)。

２、秋田柾則

秋田柾則は1932年7月25日、西津軽郡車力村（現・つがる市）に生まれた。県立木造高校卒、早稲田大学政経学部を中退。1958年、竹内俊吉衆議院議員の秘書に、1963年、竹内黎一衆議院議員の秘書となった。秋田は1980年、衆議院自民党秘書会長、衆議院秘書協議会会長、みちのく菅機代表取締役を歴任し、1983年、県議に出馬して当選、連続５期務め、この間、2000年、議長に就任(2)。｢11人兄弟の11番目。小作農のせがれとして車力村に生を受けた。悲惨な津軽地域の状況を改善したい―という思いから政治の道を志した」、と議長就任の挨拶で述べた。座右の銘は、「常に大衆とともに歩め」で、趣味は読書と水中ウォーキング(3)。

＊県議選での得票

・1983年４月の県議選	13,018票(第二位)	自民党
・1987年４月の県議選	10,399票(第二位)	々
・1991年４月の県議選	15,261票(第一位)	々
・1995年４月の県議選	15,258票(第一位)	々
・1999年４月の県議選	無投票当選	々
(平均得票数)	**13,484票**	

３、平井保光

平井保光は1923年３月３日、下北郡風間浦村に生まれた。長崎県佐世保修成中学を卒業、1967年、風間浦村長に当選し、これを５期20年務めた。県町村会会長に就任した後、1987年、県議に転じて当選、５期務め、この間、2000年、副議長に就任。1923年生まれなので、当時、県議の中では77歳と２番目の最年長者だ。周囲からは、論客だと評されている。尊敬する人物に、木村守男知事を挙げる。座右の銘は「人間は謙虚であれ」で、趣味は磯釣りとマージャン[(4)]。平井は、県市町村職員共済組合理事長、県漁港協会副会長などを歴任。2016年10月７日死去、享年93であった[(5)]。

＊県議選での得票数

・1987年４月の県議選	10,536票(第一位)	無所属
・1991年４月の県議選	無投票当選	自民党
・1995年４月の県議選	8,963票(第一位)	々
・1999年４月の県議選	7,369票(第一位)	無所属
(平均得票数)	**8,956票**	

４、おわりに

自民党は2000年３月、政風・公明会派から７人が復党し、それまでの22議席の勢力だったのが、一挙に29議席と単独過半数を超える最大会派となった。そこで、役員会では、正副議長ポストを独占すべきだという意見がでた。しかし、議会の円満運営を優先し、与党第２会派に副議長を割り振ることにした。それは、喜ばしいことであった[(6)]。

≪注≫

(1)「新議長に秋田氏選出―副議長平井氏」『陸奥新報』2000年10月12日。
(2)『青森県議会史　自昭和58年～至昭和61年』〔青森県議会、1998年〕、1275頁、『青森県人名事典』〔東奥日報社、2002年〕、754頁。
(3)「この人」『東奥日報』2000年10月12日、「きょうの顔」『陸奥新報』2000年10月12日、同上『青森県人名事典』、754頁。
(4)「この人」『東奥日報』2000年10月12日、「きょうの顔」『陸奥新報』2000年10月12日。
(5)前掲書『青森県人名事典』、1020頁。
(6)「新議長に秋田氏―副議長は平井氏」『東奥日報』2000年10月12日。

第34章、議長：冨田重次郎、副議長：神山久志

（2001年12月18日就任）

＜目次＞

１、はじめに

県議会は2001年12月17日、定例会の会期を18日まで１日延長した上で、正副議長選挙の日程を追加した。投票の結果、議長に自民党所属で西津軽郡選出の当選５回を数える冨田重次郎（66歳）を、また副議長に同じく自民党所属で東津軽郡選出の当選４回の神山久志（54歳）を選んだ。自民党が正副議長のポストを独占したのは、1995年５月以来、６年半ぶりのことで、ただ、ポストの「たらい回し」については、野党と県民から大きな批判を浴びた[(1)]。

２、冨田重次郎

冨田重次郎は、1935年８月４日、西津軽郡鰺ヶ沢町に生まれた。県立木造高校卒。日本大学理工学部を中退。1967年、鰺ヶ沢町議に当選３期務め、この間に議長に就任。1971年、株式会社九重組代表に就任したが、1983年、県議に転じて当選６期務め、この間、2001年、議長に就任。父も町議会議長を務めた政治家一家だ。自民党同僚議員の人物評は「温厚、実直、円満」。尊敬する政治家に、田澤吉郎・衆議院議員を挙げる。モットーは「常に目標を高く掲げ、努力を重ねる」。趣味は水泳とゴルフで、ゴルフはハンディ８の腕前[(2)]。冨田は1986年、県水泳連盟会長、1988年には、県体育協会副会長に就任、また自民党県連政調会長などを歴任。1991年、鰺ヶ沢町特別功労賞を受賞、また1997年には、藍綬褒章を受章した[(3)]。

＊県議選での得票数

・1983年４月の県議選	15,456票（第一位）	自民党
・1987年４月の県議選	11,553票（第一位）	々

・1991年4月の県議選	12,310票(第二位)	自民党
・1995年4月の県議選	13,754票(第二位)	々
・1999年4月の県議選	無投票当選	々
・2003年4月の県議選	13,897票(第一位)	々
(平均得票数)	**13,394票**	

3、神山久志

神山久志は1947年5月1日、東津軽郡蟹田町（現・外ヶ浜町）に生まれた。青森市立第一高等学校卒。蟹田町議を経て、1990年の県議補選に出馬して当選、通算6期務めた。この間、2001年には副議長に、また2007年には、議長に就任。自民党県連議員総会長など歴任[(4)]。政治の道を志したきっかけは、「過疎に悩む上磯地域の生活を何とかしたい」という思いからだ、という。神山のモットーは「自己主張する分、人の話を聞く」。座右の銘は「上善水のごとし」。自分の性格について「亥生まれだがおとなしいイノシシ」と分析。趣味は野球とゴルフで、高校球児だったこともあり、長らく野球を続けている[(5)]。

＊県議選での得票数

・1990年3月の県議補選	9,738票(第一位)	無所属
・1991年4月の県議選	11,931票(第一位)	々
・1995年4月の県議選	9,436票(第一位)	自民党
・1999年4月の県議選	9,409票(第一位)	々
・2003年4月の県議選	10,308票(第一位)	無所属
・2007年4月の県議選	無投票当選	自民党
(平均得票数)	**10,164票**	

4、おわりに

今回の定例会では、県住宅供給公社の14億円横領事件が最大の焦点となった。しかし、その重要課題を抱えた中で議会を延長してまでの正副議長ポストの交代劇は、県民にとって見苦しい以外の何物でもなかった。従来のように、自民党は、単独過半数の“力”を盾に、「たらい回し」を強行、そのため野党から厳しい批判を受けた[(6)]。

≪注≫

(1)「県会議長の冨田氏」『陸奥新報』2001年12月19日、「県議会」『東奥年鑑 2003年版』〔東奥日報社、2002年〕、81頁。
(2)「この人」『東奥日報』2001年12月19日、「きょうの顔」『陸奥新報』2001年12月19日。
(3)『青森県人名事典』〔東奥日報社、2002年〕、969頁。
(4)「この人」『東奥日報』2001年12月19日、「きょうの顔」『陸奥新報』2001年12月19日。
(5)同上。
(6)『東奥日報』2001年12月19日、『陸奥新報』2001年12月19日。

第35章、副議長：小比類巻雅明 (2002年9月10日就任)

＜目次＞

１、はじめに

副議長の神山久志は県議会９月定例会の初日の2002年９月10日、蟹田町長選に出馬するため県議を辞職した。これに伴う副議長選挙では、自民党所属で三沢市選出の当選４回を数える小比類巻雅明（63歳）が選ばれた[1]。

２、小比類巻雅明

小比類巻雅明は1939年、三沢町に生まれた。日本大学経済学部卒。三沢市役所に勤務し、基地対策課長、企画部参事などを歴任。1987年、県議に出馬して当選、５期務め、この間、2002年、副議長に就任。当選５回中、３回は無投票での当選だ。父の富雄も三沢市長を務めた「政治家一家」。支持者に担がれて政治の世界へ。小比類巻は、「一寒村だった三沢が市になったように、地域が発展していく。政治ぐらい面白いものはない」という。好きな言葉は「誠心誠意」で、特技は柔道で５段の腕前。趣味は特にないが、休日に奥さんと山菜取りに出かけること、だと語った[2]。小比類巻は自民党県連総務会長など歴任。2011年８月18日に死去、享年72であった[3]。

＊県議選での得票数

選挙	得票数	所属
・1987年４月の県議選	11,653票(第一位)	自民党
・1991年４月の県議選	無投票当選	々
・1995年４月の県議選	無投票当選	々
・1999年４月の県議選	11,758票(第一位)	々
・2003年４月の県議選	無投票当選	々
(平均得票数)	11,706票	

3、おわりに

小比類巻雅明の副議長就任は、前副議長であった神山久志の辞職に伴う急な就任であって、しかも、2003年4月の県議選までの約7ヵ月という短期間の任期に過ぎなかった。この点について、小比類巻副議長は「選挙が控えているが選挙は選挙、仕事は仕事。支障のないように議会活動に意を用いていきたい。(任期が）短いのどうのこうのということはなく一生懸命にやるだけ」と語った[(4)]。

≪注≫

(1)「県議会」『東奥年鑑　2004年版』〔東奥日報社、2003年〕、79頁。
(2)「この人」『東奥日報』2002年9月11日、「きょうの顔」『陸奥新報』2002年9月11日、「ひと」『デーリー東北』2003年5月15日。
(3)「この人」『東奥日報』2002年9月11日。
(4)「きょうの顔」『陸奥新報』2002年9月11日。

第36章、議長：上野正蔵、副議長：小比類巻雅明

（2003年5月14日就任）

<目次>

1、はじめに

2003年4月13日に県議選が行われ、無投票当選の3選挙区6人を加えた新県議51人の顔ぶれが決まった。自民党は推薦を含めて21人が当選し、無所属5人を加えて26議席を確保、単独過半数を制した。一方、県民協会は8人当選した。最大の争点となった木村守男知事の女性問題に端を発し、知事不信任案に反対した自民党および無所属の5人は全員いずれも落選した。この他に、自民党と県民協会以外の当選者は、社民党1人、公明党2人、共産党2人、また無所属17人である[(1)]。

5月14日、県議会臨時会―「組織会」が招集され、新しい議長に自民党で三戸郡選出の当選6回を数える上野正蔵（67歳）を、また副議長には、自民党で三沢市選出の当選5回の小比類巻雅明（64歳）を選んだ。前章でも紹介したように、小比類巻は既に改選前に、副議長に選出されていた[(2)]。

2、上野正蔵

上野正蔵は1935年12月15日、三戸郡階上村に生まれた。中央大学商学部卒。1963年、三戸郡社会福祉協議会理事、階上町社会福祉協議会常務理事を歴任。実家で酪農を中心とした農業を継いだ。社会奉仕が1番大事だと民生委員を引き受ける一方、1967年、階上町議に当選し、連続4期務め、議長に就任。1983年、県議に転身して当選、6期務め、2003年議長に就任。モットーは「和」で、趣味は「スポーツ」全般。高校時代にソフトテニスで全国大会に出場した経験を有する[(3)]。上野は、八戸地区農業改良普及事業協会副会長、階上町観光協会会長などを歴任した[(4)]。

＊県議選での得票数

・1983年４月の県議選	13,024票（第三位）	自民党
・1987年４月の県議選	12,721票（第三位）	々
・1991年４月の県議選	12,564票（第二位）	々
・1995年４月の県議選	12,653票（第二位）	々
・1999年４月の県議選	12,696票（第二位）	々
・2003年４月の県議選	10,731票（第二位）	々
（平均得票数）	**12,398票**	

３、小比類巻雅明

（第35章を参照）

４、おわりに

木村守男知事の女性問題に端を発した県政混乱の中で行われた県議選と正副議長の選出は、知事への政治的スタンスが問われることになった。特に、県議選では、知事直系の候補者、また不信任案に反対した候補者が落選するなど、県民の厳しい審判が下されたことを指摘しておきたい[5]。

≪注≫

(1)藤本一美『戦後青森県政治史　1945年～2015年』〔志學社、2016年〕、380頁。
(2)『東奥日報』2003年５月15日。
(3)同上、『陸奥新報』2003年５月15日、「ひと」『デーリー東北』2003年５月15日。
(4)『青森県議会史　自昭和58年～至昭和61年』〔青森県議会、1998年〕、1279頁。
(5)『陸奥新報』2003年５月15日。

第37章、議長：山内和夫、副議長：西谷洌

(2004年6月25日就任)

<目次>

1、はじめに

県議会6月定例会の最終日である2004年6月25日、正副議長の選挙が実施され、議長には、自民党所属で青森市選出の当選7回の山内和夫（72歳）を、また副議長には、同じく自民党所属で弘前市選出の当選3回の西谷洌（59歳）を選んだ。

2003年5月に議長に就任したばかりの上野正蔵はまだ1年、また2002年9月に副議長に就任した小比類巻雅明も1年半で、「一身上の都合」を理由に正副議長を辞職した。そこで、新たに正副議長の選挙が行われたものの、今回の交代劇には、野党会派がポストの「たらい回し」だと反対を表明し、白票を投じた[(1)]。

2、山内和夫

(第25章を参照)

3、西谷洌

西谷洌は1945年、弘前市に生まれた。県立弘前高校を経て、東京薬科大学薬学部卒。弘前青年会議所理事長などを歴任。1991年、県議に出馬して当選、通算5期務めた（1999年に落選、2003年返り咲いた）。この間、2004年、副議長に、2012年には、議長に就任。「青年会議所での活動に行き詰まり、政治の不合理を感じ政治の世界へ飛び込んだ」という。185センチの長身で、「ダンディー」だと周囲の評判である。自身を「楽観的で目立ちたがり屋」と分析し、モットーは「優れた人は優しい人」。趣味は芸術鑑賞で、猫30匹と暮らす

ほどの猫好きだ。学校法人の弘前厚生学院理事長などを務めた[(2)]。

＊県議選での得票数

・1991年４月の県議選	10,440票（第三位）	無所属
・1995年４月の県議選	11,021票（第二位）	自民党
・2003年４月の県議選	10,067票（第五位）	々
・2007年４月の県議選	9,867票（第六位）	々
・2011年４月の県議選	10,038票（第二位）	々
（平均得票数）	**10,287票**	

4、おわりに

既述のごとく、県議会では議長と副議長へのポスト就任には、与党会派（自民党）が任期４年を３人ずつで分けて務めるという、悪しき“慣習”が存在した。だから、2004年の正副議長の交代劇にしても、自民党のベテラン議員は「１年－１年半－１年半でポストを回す基本に沿った」だけだと語っていた。だが、それはまことに困った悪しき慣習であって、早急に改善されるべきだ[(3)]。

≪注≫

(1)「県議会」『東奥年鑑　2005年版』〔東奥日報社、2004年〕、79頁。
(2)「この人」『東奥日報』2004年６月26日、『陸奥新報』2004年６月26日。
(3)「新議長に山内和夫氏」『東奥日報』2004年６月26日。

第38章、議長：成田一憲、副議長：滝沢求

(2005年12月9日就任)

＜目次＞

１、はじめに

県議会12月定例会の最終日である2005年12月9日、正副議長の選挙が行われた。新しい議長には、自民党所属で北津軽郡選出の当選５回を数える成田一憲（76歳）が、また新副議長に、同じく自民党所属で八戸市選出の当選５回の滝沢求（47歳）が選ばれた。

この選挙は、現議長の山内和夫と副議長の西谷洌の「一身上の都合」を理由にわずか１年半での辞職に伴うもので、自民党によるポスト「たらい回し」に対して、県民および野党から大きな批判を浴びた(1)。

２．成田一憲

成田一憲は1929年7月10日、北津軽郡中里町（現・中泊町）に生まれた。中里町立内潟中学卒。中里高校PTA会長、林業災害防止協会青森支部理事、青森営林局製品生産請負協議会理事など歴任。1983年、県議に出馬して当選、通算８期務めた、1987年に落選、1991年返り咲く。この間、2005年には、議長に就任(2)。家業の農業、林業を継ぎ農家や労働者の苦労は身をもって知った。父は町議で、「町村議会と県議会の隔たりを常に感じた」ことが政治家を目指すきっかけとなった。成田は、何事も現場に赴き「自分の目で確かめる」のをモットーにし、豪放磊落の一方で、人の話に親身に耳を傾ける繊細さも併せ持ち、県議32年の経験を有する大ベテランだ(3)。2109年には落選・引退した。

＊県議選での得票数

・1983年４月の県議選　　11,295票(第一位)　　無所属
・1991年４月の県議選　　11,085票(第二位)　　々

・1995年４月の県議選	無投票当選	自民党
・1999年４月の県議選	9, 226票（第三位）	々
・2003年４月の県議選	8, 642票（第二位）	々
・2007年４月の県議選	11, 455票（第二位）	々
・2011年４月の県議選	7, 044票（第三位）	々
・2015年４月の県議選	7, 306票（第三位）	々
（平均得票数）	**9, 436票**	

３、滝沢求

滝沢求は 1958 年 10 月 11 日、南部の八戸市に生まれた。県立八戸高校を経て、1981 年、中央大学法学部を卒業。元首相で中曽根康弘・衆議院議員の秘書を務め、1998 年、県議選に出馬して当選、連続４期当選。この間、2005 年、副議長に就任。1995 年、参議院通常選挙に無所属で出馬したが落選。しかし、県議での票をバックに 2013 年７月、参議院通常選挙に再挑戦、自民党公認で出馬、初当選を果たした。政治家を目指した理由は、父の章次が元県議で副議長を務めたという政治家一家の環境、また中曽根元首相の秘書を務め「経験を故郷で生かしたい」からだ。座右の銘は「先憂後楽」で、趣味はスポーツ観戦[(4)]。滝沢は、高校時代はアイスホッケーの選手として活躍し、国体に３年連続出場。自民党県連政調会長、自民党青森県連副会長などを歴任した[(5)]。

＊県議選での得票数

・1999年４月の県議選	13, 697票（第一位）	自民党
・2003年４月の県議選	11, 428票（第三位）	々
・2007年４月の県議選	12, 346票（第二位）	々
・2011年４月の県議選	12, 159票（第二位）	々
（平均得票数）	**12, 408票**	

４、おわりに

正副議長の任期は本来４年間であるはずだ。しかし遺憾なことに、実際には県議会で過半数を占める自民党が４年間に３人ずつ務める交代劇が常態化している。この点について、「議会の活性化につながる」と評価する声もある一方、単なるポスト欲しさの「たらい回し」に過ぎず、「議員の任期と同じく４年間務めるべきである」との批判の声が根強い[(6)]。

≪注≫

(1)「県議会」『東奥年鑑　2007年版』〔東奥日報社、2006年〕、111頁。
(2)『青森県議会史　自昭和58年～至昭和61年』〔青森県議会、1998年〕、1279頁、「ひと人」『陸奥新報』2005年12月10日。
(3)「この人」『東奥日報』2005年12月10日、「ひと人」『陸奥新報』2005年12月10日。
(4)同上。
(5)『青森県人名事典』〔東奥日報社、2002年〕、938頁、『青森県人物・人材情報リスト　2007』〔日外アソシエーツ、2006年〕、172頁、『デーリー東北』2013年7月22日、「この人」『東奥日報』2005年12月10日。
(6)「新議長に成田一憲」『東奥日報』2005年12月10日、「議長に成田氏選出」『陸奥新報』2005年12月10日。

第39章、議長：神山久志、副議長：大見光男

(2007年5月9日就任)

<目次>

1、はじめに

県議選が2007年4月8日に実施され、無投票で当選した黒石市、平川市、東津軽郡、および西津軽郡の5人を含む48人が決定した。今回、市町村合併や人口減少で選挙区割りが再編され、選挙区は1増（16区）、総定数は3減（48議席）の下で行われた。党派別当選者は、自民党24人、民主党6人、公明党2人、共産党2人、社民党1人、および無所属13人である。だが、その後、自民党は無所属議員4人を入党させて28議席とし、議会で過半数を制した(1)。

越えて5月9日、県議会の臨時会―「組織会」が招集され、正副議長選挙が行われた。新議長には、自民党で東津軽郡選出の当選6回を数える神山久志(60歳）が、また新副議長には、同じく自民党でむつ市選出の当選3回の大見光男(76歳）が選ばれた。

これまで、自民党の議長候補の要件は、①当選5回以上、②副議長経験者は8年以上の間隔を置く―という慣例であった。しかし、今回は対象者が少なかったこともあり、副議長を経験して6年に満たない神山久志を議長に選び、従来の慣例を見直す形となった(2)。

2、神山久志

(第34章を参照)

3、大見光男

大見光男は1930年12月5日、下北郡大間町に生まれた。県立青森商業高校卒、日本大学経済学部を中退、1952年、日本海事新聞社に入社。1961年、大

見海水業に入社し、1967年、大見海事を創業。1999年、県議に出馬して当選、通算３期務めた。この間、2007年、副議長に就任。政治家になったきっかけは「周囲に勧められて」と控えめである一方、「地域の人々と一緒に話しながら町おこしをするには、政治家はいい」と語る。座右の銘は「天は人の上に人をつくらず、人の下に人をつくらず」で、常に「誠実」という言葉を忘れないようにしている、という。スキューバダイビングが趣味の行動派だ[(3)]。大見は、海峡物産会長、大見観光タクシー会社代表取締役、および大間町観光協会会長などを歴任した[(4)]。2018年11月28日死去、享年87であった。

＊県議選での得票数

・1999年４月の県議選＜下北郡＞	6,591票（第二位）	自民党
・2003年４月の県議選　　々	7,789票（第一位）	々
・2007年４月の県議選＜むつ市＞	8,574票（第三位）	々
（平均得票数）	**7,651票**	

４、おわりに

周知のように、県議会では、４年間の任期中に議長を３人で回すのが慣例化している。そこで、１年後に議長の交代が予想された。ただ、今回は「慣例」が撤廃された形となり、次期議長候補に山内崇議員が浮上し、そのため、自民党内部に火種を残す可能性が生じた[(5)]。

≪注≫

(1)藤本一美『戦後青森県政治史　1945年～2015年』〔志學社、2016年〕、402頁。
(2)「県議会」『東奥年鑑　2008年版』〔東奥日報社、2007年〕、103頁。
(3)「この人」『東奥日報』2007年５月10日、「ひと人」『陸奥新報』2007年５月10日。
(4)『青森県人名事典』〔東奥日報社、2002年〕、938頁。
(5)「党への貢献度優先―県議会自民議長候補選び」『東奥日報』2007年５月10日。

第40章、議長：田中順造、副議長：清水悦郎

（2008年12月10日就任）

＜目次＞

１、はじめに

県議会11月定例会の最終日である2008年12月10日、正副議長の選挙が行われ、新議長に自民党で十和田市選出の当選４回の田中順造（58歳）が、また新副議長には、同じく自民党で八戸市選出の当選３回の清水悦郎（59歳）が選ばれた。

議長の神山久志と副議長の大見光男が共に、「一身上の都合」の理由を挙げて正副議長を辞任。任期途中の１年半で退いたことを受けての正副議長選挙について、県民および野党から単なる「ポストのたらい回し」であると、強い批判を受けたのはいうまでもない[1]。

２、田中順造

田中順造は1950年３月17日、十和田町に生まれた。県立七戸高校を経て、足利工業大学工学部の建築学科を卒業。1972年、田中建設株式会社に入社し、1981年、同社常務取締役に就任。1991年、県議に出馬して当選、通算７期務める（2003年落選、2007年に返り咲く）。2008年には、議長に就任。７回当選の中で、３回が無投票当選。「温厚な人柄」だと同僚議員は口をそろえて評価する。はったりを好まず、物静かで議場においてヤジを飛ばすことはない、というが議会運営では手腕をふるう。西郷隆盛の「敬天愛人」が座右の銘で、趣味は全国各地を旅行しながら「全国の建物を見て歩く」ことだ[2]。田中は、十和田青年会議所理事長などを歴任、１級建築士の資格を有する[3]。

＊県議選での得票数

・1991年４月の県議選	10, 439票(第二位)	無所属
・1995年４月の県議選	無投票当選	無所属
・1999年４月の県議選	10, 734票(第二位)	々
・2007年４月の県議選	11, 535票(第一位)	自民党
・2011年４月の県議選	無投票当選	々
・2015年４月の県議選	9, 783票(第二位)	々
・2019年４月の県議選	無投票当選	々
(平均得票数)	**10, 623票**	

３、清水悦郎

清水悦郎は1949年、八戸市に生まれた。国学院大学法学部卒。小泉純一郎元首相の私設秘書を務め政治家修行。八戸市議を３期務め、副議長に就任。1999年、県議に転出して当選。これを６期務めた。2008年、副議長に就任。また７年後の2015年には、議長に就任した。最下位当選が３回と苦しい選挙を体験。大学生時代、旧日本兵の遺骨収集ボランティアに参加し「自分は何をなすべきか」と考え、政治家を目指したという(4)。趣味はソフトボールと野球で、高校時代レスリングで国体に出場、県大会では３位の実力者でスポーツマン。県レスリング協会理事などを務めた(5)。一見すると“こわおもて”だが、気さくな性格と誠実さは同僚議員の誰もが認める。座右の銘は「信なくば立たず」。

＊県議選での得票数

・1999年４月の県議選	9, 996票(第八位)	自民党
・2003年４月の県議選	7, 224票(第八位)	々
・2007年４月の県議選	7, 843票(第八位)	々
・2011年４月の県議選	8, 112票(第七位)	々
・2015年４月の県議選	8, 690票(第五位)	々
・2019年４月の県議選	7, 499票(第六位)	々
(平均得票数)	**8, 227票**	

４、おわりに

既に述べたように、今回もまた、自民党が“慣行”とする正副議長交代が行われた。しかし、大きな混乱もなく議長に田中順造、また副議長には清水悦郎が選出された。議長に就任した田中順造は、次のように抱負を語った。「県民の目線に立ち、円滑な議会運営に誠心誠意努める」「少数会派の議員の意見にも耳を傾けていく」。一方、副議長に就任した清水悦郎は、次のように述べた。「本県発展のために一生懸命頑張りたい。県民の方々に分かりやすい議会運営に努めていきたい」(6)。

毎回のように、正副議長のポストを１期４年で３人ずつ回す自民党に対して、野党からは「ポストのたらい回しだ」「議会の信頼を損ねる行為」などの批判が噴出した。しかし、改善の見込みはまったく見られない(7)。

≪注≫

(1)「県議会」『東奥年鑑　2010年版』〔東奥日報社、2009年〕、71頁。
(2)「この人」『東奥日報』2008年12月11日、「ひと人」『陸奥新報』2008年12月11日、「ひと」『デーリー東北』2008年12月11日。
(3)『青森県人名事典』〔東奥日報社、2002年〕、947頁、「ひと」『デーリー東北』2008年12月11日。
(4)「ひと人」『陸奥新報』2008年12月11日、「この人」『東奥日報』2008年12月11日、「ひと」『デーリー東北』2008年12月11日。
(5)「この人」『東奥日報』2008年12月11日、2015年５月14日、「ひと人」『陸奥新報』2008年12月11日、2015年５月14日。
(6)「県会議長に田中氏」『陸奥新報』2008年12月11日、「この人」『東奥日報』2008年12月11日。
(7)「青森県議会　議長に田中氏選出」『デーリー東北』2008年12月11日。

第41章、議長：長尾忠行、副議長：中谷純逸

（2010年3月24日就任）

＜目次＞

1、はじめに

2010年3月24日、県議会の2月定例会は最終日を迎え、正副議長選挙が行われた。新議長には、自民党で平川市選出の当選4回を数える長尾忠行（61歳）が、また副議長には、同じく自民党で上北郡選出の当選3回の中谷純逸（60歳）が選ばれた。

当然のことながら、野党からは「ポストのたらい回しで、県民の理解が得られない」と批判の声が上がったものの、自民党側は「交代は既定路線」との方針を崩さず、粛々と手続きを進めた。これに対して、識者からは「議会運営が形骸化している1つの象徴だ」と厳しい批判を受けた[(1)]。

2、長尾忠行

長尾忠行は1949年3月10日、竹舘村（現・平川市）に生まれた。東京農業大学農学部農学科卒。本業はリンゴ農家である。平賀町議、平川市議を経て、1998年、県議補選に出馬して当選、通算5期務め、2010年には、議長に就任。青年団や公民館活動を皮切りに政治への道を歩み始めた。高校まで陸上とバスケットに打ち込み、趣味は読書と野球で、県議会きっての美声の持ち主だという[(2)]。自民党県連政調会長などを歴任し、2014年、平川市長選に出馬して初当選、2018年に再選された[(3)]。

＊県議選での得票数

・1998年4月の県議補選＜南津軽郡＞	12,255票（第二位）	自民党
・1999年4月の県議選	10,931票（第三位）	々
・2003年4月の県議選	12,129票（第一位）	々

・2007年4月の県議選＜平川市＞	無投票当選	々
・2011年4月の県議選	9,789票(第一位)	々
(平均得票数)	**11,276票**	

3、中谷純逸

中谷純逸は1949年8月16日、野辺地町に生まれた。県立青森高校を経て、中央大学商学部を中退。野辺地町商工会副会長、同町議を経て、1990年、県議に出馬して当選、通算3期務め、この間、2010年、副議長に就任した。商工会議所の青年部での活動が政治活動の原点で、座右の銘は「信なくば立たず」。畑で花を育てるのが気晴らしである、という(4)。亡くなった父の権太も県議を3期務めた「政治家一家」で、父の背中を追って政治の世界に入った。県石油商業協会理事などを歴任した(5)。

＊県議選での得票数

・1999年4月の県議選	11,493票(第三位)	無所属
・2003年4月の県議選	無投票当選	自民党
・2007年4月の県議選	11,293票(第一位)	々
(平均得票数)	**11,393票**	

4、おわりに

冒頭でも述べたように、県議会の2月定例会の最終日、最大会派の自民党の慣例で正副議長が交代した。繰り返されるポストのたらい回しについて、野党は「地域主権の時代にあって議長の職責が増す中で、いつまで続けるのか」とあきれ顔だ。一方、与党内部でも慣例の見直しを訴える声が強まっている、という(6)。

こうした状況について、弘前学院大学の西東克介・准教授（当時）は次のように批判している。「良い政策や条例づくり、行政の監視など議会の役割を本当に発揮していくには大変な時間と労力がかかる。(交代の繰り返しでは) 議長が本来のリーダーシップを発揮できない」(7)。

≪注≫

(1)「新議長に長尾氏」『東奥日報』2010年３月25日。
(2)「この人」『東奥日報』2010年３月25日、「ひと人」『陸奥新報』2010年３月25日。
(3)「この人」『東奥日報』2010年３月25日。
(4)「ひと人」『陸奥新報』2010年３月25日、「この人」『東奥日報』2010年３月25日。
(5)『青森県人名事典』〔東奥日報社、2002年〕、982頁、「この人」『東奥日報』2010年３月25日、「ひと人」『陸奥新報』2010年３月25日。
(6)「与党にも見直しの声」『陸奥新報』2010年３月25日。
(7)「批判の中　既定路線」『東奥日報』2010年３月25日。

第42章、議長：高樋憲、副議長：相川正光

(2011年5月11日就任)

＜目次＞

１、はじめに

2011年3月11日、戦後最大級の地震が三陸沖で発生し、八戸市など本県を含む東北・関東地方の太平洋沿岸に巨大津波が押し寄せた。政府はこれを「東日本大震災」と命名した。青森県内でも、津波で沿岸部を中心に大きな被害が生じ、死者は三沢市２人、八戸市１人、負傷者は47人で、地震と津波による被害総額は1,000億円を超えた。

こうした状況の中で、県議選が４月10日に行われ、無投票の７選挙区８人を含む新県議48人が確定した。当選者は、自民党25人、民主党６人、公明党２人、共産党２人、および無所属13人で、新県議の新旧別では、現職33人、元職３人、新人12人。この中で女性が３人。その後、自民党は無所属から５人を入党させ、30議席とした(1)。

県議会は５月11日、改選後の「組織会」となる臨時会を招集、正副議長の選挙を行った。新議長には、自民党で黒石市選出の当選５回を数える高樋憲(53歳）を、また副議長には、同じく自民党で北津軽郡選出の当選３回の相川正光(57歳）を選んだ(2)。

２、高樋憲

高樋憲は1958年５月３日、黒石市に生まれた。日本大学生産工学部土木工学科卒。1995年、県議に出馬して当選。1998年には、黒石市長選挙に出馬したが、鳴海広道に敗れ落選。1999年、県議に返り咲き、通算５期務めた。この間、2011年には、議長に就任。高樋は自民党県連副会長などを歴任し、2014年、黒石市長選に再出馬、無投票で初当選。2018年も無投票で再選。県議選、市

長選で無投票当選が多いのが目につく。名市長の誉れが高い祖父・竹次郎の名前が浸透しているからか。祖父の高樋竹次郎も黒石市長を務めた「政治家一家」だ。高樋は「自分はばか正直。損得ではなく善意でものを考えたい」と信念を語る。自民党内でも有数の論客で、バイクの免許を取得し、400ccのバイクでツーリングを楽しんでいる[(3)]。

＊県議選での得票数

・1995年4月の県議選	12,928票(第一位)	無所属
・1999年4月の県議選	14,185票(第一位)	々
・2003年4月の県議選	無投票当選	自民党
・2007年4月の県議選	無投票当選	々
・2011年4月の県議選	無投票当選	々
(平均得票数)	**13,557票**	

3、相川正光

相川正光は1953年10月29日、鶴田町に生まれた。県立五所川原農林高校卒。卒業後は実家の農業を手伝いながら青年団活動に参加。青森県連合青年団団長に就任。1984年、鶴田町議に当選18年間務め、2000年、副議長に就任。2002年、町議5期目の途中で鶴田町収入役に選任、2003年には県議に転じて当選、通算3期務め、この間、2011年、副議長に就任。2014年には、鶴田町長選に出馬して当選。2018年に再選[(4)]。政治を続ける動機は、「地域に住む人たちの生活を向上させたいとの願いからだ」という。相川は自分の性格を「何事にも誠実に取り組む」と分析。座右の銘は「誠心誠意」で、趣味は野球のテレビ観戦[(5)]。

＊県議選での得票数

・2003年4月の県議選	8,584票(第三位)	無所属
・2007年4月の県議選	9,882票(第一位)	自民党
・2011年4月の県議選	無投票当選	々
(平均得票数)	**9,233票**	

4、おわりに

本論の冒頭でも述べたように、自民党は、県議選後に無所属から5人を入党させ、定数48中30議席を獲得し、第2会派の民主党の6議席を大きく引き離し第１会派を維持することに成功した。そのため、自民党は正副議長職のみならず、６つの常任委員会と特別委員会の正副委員長の職をすべて独占した(6)。

≪注≫

(1)藤本一美『戦後青森県政治史　1945年～2015年』〔志學社、2016年〕、第三部第17章。
(2)「県議会」『東奥年鑑　2012年版』〔東奥日報社、2011年〕、73頁。
(3)「ひと人」『陸奥新報』2011年５月12日、「この人」『東奥日報』2011年５月12日。
(4)同上。
(5)同上。
(6)「自民30議席　近年最多」『東奥日報』2011年５月12日。

第43章、議長：西谷洌、副議長：森内之保留

（2012年6月29日就任）

＜目次＞

１、はじめに

県議会６月定例会の最終日の2012年６月29日、自民党による正副議長の交代劇が行われた。本会議で新議長には、自民党所属で弘前市選出の当選６回の西谷洌（67歳）が、また新副議長には、同じく自民党所属で青森市選出の当選４回の森内之保留（47歳）が選ばれた。前任の正副議長が共に、「一身上の都合」を理由にして任期途中で辞職したからだ。昨年５月の改選後の臨時議会からわずか１年余りでの交代劇については、当然のごとく野党から、単なる「肩書欲しさの“たらい回し”」に過ぎないと、強い批判が寄せられた[(1)]。

２、西谷洌

（第37章を参照）

３、森内之保留

森内之保留は1964年、青森市に生まれた。県立青森東高校卒。法政大学文学部史学科通信課程を中退。約10年間、消防職員勤務を経て政治の世界へ入った。青森地域広域消防事務組合に勤務した後、株式会社森内畜産専務取締役に就任。1999年、県議に出馬して当選、通算６期務める。この間、2012年には、副議長に就任。2019年には、議長に就任。父の森内勇も県議５期、外ヶ浜町長も務めた「政治家一家」だ。1999年に県議に当選以来、議会で一貫して雪対策の必要性を訴えてきた。自分の性格分析を「頑固で短気」だという。趣味は野球観戦で、スポーツはアイスホッケー、自転車、バレーボールなど、スポーツへの関心が高い。好きな言葉は「鵬程万里」「確乎不抜」で、料理も得意だ[(2)]。

県サイクリング協会会長、県ロッククライミング協会会長などを歴任した[(3)]。

＊県議選での得票数

・1999年４月の県議選	9, 885票（第六位）	無所属
・2003年４月の県議選	10, 231票（第八位）	々
・2007年４月の県議選	11, 502票（第五位）	自民党
・2011年４月の県議選	11, 454票（第二位）	々
・2015年４月の県議選	10, 756票（第四位）	々
・2019年４月の県議選	9, 736票（第四位）	々
（平均得票数）	**10, 594票**	

４、おわりに

冒頭でも述べたように、県議会６月定例会の最終日である６月 29 日、自民党による正副議長の交代劇が展開された。この点について、自民党内では「１人でも多くの議員が見識を高めるため」などと擁護する一方で、「１年余りは短すぎる」と批判する声が聞かれた。

短期の正副議長交代について、野党からは「単なる肩書欲しさのたらい回し」であり、「悪しき慣習」に過ぎないと再三再四批判された。悪しき慣習は改めるに越したことがない[(4)]。

≪注≫

(1)「県議会議長に西谷氏」『東奥日報』2012年６月30日。
(2)「ひと人」『陸奥新報』2012年６月30日、「この人」『東奥日報』2012年６月30日。
(3) 同上。
(4)「交代早すぎるの批判」『陸奥新報』2012年６月30日。

第44章、議長：阿部広悦、副議長：越前陽悦

(2013年12月9日就任)

<目次>

1、はじめに

2013年12月9日、定例会本会議を開催し、議長の西谷洌と副議長の森内之保留が「一身上の都合」を理由に正副議長を辞職したので、正副議長の選挙を行った。その結果、新議長には、自民党で南津軽郡選出の当選5回を数える阿部広悦（66歳）を、また新副議長には、同じく自民党でむつ市選出の当選4回の越前陽悦（68歳）を選んだ。

県議会で過半数を占めてきた自民党は、これまで4年任期の正副議長のポストを3人で回すのを「慣習」としており、野党サイドから「たらい回し」に過ぎない、と強い批判を浴びてきた。しかし、遺憾なことに、今回も改善する動きはまったく見当たらなかった[(1)]。

2、阿部広悦

阿部広悦は1947年1月18日、南津軽郡藤崎町に生まれた。県立五所川原工業高校卒。木村守男・衆議院議員の秘書を経て、藤崎町議を4期務め、同議長に就任。1998年の県議補選に転じて県議に当選、通算7期務め、この間、2013年、議長に就任した。町議、県議合せて議員生活35年のベテラン。元知事の木村守男派の大番頭だ。阿部は「弱者救済」が自身の原点だと語る。座右の銘は「信なくば立たず」で、ドライブが趣味[(2)]。阿部は議会運営委員長などを歴任した[(3)]。

＊県議選での得票数

・1998年4月の県議補選	14,266票(第一位)	無所属
・1999年4月の県議選	13,386票(第一位)	々
・2003年4月の県議選	9,990票(第二位)	自民党

・2007年4月の県議選	7, 324票(第一位)	々
・2011年4月の県議選	6, 088票(第一位)	々
・2015年4月の県議選	無投票当選	々
・2019年4月の県議選	無投票当選	々
(平均得票数)	**10, 211票**	

3、越前陽悦

越前陽悦は1945年7月12日、むつ市に生まれた。県立大湊高校卒。都内の医療機器販売会社に勤務した。その後むつ市に戻り、国鉄バスの運転手を務めた。むつ市議5期を経て1999年、県議に転身して当選、通算5期務めたように政治生活は長い。この間、2013年、副議長に就任した[(4)]。運転手時代、乗客のために尽力、乗客の後押しで政治家の道へ入ったという。越前は忍耐と努力が信条で、息抜きは音楽だ。トロンボーンやドラムも操り、趣味は音楽鑑賞だ、と語る[(5)]。

＊県議選での得票数

・1999年4月の県議選	8, 640票(第二位)	無所属
・2003年4月の県議選	8, 162票(第二位)	々
・2007年4月の県議選	13, 116票(第一位)	々
・2011年4月の県議選	9, 574票(第三位)	々
・2015年4月の県議選	10, 676票(第一位)	自民党
・2019年4月の県議選	7, 810票(第三位)	々
(平均得票数)	**9, 663票**	

4、おわりに

2011年4月の県議選後、正副議長の交代は2度目となり、1年半の在職となった。4年の任期が全うされないことについて、無所属の古村一雄は「議会改革の一環として議会基本条例を制定したのに、何も変わっていない。条例の精神が全く反映されていない」と批判する。まったくその通りであって、何度もいうようだが、悪しき慣習は早急に改めるべきだ[(6)]。

≪注≫

(1)「県議会」『東奥年鑑　2015年版』〔東奥日報社、2014年〕、67頁。
(2)「ひと人」『陸奥新報』2013年12月10日、「この人」『東奥日報』2013年12月10日。
(3)同上。
(4)同上。
(5)同上。
(6)「県会議長に阿部氏―任期途中で交代」『東奥日報』2013年12月10日。

第45章、議長：清水悦郎、副議長：工藤兼光

(2015年5月13日就任)

＜目次＞

1、はじめに

統一地方選の前半を飾る県議選が、2015年4月12日に行われ、無投票となった5選挙区を除く11選挙区の全議席が確定した。当選者は、自民党29人、民主党6人、公明党2人、共産党3人、そして無所属8人であった。自民党は、無投票当選者を含めて公認した29議席を獲得、現有議席を1つ減らしたものの、引き続き安定多数を維持した。社民党は議席奪還が成らなかった。

県議選後初の臨時会―「組織会」が5月13日に開催され、正副議長選挙が行われた。新議長には、自民党で八戸市選出の当選5回を数える清水悦郎（65歳）が、また副議長には、同じく自民党で西津軽郡選出の当選4回の工藤兼光（71歳）が選ばれた。なお、八戸市からの議長選出は、1997年まで議長を務めた高橋長次郎以来18年ぶりだ。

議長就任の記者会見で清水は「慎重かつ機動力をもって改革を推進したい」と述べ、政務活動費や議会改革に関する議論に意欲を見せた一方で、正副議長が任期途中で交代する慣例について、清水は「まず一生懸命頑張りたい」と、また副議長の工藤は「4年だと思っている」と答えた[(1)]。

2、清水悦郎

(第40章を参照)

3、工藤兼光

工藤兼光は1943年8月12日、西津軽郡鰺ヶ沢町に生まれた。長平中学校卒。家業のコメづくりに専念し、首都圏で出稼ぎにも従事した。農業を通じて政治

は「公平、公正でないことがある」と感じたのが政治家への道を志す契機となった。鰺ヶ沢町議を経て、2003 年県議に転身して当選。4 期務め、その間、2015 年、副議長に就任。2007 年から連続 3 期無投票当選を果たした。政治家としての信条は「今できることを明日に延ばすな」で、趣味はカラオケ。農林水産委員長などを歴任した(2)。

＊県議選での得票数

・2003年４月の県議選	8,996票（第三位）	無所属
・2007年４月の県議選	無投票当選	自民党
・2011年４月の県議選	無投票当選	々
・2015年４月の県議選	無投票当選	々
・2019年４月の県議選	6,498票（第一位）	々
（平均得票数）	**7,747票**	

４、おわりに

臨時県議会の正副議長選挙は、2015 年 5 月 13 日に実施された。だが、これまでとは異なる投票行動が見られた。民主党に所属する 6 人が、議長選挙で自民党の清水悦郎に、そして副議長選挙では、自派の北紀一に投票したのだ。記者の取材に対して、北議員は「第 1 会派が議長、第 2 会派が副議長（を出す）という国会や各地方自治体の慣習に倣ったもので、極めて常識的な対応だ」と説明した。だが、改選前の任期中に実施された 3 回の議長選では、民主党は自派候補を擁立するか無効票を投じており、自民党議員に投票したことはなかった。この点について、自民党議員は「驚いた」とつぶやいた(3)。

≪注≫

(1)「県議会議長の清水氏―副議長　工藤兼氏が就任」『東奥日報』2015年５月14日、「青森県議会議長の清水氏」『デーリー東北』2015年５月14日。

(2)「この人」『東奥日報』2015年５月14日、「ひと人」『陸奥新報』2015年５月14日。

(3)「投票行動に変化」『東奥日報』2015年５月14日、「議長選　民主全員清水氏に投票」『デーリー東北』2015年５月14日。

第46章、議長：熊谷雄一、副議長：山谷清文

（2017年3月22日就任）

＜目次＞

１、はじめに

県議会は2017年3月22日に定例会本会議を開催し、正副議長の選挙を行った。新議長に、自民党で八戸市選出の当選４回の熊谷雄一（54歳）を、また副議長に、同じく自民党で青森市選出の当選３回の山谷清文（59歳）を選んだ。これは2015年５月に就任した議長の清水悦郎と副議長の工藤兼光が「一身上の都合」を理由に正副議長を辞任したことに伴う措置である。従来、自民党は４年任期中に議長ポストを３人で回してきたものの、この慣例を見直す形となった。議長の２年交代は1989年以来、実に28年ぶりのことだ。また、八戸市選出の議員が議長を務めるのは、清水悦郎から２代連続となる[(1)]。

２、熊谷雄一

熊谷雄一は1962年９月７日に八戸市に生まれた。八戸工大二高校を経て、日本大学法学部政治経済学科卒。2001年、39歳で八戸市議に初当選。2003年、県議に転身して、連続５回当選。この間、2017年には、議長に就任。2011年以来連続３回トップ当選を誇る。祖父の熊谷義雄は元衆議院議員で、「政治家一家」。また叔父は元八戸みなと漁港組合長の熊谷拓治で「ハマの熊谷」の系譜を継ぐ。物腰が柔らかく、敵をつくらない性格だと周囲の評判だ。「１日１日を大切に積み重ねたい」と語る。座右の銘は「民心なくば立たず」で、学生時代からバンドを組んでいたほど音楽好き。今もシャンソンなどのレッスンを受けている、という[(2)]。熊谷は議会運営委員長、自由民党県連副会長、県自転車競技連盟会長、県防具付空手道連盟会長、および八戸市空手道連盟会長などを歴任した[(3)]。

＊県議選での得票数

・2003年４月の県議選	7,346票(第七位)	自民党
・2007年４月の県議選	10,198票(第四位)	々
・2011年４月の県議選	13,125票(第一位)	々
・2015年４月の県議選	14,718票(第一位)	々
・2019年４月の県議選	14,169票(第一位)	々
(平均得票数)	**11,911票**	

３、山谷清文

山谷清文は1957年10月11日、青森市に生まれた。県立青森高校を経て、中央大学法学部卒。大成建設（株）に入社。1990年、青森市議に初当選し、２期務めた。2003年、県議に転じて当選、通算３期務めた（2007年落選、2011年に返り咲く）。この間2017年、副議長に就任。父の清作も県議４期務めた「政治家一家」だ。信条は「義理と人情」で、座右の銘は「堅忍不抜である」。尊敬する人物は元知事の津島文治だ、という。趣味は、野球観戦、ペン習字(4)。山谷は、自民党県連政務調査副会長、県熟年野球協会会長、および県ターゲットバードゴルフ協会会長などを歴任した(5)。

＊県議選での得票数

・2003年４月の県議選	10,357票(第七位)	無所属
・2011年４月の県議選	7,921票(第七位)	自民党
・2015年４月の県議選	7,577票(第十位)	々
・2019年４月の県議選	8,098票(第六位)	々
(平均得票数)	**8,488票**	

４、おわりに

冒頭でも述べたように、県議会の正副議長のポストはこれまで４年の任期の間に、３人が正副議長を務めることがほぼ慣例化していた。しかし、今回、自民党は任期を２年交代で２人が担当する形に見直す、という。遅きに失したといえるが、議会改革の一環として、まずは２年交代体制が定着することを望みたい。正副議長ポストは“名誉職”的色彩が濃く、度重なる任期途中での交代には批判の声が上がっていたからだ(6)。

≪注≫

(1)「政治・県議会」『東奥年鑑　2018年版』〔東奥日報社、2017年〕、36頁、「熊谷氏が議長就任」『デーリー東北』2017年３月23日。
(2)「この人」『東奥日報』2017年３月23日、「ひと人」『陸奥新報』2017年３月23日、「ひと」『デーリー東北』2017年３月23日。
(3)同上。
(4)「この人」『東奥日報』2017年３月23日、「ひと人」『陸奥新報』2017年３月23日。
(5)同上。
(6)『陸奥新報』2017年３月23日、「熊谷氏が議長就任」『デーリー東北』2017年３月23日。

第47章、議長：森内之保留、副議長：櫛引ユキ子

（2019年5月13日就任）

＜目次＞

青森県議会議長　森内之保留（2019年５月13日～）
出典：『青森県議会ＨＰ』（青森県議会事務局総務課）
https://www.pref.aomori.lg.jp/soshiki/gikai/index_1.html

１、はじめに

2019年４月７日、戦後19回目の県議選が行われた。結果は、自民党が28議席を確保して単独過半数を維持。国民民主党は３議席、共産党も同じく３議席を確保、公明党は２議席、立憲民主党は１議席、そして無所属は11議席という配置となった[(1)]。

越えて、５月13日、臨時県議会が招集された。「組織会」では正副議長の選挙が実施され、議長に、自民党で当選６回の青森市選挙区の森内之保留（54歳）が、また副議長には、同じく自民党で当選４回の五所川原市選挙区の櫛引ユキ子（65歳）が選出された[(2)]。

今回、珍しく正副議長が２年間代わることなく就任していたし、また女性県議が副議長に選出されたのは県議会史上初めてであり、特筆すべき快挙である。正副議長のたらい回し人事が少しは改善され、女性にもポストが回ってきたということは、歓迎すべきことだ[(3)]。

２、森内之保留

（第43章を参照）

３、櫛引ユキ子

櫛引ユキ子は、1953年６月12日、鶴田町に生まれた。県立五所川原高校卒。1972年、五所川原市議に当選、２期務めた。2007年、県議に転じて当選。2011年には、五所川原市長選に出馬、1,301票の差で現職の平山誠敏に敗れた。2011年、県議に返り咲き、2015年、2019年と連続当選、現在４期目。2019年

5月13日の臨時県議会で、女性として初めて副議長に選出された。義父も県議を務めた「政治家一家」である[(4)]。五所川原地区保護司、西北五バレーボール協会顧問、五所川原更生保護女性会副会長、および自由民主党青森県支部連合会女性局長を歴任した。元県立木造高等学校PTA会長[(5)]。

＊県議選での得票数

・2007年4月の県議選	11,948票(第一位)	自民党
・2011年4月の県議選	12,846票(第一位)	無所属
・2015年4月の県議選	8,556票(第二位)	々
・2019年4月の県議選	9,488票(第一位)	自民党
(平均得票数)	**10,709票**	

4、おわりに

2019年4月の県議選はにぎにぎしい中で終了した。結果は、保守勢力の勝利で終わり、県議会の構成は、定数48人のうちで、自民党が28議席を獲得、県政界の環境は基本的には変化はない。

ただ、本論の冒頭で述べたように、正副議長が2年間変わらなかったことは喜ばしいことであった。また、女性県議の櫛引ユキ子が副議長に就任したことは、女性の政治参加を推進する上で、近年にない快挙であった。これを機会に県議会が一層民主化され、女性の県議が増えることを期待したい[(6)]。

≪注≫

(1)『東奥日報』2019年4月8日。
(2)『陸奥新報』2019年5月14日。
(3)同上、2019年の県議選で当選した女性議員は、自民党の櫛引ユキ子、共産党の安藤晴美、および無所属の吉田絹恵の3人に過ぎない、
(4)同上。
(5)『櫛引ユキ子　ホームページ』http://www.kushibiki-yukiko.com
(6)『デーリー東北』2019年5月14日、『東奥日報』2019年5月14日、『陸奥新報』2019年5月14日。

結び

県議会の議長は、議会の顔であって、議会のいわば“象徴的”存在である。それだけに選出には、候補者の識見、人格、および経験を最大限に重視し、同僚議員の信頼に基づいて行われるのが肝要である。

県議会の議長・副議長の任期は、地方自治法で謳われているように、本来4年間であるはずだ。ただ、議長職や副議長職は、かなり激職であるので、私は個人的には、2年間でも良いと思っている。

しかし、本論の中でも紹介したように、4年任期を最初は1年、残りの3年を1年半ずつ担当して、4年間に3人も議長や副議長を輩出する「密約」はいかがなものかと疑問を感じざるを得ない。

さらに、議長を議会で多数派を占める第1党＝与党から出すのは理解できるとしても、副議長は野党第1党に回すような配慮が必要であろう。自民党の場合、当選4ないし5回で議長職が、また当選2回ないし3回で副議長職が回ってくる。問題なのは、正副議長の選出に際し、津軽と南部といった地域対立、国会議員の派閥争い、および利権・利害関係が絡み、選出過程を複雑にしていることである。

実際、重要な議案審議を脇において、正副議長の選出問題で足を引っ張られるような事態は論外である。確かに、正副議長職のいわゆる「たらい回し」は何も青森県議会に限ったわけではなく、全国の都道府県議会で共通して見られる現象である。重要なことは、野党が主張するように、辞任の理由を単なる「一身上の都合」ではなく、誰でもが納得できる明確な理由を提示するべきだ、と考える。

県議にとって、議長職や副議長職は、当選を重ねるに従って、欲しくなるポストらしい。何故なら、正副議長への就任は選挙区の有権者たちに、地方の「名望家」としての存在を知らしめるまたとない機会であり、しかも、それを基盤に再選を重ねることが出来るし、また多くの面で優遇措置があるからだ。

正副議長の選出の歴史を概観するなら、次のようにいえよう。当初は、保守勢力、ことに自民党の最高年長者とか、「有力者」の意向で決まっていた。しかしその後、議員総会の場において多数決で決まるようになり、やがて、選考委員会を設け、ブロックごとの意向を重視して決定されるようになった。最近では､各種の選挙における「功労」を第１条件にするようになっているようだ。同じ当選回数の中から選出するのであるから、利害や好き嫌いの感情が入るのはやむを得ない。大事なことは「信なくば立たず」の精神である。

それはともかく、県議会の改革と民主化を進める過程では、当然、野党側の意見も聞き入れて正副議長の進退を検討し、慎重に決定して欲しい。それが、ひいては県議に対する県民の信頼回復につながっていくのではなかろうか。短期間の「たらい回し」によるポスト配分の愚は避けるべきである。

最後に、歴代正副議長に関するデータから得た、地方の名望家たちの輪郭の一部を紹介しておきたい。

戦後、46 人におよぶ議長への就任平均年齢は 62 歳であり、当選回数は平均５回を数え、また平均得票数は 9, 993 票である。選挙区別では、３大都市である青森市（６人)、八戸市（５人)、および弘前市（４人）の３大都市の出身者に集中しており、学歴別では、大学卒が 15 人（32. 6%）と最も多かった。

一方、46 人の副議長就任の平均年齢は 59 歳であって、当選回数は平均３回を数え、平均得票数は 9, 924 票である。選挙区別では、青森市（８人)、八戸市（９人)､弘前市（４人）の３大都市の選出者に集中しており､また学歴では、大学卒が 13 人（28. 8%）と最も多くを占めた（詳細は、巻末の付属資料を参照されたい)。

＜付属資料＞

①戦後青森県議会議員選挙の投票率

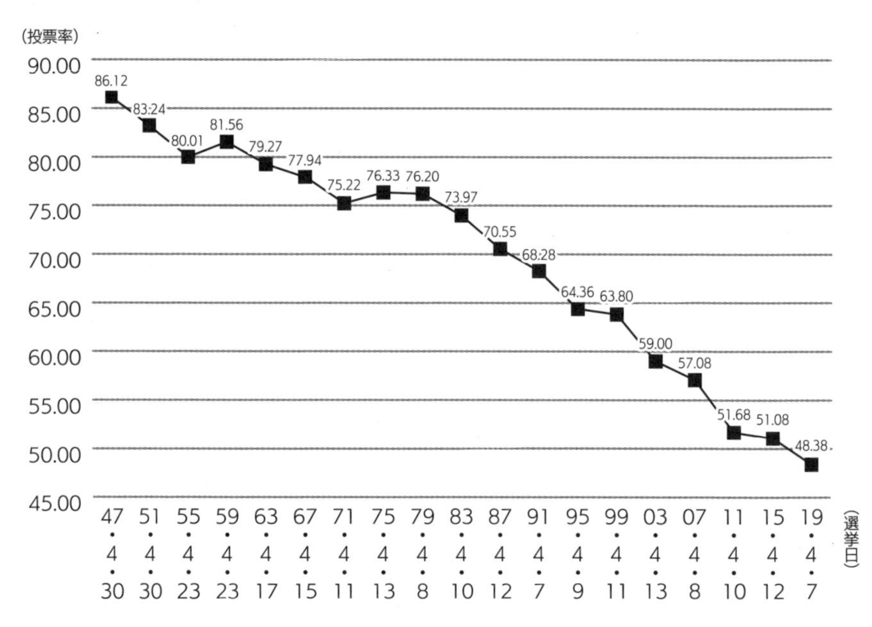

出典：『青森県選挙管理委員会』

②戦後県議選での政党別当選者

＜55年体制以前＞

年	自由	民主	社会	国協	社会民	無
1947	19	16	5	2		5
1951	22	12	5		1	10
1955	14	17	6			12

＜55年体制下＞

年	自民	社会	民社	共産	公明	農政	新自ク	無
1959	35	4						12
1963	37	6	1	2				6
1967	28	10		2				11
1971	27	9		2	1	3		9
1975	39	7		1	2			3
1979	34	6		2	1		1	8
1983	32	7	1	2	2			8
1987	28	8	1	3	2			9
1991	30	1	1		2	1		16

＜55年体制後以後＞

年	自民	社	社民	県協	共産	公明	新進ク	民主	国民	立民	無
1995	26	2			2	2	9				10
1999	21		1	16	2	2					9
2003	21		1	8	2	2					17
2007	24		1		2	2		6			13
2011	25				2	2		6			13
2015	29				3	2		6			8
2019	28				3	2			3	1	11

出典：『東奥日報』『東奥年鑑』『青森県選挙管理委員会』

③戦後県議選での無投票当選者

≪1975年≫＝１人

＊三沢市(定数１)

小桧山哲夫(自)

≪1979年≫＝３人

＊北津軽郡(定数３)

花田一(自)

原田一實(自)

木村章一(自)

≪1991年≫＝４人

＊黒石市(定数１)

鳴海広道(自)

＊三沢市(定数１)

小比類巻雅明(自)

＊下北郡(定数２)

平井保光(自)

木下千代治(社)

≪1995年≫＝12人

＊十和田市(定数２)

田中順造(無)

丸井彪(自)

＊三沢市(定数１)

小比類巻雅明(自)

＊五所川原市(定数２)

石岡裕(無)

成田守(自)

＊北津軽郡(定数３)

今誠康(自)

長峰一造(新進)

成田一憲(自)

＊南津軽郡(定数４)

木村太郎(自)

清藤六郎(無)

小田桐健(社)

太田定昭(自)

≪1999年≫＝３人

＊西津軽郡(定数３)

成田幸男(自)

秋田柾則(自)

冨田重次郎(自)

≪2003年≫＝6人

＊黒石市(定数1)
高樋憲(自)

＊三沢市(定数1)
小比類巻雅明(自)

＊上北郡(定数4)
三村輝文(無)
斗賀寿一(無)
中谷純逸(自)
工藤省三(自)

≪2007年≫＝5人

＊黒石市(定数1)
高樋憲(自)

＊平川市(定数2)
中村弘(自)
長尾忠行(自)

＊東津軽郡(定数1)
神山久志(自)

＊西津軽郡(定数1)
工藤兼光(自)

≪2011年≫＝8人

＊黒石市(定数1)
高樋憲(自)

＊三沢市(定数1)
小桧山吉紀(自)

＊十和田市(定数2)
丸井裕(自)
田中順造(自)

＊東津軽郡(定数1)
神山久志(自)

＊西津軽郡(定数1)
工藤兼光(自)

＊北津軽郡(定数1)
相川正光(自)

＊つがる市(定数1)
三橋一三(自)

≪2015年≫＝5人

＊黒石市(定数1)
鳴海惠一郎(自)

＊つがる市(定数1)
三橋一三(自)

＊西津軽郡(定数1)
工藤兼光(自)

＊南津軽郡(定数1)
阿部広悦(自)

＊東津軽郡(定数1)
神山久志(自)

≪2019年≫＝8人

＊南津軽郡(定数1)
阿部広悦(自)

＊黒石市(定数1)
鳴海惠一郎(自)

＊三沢市(定数1)
小比類巻正規(自)

＊つがる市(定数１)
三橋一三(自)

＊平川市(定数２)
工藤義春(自)
山口多喜二(自)

＊十和田市(定数２)
丸井裕(自)
田中順造(自)

出典：『青森県選挙管理委員会』

④戦後青森県の選挙区および県議会議員定数

条例公付日	選挙区	定数(名)
1946年11月９日	11	47
1951年３月22日	11	50
1955年３月17日	13	50
1958年12月２日	14	51
1959年10月５日	15	51
1962年12月５日	15	52
1966年７月５日	15	51
1974年10月17日	15	52
1986年12月23日	15	51
2006年３月27日	16	48

出典：『青森県議会事務局・調査課』2017年８月

⑤戦後青森県の正副議長のデータ（就任年齢・当選回数・会派・平均得票数・選挙区・学歴）

＊議長

氏名	就任年齢	当選回数	会派	平均得票数	選挙区	学歴
櫻田清芽	61歳	4回	民主	3,568票	弘前市	明治大学
中島清助	53	3	自由	5,438	下北郡	尋常高等小学校
大島勇太朗	55	5	民主	6,065	八戸市	八戸中学
田澤吉郎	39	3	自民	6,672	南郡	早稲田大学
菅原光珀	60	4	自民	9,224	十和田市	八戸中学
小倉豊	47	3	自民	7,206	南郡	八戸中学
三浦道雄	48	5	自民	8,751	三戸郡	法政大学

三村泰右	67	5	自民	9, 152	上北郡	尋常高等小学校
毛内豊吉	53	4	自民	7, 903	西郡	明治大学
白鳥大八	54	5	自民	7, 760	青森市	早稲田大学
古瀬兵次	66	5	自民	7, 693	下北郡	補修学校
寺下岩蔵	65	5	自民	8, 314	八戸市	尋常小学校
小坂甚義	51	6	自民	6, 894	三戸郡	秋田鉱山高専
小野清七	62	5	自民	8, 278	東郡	尋常高等小学校
中村富士夫	67	6	自民	8, 741	弘前市	東京工業高専
山田寅三	74	6	自民	8, 174	青森市	築地工学校
藤田重雄	71	6	自民	11, 585	弘前市	青森師範学校
秋田正	67	5	自民	7, 988	五所川原市	五所川原農高
菊池利一郎	61	5	自民	8, 775	下北郡	尋常小学校
脇川利勝	58	4	自民	10, 267	西郡	青森師範学校
吉田博彦	60	5	自民	11, 307	上北郡	産業能率大学
石田清治	70	5	自民	12, 490	西郡	東京農業大学
今井盛男	59	5	自民	11, 512	南郡	弘前工業高等学校
原田一實	57	5	自民	10, 024	北郡	木造中学校
工藤省三	62	5	自民	12, 850	上北郡	三本木農業高校
鳴海広道	50	6	自民	13, 482	黒石市	柏木農業高校
小原文平	70	5	自民	11, 619	上北郡	早稲田大学
佐藤寿	73	6	自民	10, 208	南郡	教員養成所
高橋長次郎	71	6	自民	12, 496	八戸市	尋常小学校
高橋弘一	62	6	自民	13, 675	青森市	青森工業高校
毛内喜代秋	71	5	自民	11, 114	青森市	仙台逓信講習所
太田定昭	61	5	自民	12, 120	南郡	東奥義塾高校
秋田柾則	68	5	自民	13, 484	西郡	木造高校
冨田重次郎	66	5	自民	13, 394	西郡	木造高校
上野正蔵	67	6	自民	12, 398	三戸郡	中央大学
山内和夫	72	7	自民	12, 781	青森市	青森工業高校
成田一憲	76	5	自民	9, 436	北郡	内潟中学校
神山久志	60	6	自民	10, 164	東郡	青森第一高校
田中順造	58	4	自民	10, 623	十和田市	足利工業大学

長尾忠行	61	4	自民	11, 276	平川市	東京農業大学
高樋憲	53	5	自民	13, 557	黒石市	日本大学
西谷洌	67	6	自民	10, 287	弘前市	東京薬科大学
阿部広悦	66	5	自民	10, 211	南郡	五所川原工業高校
清水悦郎	65	5	自民	8, 227	八戸市	国学院大学
熊谷雄一	54	4	自民	11, 911	八戸市	日本大学
森内之保留	54	6	自民	10, 594	青森市	青森東高校
<平均>	62歳	5回		9, 993票		

＊副議長

氏名	就任年齢	当選回数	会派	平均得票数	選挙区	学歴
中野吉太郎	68歳	2回	民主	4, 327票	上北郡	尋常小学校
中島清助	52	2	自由	5, 438	下北郡	尋常高等小学校
中村清次郎	52	2	自由	5, 868	西郡	尋常高等小学校
阿部敏雄	57	2	民主	6, 904	北郡	青森師範学校
白鳥大八	45	2	自民	7, 760	青森市	早稲田大学
外川鶴松	56	3	自民	8, 119	北郡	高等尋常小学校
中村拓道	50	3	自民	9, 795	八戸市	青森師範学校
藤田重雄	57	3	自民	11, 585	弘前市	青森師範学校
米沢鉄五郎	69	3	自民	8, 518	青森市	尋常高等小学校
秋山皐二郎	54	3	自民	13, 629	八戸市	中央大学
茨島豊蔵	59	2	自民	5, 873	三戸郡	明治大学
秋田正	59	3	自民	7, 988	五所川原市	五所川原農高
岡山久吉	62	4	自民	8, 899	上北郡	尋常高等小学校
工藤重行	61	3	自民	8, 403	黒石市	尋常高等小学校
松尾官平	48	4	自民	11, 225	三戸郡	盛岡高等農林
福沢芳穂	63	3	自民	11, 115	弘前市	弘前中学校
成田芳造	53	3	自民	9, 636	青森市	中央大学
滝沢章次	45	4	自民	9, 144	八戸市	明治大学
佐藤寿	60	4	自民	10, 208	南郡	教員養成所
神四平	63	4	自民	11, 936	西郡	木造中学校

中里信男	54	4	自民	12,156	八戸市	盛岡工業学校
毛内喜代秋	57	3	自民	11,114	青森市	仙台逓信講習所
野沢剛	60	3	自民	10,121	八戸市	八戸中学校
森内勇	49	3	自民	12,571	青森市	音楽学校
山内和夫	57	3	自民	12,781	青森市	青森工業高校
芳賀富弘	66	3	自民	11,909	弘前市	青森医学専門学校
沢田啓	63	3	自民	12,143	三戸郡	東京獣医畜産専門学校
清藤六郎	70	3	自民	10,699	南郡	日本大学
丸井彪	64	4	自民	12,311	十和田市	三本木農業高校
長峰一造	71	4	新自ク	10,297	北郡	五所川原農業高校
中村寿文	59	4	県政会	16,211	八戸市	慶応大学
間山隆彦	53	5	公明	10,606	八戸市	日本大学
平井保光	77	4	公明	8,956	下北郡	修成中学校
神山久志	54	4	自民	10,164	東郡	青森第一高校
小比類巻雅明	63	4	自民	11,706	三沢市	日本大学
西谷洌	59	3	自民	10,287	弘前市	東京薬科大学
滝沢求	47	5	自民	12,408	八戸市	中央大学
大見光男	76	3	自民	7,651	むつ市	青森商業高校
清水悦郎	59	3	自民	8,227	八戸市	国学院大学
中谷純逸	60	3	自民	11,393	上北郡	青森高校
相川正光	57	3	自民	9,233	北郡	五所川原農林高校
森内之保留	47	4	自民	10,594	青森市	青森東高校
越前陽悦	68	4	自民	9,663	むつ市	大湊高校
工藤兼光	71	4	自民	7,747	西郡	長平中学校
山谷清文	59	3	自民	8,488	青森市	中央大学
櫛引ユキ子	65	4	自民	10,709	五所川原市	五所川原高校
<平均>	59歳	3回		9,924票		

＊当選回数は正副議長就任時、平均得票数は県議在任中。

⑥戦後の県議会議員経験者で衆参議員・市長・町長当選者

<主な県議出身者>

＊現職国会議員

・大島理森（衆議院議員）

・高橋千鶴子（衆議院議員）

・滝沢求（参議院議員）

＊元国会議員

・田澤吉郎（衆議院議員）

・木村太郎（衆議院議員）

・升田世喜男（衆議院議員）

<市長・町長>

・長尾忠行（平川市長）

・高樋憲（黒石市長）

・相川正光（鶴田町長）

・平山誠敏（元五所川原市長）

・鹿内博（元青森市長）

・杉山粛（元むつ市長）

・中村寿文（元八戸市長）

・中里信男（元八戸市長）

・秋山皐二郎（元八戸市長）

・中村拓道（元八戸市長）

・神田重雄（元八戸市長）

・奈須川光宝（元八戸町長）

・関春茂（元八戸町長）

・木村守男（元青森県知事）

・北村正武（元青森県知事）

出典：『青森県選挙管理委員会資料』（2019年）

あとがき

県議は政治を生業としている「職業政治家」である。一般に、政治家には、“ポリティシャン”と“ステーツマン”とが存在する、といわれる。前者は、もっぱら権力の座（議席）を求めて活動する一方で、後者は、権力の座を求める点では軸を同じくしているものの、崇高な理念を抱いている点で区別できる。本書で紹介した県議たちや正副議長たちが、果たしてステーツマンに相当するかどうかは知らない。確かに、県議は特定の地域において名望家的存在であるとはいえ、ポリティシャンが多数を占めているのが現状である。

本書を執筆する過程で、常に念頭にあったのは、職業政治家たる県議が、４年の間地位を保証されているとはいえ、次の選挙で敗れればただの人に過ぎないことである。だから、県議は常に再選を目指し、日夜努力を重ね、心身とも疲労困憊の状態に置かれているのではないのかと、思わざるを得ない。唯一、安心して威張れるところは、議会の中と県の職員に対してだけで、あとは終始、有権者に頭を下げっぱなしの状態だ。それだけ、権力の座とは魅力的なものなのか？　もちろん、数千人、時には１万人を超える選挙区の有権者たちに、自分の氏名を書かせることは、並大抵なことではない。だから、県議になる者には人並以上の「情熱、責任感、および判断力」が要求され、極めて厳しい職業であるといわねばならない。

本書は、筆者がこの数年取り組んでいる青森県の「現代政治分析」に関するもので、2019年の４月から９月にかけて、約６ヵ月費やして書き上げた仕事である。内容は、タイトルに示しているように、地方選挙＝県議会選挙の概要と課題、並びに県議会における歴代正副議長の経歴・県議選での得票数・横顔などを紹介し、地方政治における「名望家」たちの輪郭を提示した。ただ、正直いって、県議立候補者たちの選挙区事情、派閥関係、および政治資金の実態解明には手が回らなかった。それは本書の限界点でもある。

戦後の青森県の現代政治研究については、これまで、衆議院総選挙、参議院通常選挙、および知事選挙について、故・木村良一の一連の業績が存在する。しかし、県議会議員選挙に焦点をあてた研究は皆無であり、本書の公刊により、戦後青森県の各種選挙に関する基本的データは一応揃ったことになる。次回は、『戦後青森県の市長選挙と歴代市長』に取り組みたい、と考えている。

私は、専修大学を定年で辞めた後、毎年１冊の割合で、青森県の政治資料に関する著作を公刊してきた。その理由は、地方政治について、必要な資料が十分に整備されていないからである。本書では、今後新しく研究者たちが、本県の政治を分析する際、基本的資料として利用できるよう心掛けた。だから、出来る限り出典を明らかにして、今後の本格的な研究の「出発点（スタート）」となるように努めた。

本書で使用している文献は、全て公表されているものであって、もっぱら『青森県選挙管理委員会』資料、『青森県人名大事典』『青森県人名事典』、『青森県議会史』、『東奥年鑑』、『東奥日報』、『陸奥新報』、および『デーリー東北』などに依拠している。これらの文献を所蔵されている、古巣の国立国会図書館をはじめ、青森県選挙管理委員会、青森県議会事務局、青森県立図書館、弘前市立図書館、八戸市立図書館、および五所川原市立図書館のスタッフの方々に、お世話になった。また校正に関しては明治大学での教え子の工藤知己氏の協力を得た。

本書は、前著である『青森県の初代民選知事：津島文治―「井戸塀政治家」の歩み』を出版して下さった、北方新社にお願いした。木村和生社長と編集部の工藤慶子さんには大変お世話になった。ここに、一言御礼を申し上げたい。

2019年９月１日、五所川原市の自宅で

藤本　一美

[索引：人物]

ア行

カ行

サ行

タ行

[索引：事項]

藤 本 一 美（ふじもと　かずみ）

1944年　青森県五所川原市に生まれる
1962年　青森県立弘前高校卒
1968年　明治大学農学部農芸化学科卒
1973年　明治大学大学院政治経済学研究科　博士課程修了
1973年　国立国会図書館、調査員
1996年　専修大学法学部教授
現在　専修大学名誉教授、日本臨床政治学会理事長
専攻　政治学
著作　『戦後青森県政治史　1945年～2015年』〔志學社、2016年〕
『青森県の初代民選知事　津島文治－「井戸塀政治家」の歩み－』
〔北方新社、2018年〕、他多数。

住所　279－0012
千葉県浦安市入船２－５－301
電話　047－350－5031
Email　thj0520@isc.senshu-u.ac.jp

戦後青森県議会議員選挙と正副議長
－地方政治の“名望家たち”－

2019年10月10日発行
著者　藤本一美
発行所　㈲北方新社
弘前市富田町52　電話 0172－36－2821
印刷所　㈲小野印刷所
ISBN　978-4-89297-266-9